싱글라리티
(SINGULARITY)

싱글라리티
(SINGULARITY)

광고·마케팅, 인문학과 정신분석학으로 도발하기

홍정 지음

인간사랑

프롤로그

광고 · 마케팅, 인문학과 정신분석학으로 도발하기

『싱글라리티』는 도발적이고 불온한 광고 · 마케팅 책이다. 왜냐하면 기존 광고 · 마케팅인 우리 브랜드 자리매김시키기를 과감하게 버리라고 주장하기 때문이다. 습관적으로 맵을 그리는 것을 그만두라는 것이다.

그 대신에 소비자가 불쾌할 정도로 우리 브랜드를 좋아하게 만들려면 어떻게 할지를 먼저 생각하라는 것이다. 불쾌까지도 좋아하도록 만들까를 먼저 고민하라는 것이다.

여기서 불쾌까지를 고려한다는 것은 예를 들자면 경제학의 한계효용 법칙을 허문다는 의미이다. 효용이 한계에 달한 상품은 폐기되어야 하는데도 그렇지 않고 더욱 각광받는 현상을 한계효용의 법칙은 설명할 수 없다. 아이폰 4는 수신불량의 치명적 약점이 있는데, 그렇다면 이

제품은 그 효용이 한계에 달해서 폐기되어야 하는데도 불구하고 소비자가 선택한다는 점을 한계효용의 법칙은 설명하지 못한다. 이것은 한계효용의 법칙이 쾌의 욕구충족 차원만을 고려하고 욕구충족 너머에 있는 불쾌 충동의 향유의 차원을 배제한 데서 비롯한다. 따라서 『싱글라리티』에서 말하는 '싱글라리티'란 기존 광고·마케팅의 맹점인 불쾌의 충동의 차원을 광고·마케팅에 적용한 개념이다.

우리는 이로부터 『싱글라리티』가 불쾌까지도 좋아하도록 만들까를 고민한다는 의미의 요점이 단순히 수사적 레토릭에 불과한 것이 아니라, 실전 광고·마케팅에 적용해서 시장을 도발하려는 불온한 전략임을 알 수 있다. 또한 『싱글라리티』는 기존 광고·마케팅을 인문학과 정신분석학으로 도발해서 시장에 분명한 메시지를 보내 시장을 요동치게 한다는 점에서 불온하다.

그러므로 『싱글라리티』는 불온서적이고 불태워 없애야 할 책이다. 그러나 오해하지 말기 바란다. 기존 광고·마케팅의 시각에서 보면 그렇다는 것이다.

『싱글라리티』는 기존 광고·마케팅에 안주하려는 이들을 대상으로 하지 않는다. 『싱글라리티』는 창조적 방법론을 찾는 이들에게 읽을 것을 권한다.

또한 『싱글라리티』는 단순한 광고·마케팅 책이 아니다. 인문·교양의 소양을 어느 정도 갖춰야만 읽히는 책이다. 그래서 불온하다. 인문학과 정신분석학을 광고·마케팅에 도발적으로 적용하기 때문이다. 따라서 『싱글라리티』는 지탄받을 만하다. 『싱글라리티』는 매를 가하면 기꺼이 맞겠다.

『싱글라리티』는 기존 광고·마케팅 책에 비해서 다소 어렵다. 여기서 어렵다는 의미는 『싱글라리티』가 논리성을 갖추지 않아서 난해하다는 것이 아니라 평소에 접해보지 않아 낯설기 때문에 어렵다는 것이다.

자크 랑시에르라는 프랑스 철학자가 쓴 『무지한 스승』은 생전 한 번도 네덜란드어를 접해보지 않은 조제프 자코토라는 선생이 또한 프랑스어에는 일면식도 없는 프랑스어에 무지한 네덜란드의 어린 학생들에게 프랑스어를 가르친다는 내용으로 구성되어 있다.

그런데 여기서 요점은 그 어린 학생들에게 페늘롱이 쓴 『텔레마코스의 모험』이라는 프랑스어로 된 당대의 고전 모음집을 몇몇 프랑스 단어를 가르쳐 주고는 무조건 읽게 했다. 네덜란드어를 모르는 무지한 스승인 조제프 자코토가 학생들을 학습시켰더니 프랑스어를 모두 읽고 쓰고 말할 수 있게 되었다는 것이다. 조제프 자코토는 여기에서 커다란 깨달음을 얻었는데, 인간의 지성은 평등하다는 것이었다. 이 같은 지성의 평등성을 깨닫지 못하는 것이 진실로 무지한 것이다.

랑시에르는 『감성의 분할』에서 19세기 공장 노동자들이 허름한 옷을 입고 일하다가 퇴근 후에 독서를 하면서 지적 성취를 이루어냈던 것을 실증적으로 제시한다. 그러니 쫄지 마시길 바란다.

마르크스는 『포이어바흐에 관한 테제들』에서 "철학자들은 세계를 다양한 방법으로 해석하기만 했다. 중요한 것은 세계를 변화시키는 것이다"라고 했다. 거칠게 말하면 철학의 임무는 해석만 하는 기존 사상을 망치로 내리쳐 허물어뜨리고 세계를 변화시키는 것에 있다는 것이다. 자, 지금은 망치 들고 기존 광고·마케팅 방법을 허물어야 한다. 효과가 있는데 허물자고 하면 『싱글라리티』는 궤변에 불과할 것이다.

그러나 기존 광고·마케팅이 허구적 신화인데도 그것이 진실인 것처럼 믿어져 왔음을 『싱글라리티』는 도발적으로 폭로하면서 기존 광고·마케팅에 도발적으로 문제를 제기한다.

기존 광고·마케팅은 역동적인 시장의 변화에 대응하지 못하면서도 구조적으로 고착된 광고·마케팅의 한계를 망각하고 시장의 변동을 서슴없이 말한다는 점이다. 1등은 언제나 1등인데 임의적으로 1등이 2등이 되는 것을 전제한다. 역전이 불가능한데도 가능하다고 말한다는 점에서 모순이다. 시장구조에 변화의 틈이 존재하지 않아서 애초에 신규 브랜드의 진입이 불가능한데도 시장 진입이 자유롭다고 말할 수는 없는 것이다.

『싱글라리티』는 후발주자의 우연한 침입에 의해 어떻게 하면 기존 아성에 균열을 낼 수 있는가에 온전히 고민을 바친다. 기존 광고·마케팅이 임의로 전제하는 아성의 도전 가능성이 왜 허구인지를 폭로하고 1등이라는 철옹성의 균열 가능성의 지점이 어디인지를 예민하게 탐색한다.

싱글라리티, 자기 분야인 광고·마케팅을 허무는 것이 곧 다른 분야의 창조인 뫼비우스 띠의 구조를 갖는 불온한 광고·마케팅 전략

그 문제제기와 탐색의 방법이 인문학과 정신분석학이다. 따라서 『싱글라리티』는 인문학과 정신분석학으로 기존 광고·마케팅의 아성을 허무는 것과 동시에 '싱글라리티'라는 새로운 방법론을 제시한다.

『싱글라리티』는 두 가지 목적을 동시에 갖는다. 첫째는 '싱글라리티'의 자기 지시적인 광고·마케팅 분야의 기존 광고·마케팅을 허물면서 창조하기이다. 둘째는 다른 분야의 시장 후발주자가 기존 선두주자를 허물면서 성공적인 시장 진입 창출하기이다. 그러나 '싱글라리티'에는 첫째 목적과 둘째 목적이 서로 분리되지 않고 뫼비우스 띠처럼 앞면과 뒷면이 연결되어 있다. '싱글라리티'가 말 그대로 독특성(獨特性)이라고 하는 것은 이런 의미다. 광고·마케팅 분야를 지시하는 '싱글라라티'가 자신의 분야의 기존 아성을 허무는 그 과정 자체가 다른 분야의 광고·마케팅 전략이기 때문이다. 이는 달리 말해 자기 분야의 아성을 허무는 것과 다른 분야의 철옹성을 허물고 새로 창조하는 것이 뫼비우스 띠처럼 연결되어 있음을 의미한다. 싱글라리티가 독특성이란 의미를 갖는 것은 바로 이 때문이다.

자기를 허무는 것이 자기를 창조함과 동시에 다른 것도 창조한다는 점에서 '싱글라리티'는 도발적이고 불온한 광고·마케팅 전략인 것이다. 이것은 시인 황동규가 묘사한, 사마귀가 성교 도중 잡아먹히면서 느끼는 '죽음'으로 수렴되는 쾌감, "머리가 세상에서 사라지는 이 쾌감"(〈풍장 30〉에서) 바로 그것이다.

『싱글라리티』는 '창조였던 것이 될 것이다'라는 전(前)미래시제에 딱 들어맞는다. 전미래시제는 미래시제 앞(前)의 시제라는 의미다. 예를 들어 엄마가 딸에게 말한다. "네가 돌아왔을 때쯤이면 나는 외출하고 없을 것이다." 엄마의 외출시점이 딸의 귀가시점보다 앞이라는 점에서 전미래시제다. 미래시제는 고착되지 않고 전미래시제의 우연에 의해 열려 있다. 변화는 우연의 침입이 일어날 때 가능하다.

1등의 아성을 허물면서 동시에 창조하는 전미래시제의 다른 예를 보자.

유기체의 진화는 환경에 유기체의 기관이 적응하면서 이루어진다. 그런데 이러한 진화이론에서는 급격하게 환경이 변하면 유기체는 멸종하는 것으로 귀결된다. 이렇게 진화를 유기체와 환경 적응의 고착으로 설명하면 지구상에 생명은 존재하지 않을 것이다. 그렇다면 유기체는 변화된 환경에 어떻게 적응하는가?

변화 이전의 환경에서는 쓸모가 없던 기관이 변화된 환경에 적응하는 데 필요한 기관이 된다. 이러한 우연성에 의해 유기체는 멸종하지 않고 진화할 수 있는 것이다. 따라서 적응에는 우연성이 개입한다. 이것을 '적응이었던 것이 될 것이다'라는 전前미래시제에 적용할 수 있다.

진화는 환경의 적응에 고착되어 진화하는 것이 아니라 우연에 의해 진화하는데, 이때 불필요했던 기관이 변화된 상황에서는 유기체가 적응하는 데 필요한 기관으로 전화(轉化)되듯이 시장의 변화 또한 구조에 틈이 존재해야 가능하다. 기존 광고·마케팅은 바로 이 점을 놓치면서도 변화의 가능성을 말한다는 점이다. 이렇게 변화를 임의적으로 전제하면서 세워진 기존 광고·마케팅이 그 토대가 무너지지 않을 수 있겠는가?

가로등 밑에서 누군가가 무언가를 찾고 있다. "물건을 잃어버린 곳이 이곳입니까?" 지나가던 사람이 물었다. "아니오, 저기 깜깜한 데서 열쇠를 잃어버렸어요." "그런데 왜 가로등 밑에서 열쇠를 찾고 있나요?" "여기가 잘 보이잖아요!" 이 이야기에서 우리는 기존 광고·마케팅이 처한 곤경이 무엇인지 알 수 있다.

창조적 지성 업무에 종사하고 있고 또 앞으로 하려는 이들에게 『싱글라리티』가 잃어버린 열쇠를 환하게 비추는 한 줄기 빛이기를 바란다. 또한 『싱글라리티』 출간을 원고 검토 즉시 흔쾌히 결정해 주신 인간사랑 여국동 대표님과 편집 팀에게 무어라 감사의 말을 전해야 할지 모르겠다. 다시 한 번 깊이 감사드린다.

2012년 5월
홍정

CONTENTS

CONTENTS

PART 05_ 전통 마케팅 VS 싱귤라리티 마케팅

『싱귤래리티』는 기존의 전통적인 마케팅을 내부 마케팅으로, 전통 이후의 마케팅을 싱귤래리티 마케팅이라고 한다. 또한 전통적인 제품을 존재품으로, 전통적인 제품에서 벗어난 제품을 사유품이라고 한다. 그리고 전통적인 컨셉 플래닝을 눈(目) 컨셉 플래닝으로, 눈 컨셉 플래닝 이후의 컨셉 플래닝을 싱귤래리티('시선') 컨셉 플래닝이라고 한다. 따라서 존재품–내부 마케팅–눈 컨셉 플래닝이 한 짝을 이룬다면 사유품–싱귤래리티(외부) 마케팅–싱귤래리티(시선) 컨셉 플래닝은 다른 한 짝을 구성한다.

PART 01

수레 자체를 도둑질하라!

SINGULARITY

닭도 제가 사람이라는 것을 알까요?

수레를 끌고 공장 문을 나서는 인부가 감독관 앞에 선다. 감독관은 수레 안을 살피더니 물건이 없는 것을 확인하고 인부를 통과시킨다. 그러나 인부가 도둑질한 것은 수레 자체였다. 우리는 통상적으로 수레에 물건을 싣는 것을 도둑질이라고 생각한다. 따라서 수레 자체를 도둑질한다고 생각하지는 않는다. 이 이야기에서 얻는 교훈은 '상품을 소비자의 영혼 속에 소비자도 모를 정도로 자연스럽게 자리 잡게 해야 한다'는 것이다.

현대인은 진짜 상품 정보와 가짜 정보가 뒤섞여 소비자에게 무차별적으로 공급되는 정보의 홍수 시대에 살고 있다. 정보의 홍수 속에서 개그에서 말하는 '1등만 알아보는 더러운 세상'의 1등 상품이 소비자의 사랑을 독차지한다. 그리고 소비자의 마음을 1등으로 사로잡기 위해 사활을 건 마케팅 전쟁이 벌어진다. 그러나 물량공세는 소비자의 마음을 사로잡는 방법인 수레 자체를 도둑질하는 마케팅 방법이 아니다. 그것은 전통적 도둑질인 수레에 물건을 도둑질하는 방식이다. 수레에 물건을 도둑질하는 전통적 방법인 물량공세는 소비자의 영혼을 소비자도 모르게 자연스럽게 자리 잡게 하는 방법이 아니라 강제적으로 주입하는 방법이다. 여기에 질린 소비자는 언제든지 떠날 채비를 한다.

한 정신병자가 닭이 자신을 쪼아 먹으려고 한다는 환각에 시달리고 있었다. 오랜 치료 끝에 자신을 옥수수 알갱이라고 생각하는 증상이 완치되어 자신이 사람임을 알게 된 이 환자는 정신병원에서 나가 집으로 돌아가도 좋다는 진단을 받는다. 그런데 병원 문을 나선 지 얼마 되지 않아 이 환자가 헐레벌떡 의사에게 뛰어 들어온다. 이유인즉 닭이 자신을 쪼아 먹을까봐 겁이 난다는 것이다. 의사는 당신은 이제 사람인데 그깟 닭이 왜 무섭냐고 말한다. 그런데 이 환자는 "닭도 제가 사람이라는 것을 알까요?"라고 대답했다.

이 일화는 동유럽에서 유래한 유명한 농담인데, 이 농담은 대타자(의사)와 주체(환자)는 분리 불가능함을 말해준다. 그런데 이 정도로 소비자를 강압적으로 자기 브랜드에 묶어두는 것은 불가능하다. 따라서 소비자의 영혼 속에 소비자도 모르는 사이에 자리 잡게 하는 '수레 자체를 도둑질'하는 전략이 필요하다.

다음 얘기는 소비자가 자발적으로 복종하는 '수레 자체를 도둑질하는' 차원을 보여준다. 신병이 군대 제대를 위해 쓴 방법은 군의관에게 정신병자로 보이는 것이었다. 그래서 신병은 쓰레기통이란 쓰레기통을 모두 뒤져 찾은 종이를 보면서 고개를 기우뚱거리면서 "이것이 아닌데"라고 중얼거린다. 군의관이 정신상태를 검진하는 동안에도 쓰레기통을 뒤져서 나온 종이를 보면서 "이것이 아닌데"라고 중얼거린다. 군의관은 신병을 정신이상자로 판정하고 군복무 불가판정이라는 확인서를 써준다. 이 종이를 받아든 신병은 "그래 내가 찾는 것이 바로 이것이야"라고 말한다.

이 이야기의 요점은 신병이 자신의 기발한 생각으로 제대증을 얻은 것 같지만 자신도 모르게 군의관이라는 타자에게 '수레 자체를 도둑질하듯' 자신의 마음을 빼앗겼다는 점이다. 제대증을 직접 써서 제대할 수는 없는 노릇이다. 신병은 자신이 제대증을 스스로 쟁취했다고 생각하지만 제대할 수 있는 원인이 군의관임을 알아채지 못할 정도로 군의관은 신병에게 관여되어 있다.

따라서 군의관이 신병의 마음을 수레 자체를 훔치듯이 소비자의 영혼에 자연스럽게 브랜드를 새겨넣어야 한다. '옥수수 알맹이'와 '종이' 이야기의 차이는 '옥수수 알맹이'에서 의사는 환자에게 절대적 권위의 대상으로 직접적으로 환자에게 관여하지만, '종이' 이야기에서 군의관은 신병에게 속임을 당하면서 신병에게 관여하지 않는 듯이 관여한다는 점이다.

이는 곧 '옥수수 알맹이' 이야기가 소비자에게 강압적으로 브랜드가 관여하는 것이라면, 후자인 '종이' 이야기에서 브랜드는 소비자의 마음을 수레 자체를 훔치듯 소비자도 모르는 사이에 빼앗는다는 점에서 전자의 이야기와는 큰 차이를 나타낸다.

SINGULARITY

부정의 부정

여기서 '부정의 부정'을 짚고 넘어가 보자. 파판드레우 그리스 총리는 자신의 결핍(부정)을 야당의 결핍(부정)으로 돌파하여 정국 주도권을 장악하려 했다는 점에서 부정의 부정 사례라고 할 수 있다. 금융지원을 국민투표에 붙여 찬반을 묻는 것은, 반대 결과는 국가 부도의 파국을 의미하므로 야당도 최악의 사태는 원하지 않을 것이므로 국민투표까지는 가지 않을 것이라고 예상하고 승부수를 던진 것이다. 파판드레우 총리는 자신과 대립적인 야당보다 더 야당의 입장을 취했다.

파판드레우 그리스 총리가 던진 이러한 국민투표 카드는 구소련을 부정하여 이민가려는 유대인에게 이민국 관리가 소련은 망하지 않으니 이민갈 필요가 없다는 말에 그것이 바로 이민가려고(부정) 하는 이유라는 사태와 같다. 반대자의 입장보다 더 반대자의 입장을 취한다는 점에서 말이다. 대처의 신자유주의 정책이란 반대자의 입장을 대처보다 더 찬성하는 블레어도 부정의 부정의 사례다.

우리는 마케팅에서 무수히 많은 부정의 부정 사례를 접한다. 이른바 경쟁 차별화 전략이 바로 그것이다. 경쟁 우위 요소를 추출한 소비자 편익은 1등 브랜드(부정)의 입지를 더욱 강화(부정)하는 부정의 부정 마케팅이다. 경쟁자를 뛰어넘는 부정이 아니라 경쟁자의 페이스에 더욱 말려드는 부정이므로 부정의 부정이다.

이것은 곧 소비자를 자기 편으로 끌어들이는 것이 아니라, 더 경쟁자의 소비자가 되게 하여 제 무덤을 제 스스로 파는 것이다. 따라서 자기의 결여(부정)를 경쟁자의 결여(부정)로 메우려는 마케팅은 자신의 파멸을 자초하므로 반드시 피해야 한다. 선거 캠페인에서도 부정의 부정 전략은 실패한다. 경쟁 후보의 결여(부정)보다 더 경쟁 후보의 결여(부정)를 부각시키면 상대방의 부정적 요소가 자기의 긍정적 요소로 전화(轉化)되는 것이 아니라, 부정의 부정으로 배가되어 자신에게 되돌아오기 때문이다.

따라서 상대 후보를 부정하는 네거티브 선거전략은 부메랑이 되어 자기에게 부정의 부정으로 배가되어 되돌아오므로 반드시 피해야 할 선거전략이다. 부정의 부정은 『햄릿』의 결말부에서 왕과 왕비가 햄릿을 독살하려다 도리어 자신들이 독배를 마시는 것에서도 반복된다.

이로부터 우리는 '부정의 부정'이 경쟁 차별화를 위해 경쟁 우위 요소를 추출하여 경쟁자를 추월하려다가 도리어 자신에게 해를 입혀 경쟁자를 이롭게 하는 전략임을 알 수 있다. 필자가 '싱글라리티(Singularity,

독특성)'에 주목하는 것은 바로 싱귤라리티에서 '부정의 부정'을 벗어날 수 있는 가능성이 있기 때문이다. '싱귤라리티'는 뒤에서 상세하게 다루어진다.

SINGULARITY

냉소적 소비자

이처럼 아주 조심스럽게 마음을 훔쳐야 마음을 내주는 후산업 소비사회 소비자들을 '냉소적 소비자'라고 부르기로 하자. '냉소적 소비자'는 까다로운 소비자다. 이 소비자들은 표정을 드러내지 않기 때문에 싫고 좋고를 분간하기 어렵다. "저희 제품의 장점은…"이라고 상냥하고 친절하게 상품정보를 말하는 방긋 웃는 판매원과 눈이 마주칠 때 소비자들도 웃으며 이렇게 말한다. "좋은 것은 다 합니다. 그럼에도 불구하고…"라고 말이다. 다른 상품 판매원 앞에서도 소비자는 "좋은 것은 다 합니다. 그럼에도 불구하고…"라고 말한다. 도무지 속을 알 수 없다. 말은 속내를 숨긴다.

예를 들어 같은 직장에 다니는 친한 친구 중 한 명만이 승진했다고 하자. 그러면 승진한 친구는 승진에서 탈락한 친구에게 이렇게 말한다. "자네가 승진하고 내가 떨어졌어야 했는데…." 이때 떨어진 친구가 이 말을 액면 그대로 받아들여 "그래 내가 승진해야 했어"라고 말하면 조직에서 왕따를 당할 것이다. 이때 승진에서 낙오된 친구는 그 말을 의례적인 것으로 받아들여야 한다. 그래서 "위로해줘서 고맙네. 자네는 승진할 만하네"라고 말해야 한다. 이처럼 말은 상징적 부인의 제스처를 통해 속내를 숨긴다. 승진한 친구는 기뻐 죽을 지경이지만 기쁨을 에둘러 감추고 그 공을 동료에게 돌린다. 이처럼 오늘날의 소비자는 속내를 숨긴다.

페티시 소비자와 환상

인터넷이란 가상공간에서 기호를 소비하면서 중무장한 소비자들을 '페티시 소비자'라고 부르기로 하자. 페티시란 물신처럼 숭배하는 대상을 말한다. 페티시가 부정적인 의미로 많이 쓰이지만 마케팅 전략은 모든 역량을 다해 소비자의 마음속에 페티시로 자리 잡는 데 집중해야 한다.

페티시를 예로 들어 설명해 보자. 어릴 적 기억을 떠올려 보자. 시골 마을에 있는 성황당은 밤에는 귀신이 나오는 두려움의 대상이라는 위상을 갖기 때문에 물신으로 승화된 페티시라고 할 수 있다. 따라서 귀신을 보았다는 무용담을 제공하는 성황당은 온 마을 사람들이 모인 자리에서 공유되면서 농사일에 지친 마음을 위로하는 숭고한 대상이란 의미를 갖는다는 점에서 페티시이다.

이때 외지인이 나타나 성황당에 귀신이 있다는 얘기는 황당한 미신이라면서 밤에 성황당에 가서 확인하겠다면서 성황당에 간다. 성황당에는 귀신은커녕 온갖 잡다한 쓰레기들이 널브러져 있다. 외지인은 이 사실을 공회당에 모인 마을 사람들에게 자랑스럽게 떠벌린다. 그런데 마을 사람들은 이 외지인을 고마워하기는커녕 실컷 두들겨 패서 마을에서 쫓아낸다. 마을 사람들이 믿는 환상을 깨뜨렸기 때문이다.

마을 사람들도 성황당에 귀신이 없다는 것을 알고 있다. 그럼에도 황당한 환상을 믿는 것은 환상이 마을 공동체를 하나로 묶는 힘이었기 때문이다. 자기 일에 몰두하는 사람들이 모여 키득거리며 이야기할 공통적인 이야깃거리가 바로 성황당의 귀신 얘기였다. 이런 성황당에 환상의 기능이 없었다면 마을 사람들은 서로를 소 닭 보듯 했을 것이다.

이러한 환상을 이용하는 분야가 바로 광고다. 광고는 소비자가 브랜드가 제공하는 이미지에 환상을 갖게 함으로써 브랜드를 믿게 하려는 설득 커뮤니케이션이다. 우리가 먹는 사과는 사과 이데아(원본)를 모방한 것이다. 그리고 사과를 원료로 해서 만든 사과 주스는 사과 이데아 → 우리가 먹는 현실의 사과 → 현실의 사과를 다시 모방한 사과 주스

플라톤(BC 427–BC 347). 그리스 태생의 철학자. 이데아의 영원성의 근거를 에르(Er)신화에서 보여준다. 레테(망각)의 강에서 망각한 이데아가 인간 혼에 다시 상기되는데, 플라톤은 상기론(想起論)을 이데아의 영원성과 완전성 그리고 절대성의 근거로 삼는다. 하이데거의 알레테이아(비은폐)의 진리 개념은 플라톤의 상기론에 빚지고 있다. 알레테이아가 레테(은폐)를 벗긴(알)다는 점에서 상기론과 그리 멀지 않다. 『국가』, 『소크라테스의 변명』, 『크리톤』, 『티마이오스』 등의 저서를 남겼다.

다. 사과 주스에 브랜드를 명명하고 이 브랜드에 다시 사과 주스 이미지를 창조하여 덧붙인다. 이 이미지는 소비자의 욕망을 환상으로 표현한다. 이 이미지가 TV, 신문, 잡지, 지하철, 인터넷 매체 등에 게재된다.

이미지는 판타지, 즉 환상(幻想)이란 장치를 이용한다. 예를 들어 사과 주스는 아름다운 모델을 등장시켜 사과 주스를 마시면 나도 그렇게 아름다워진다는 환상을 갖게 한다. 사과 주스의 이미지는 등장한 모델의 아름다움으로 전이되고, 소비자는 사과 주스를 마심으로써 사과 주스의 모델과 자신을 동일시하여 자신도 그 여배우처럼 아름답다는 환상을 갖는다. 이러한 판타지, 즉 환상을 체제 유지에 성공적으로 이용했던 사람이 히틀러다.

> 나치의 반유대주의라는 공공연한 특성에도 불구하고 대중적인 이데올로기의 텍스트와 그것의 "외설적인" 초자아의 보충이라는 두 수준 간의 관계는 아직도 충분히 작동 중에 있다. 즉 나치주의자 그 자신들은 홀로코스트를 일종의 집단적인 "더러운 비밀"로 취급하고 있었다. 이러한 사실은 홀로코스트 수행에 아무런 장애물도 되지 못할 뿐더러 그것은 정확히 그것의 리비도적 지지로 작용하는데, 그 이유는 "우리 모두 그 안에서 함께한다"는 것, 즉 우리는 공동범죄에 참여하고 있다는 그러한 인식이 나치의 집단 응집력에 "시멘트"로 작용하기 때문이다.(『환상의 돌림병』, 슬라보예 지젝 지음, 김종주 옮김, 인간사랑, 2002, 116–117쪽.)

히틀러는 국민들 각자의 영혼 속에 스스로가 국가 자체라는 일체감을 갖게 했다. 이는 곧 내가 노동하여 생산하는 상품이 바로 위대한 독일을 창조한다는 환상으로 작동하여 국민들의 마음을 한 곳으로 결집시키는 장치였던 것이다. 노동은 고된 것인데 국가와 민족을 위해서라면 아무리 힘든 것도 참을 수 있는 것이다. 이때 국가는 게르만 민족의 위대성의 구현이고, 국가 자체가 히틀러이며, 따라서 국민이 곧 히틀러라는 환상의 구조가 작동한다. 국가=히틀러=국민은 삼위일체가 된다.

여기에 국가 대신에 기업, 히틀러 대신에 상품, 국민 대신에 소비자를 대입하면 마케팅 활동의 궁극 목표인 기업=상품=소비자라는 '1등만 살아남는 더러운 세상'의 그 1등의 삼위일체 마케팅 법칙을 끌어낼 수 있다. 삼위일체 마케팅은 소비자의 영혼을 적시는 자리를 점하는 1등 상품 이미지를 목표로 한다. 따라서 마케팅 영역에서 페티시는 부정적인 개념이 아니라, 오히려 적극적으로 획득하고 수용해야 하는 긍정적인 개념이다.

파시즘에서 지도자는 경례를 받는 유일한 존재이지만 공산주의 체제에서 지도자는 당(黨)에게 가장 먼저 일어나 박수를 치는 대상이다.

페티시 소비자는 두 종류가 있다. 가수의 팬클럽에 가입해서 가수

사이렌과 율리시스. 제임스 조이스의 『율리시스』는 율리시스(오디세우스)가 고향으로 귀환하는 도중 사이렌의 유혹을 피하기 위해 기둥에 몸을 결박하고 몸부림치는 내용이 나온다.

의 콘서트에 참가하는 소비자는 '적극적 페티시 소비자'에 속한다. '냉소적 페티시 소비자'는 노래방에서 가수를 소비하는 유형이다. 1등은 막강한 '적극적 페티시 소비자'를 보유한다. 마케팅의 궁극적 목표는 '적극적 페티시 소비자'를 확보하는 데 있다. 폭넓은 '적극적 페티시 소비자'를 확보하는 브랜드가 선두 자리에 오른다. 따라서 기업들은 '적극적 페티시 소비자' 확보에 사활을 걸고 경쟁을 한다. 자사 브랜드에 충성하는 적극적 페티시 소비자로 만들려면 우울증이 걸릴 정도로 자사 브랜드에 집착하도록 해야 한다.

우울증과 마케팅

그렇다면 우울증이 걸릴 정도의 마케팅이란 어떤 수준의 마케팅인가에 대해 살펴보기로 하자. 친한 친구의 죽음은 인생을 되돌아보게 한다.

스피노자는 군주정을 옹호하는 오란네 가(家)를 지지하는 군중에 의해 민주정에 헌신하던 자신의 친구 비트 형제가 참혹한 죽음을 당하는 것을 보고 충격을 받고 이로 인해 정치학을 연구한다.

베르그송은 파리고등사범학교 동기인 프랑스 사회당을 창당한 조레스가 암살당한 것을 계기로 강의를 그만두고 사회운동에 적극적으로 뛰어들었다. 이렇듯 친한 친구의 죽음은 삶을 되돌아보는 계기가 된다.

스피노자와 베르그송은 친구의 죽음으로 우울증을 겪었다. 우울증을 겪었다는 것은 그 친구의 죽음이 자신들의 삶에서 지워지지 않았음을

스피노자(1632~1677). 네덜란드 태생의 유대계 철학자. 겉으로는 기독교인이면서 속으로는 유대교를 믿는 마라노로 유대교 공동체에서 파문당한 이방인이었다는 점에서 이방인 중의 이방인의 삶을 살았다. 신=자연 일원론이라는 독창적인 사유를 창안했다. 자연을 힘으로 파악했으며, 이것은 니체의 힘의 의지나 들뢰즈의 잠재성의 사유에 영감을 불어넣어 주었다. 『에티카』, 『신학정치론』 등의 저서를 남겼다.

베르그송(1859~1941). 프랑스 태생의 유대계 철학자. 과학주의의 시간 개념을 비판한 '지속'을 창안한 독창적인 철학자이다. 『물질과 기억』, 『창조적 진화』, 『도덕과 종교의 두 원천』 등의 저서가 있다.

의미한다. 친구가 죽자마자 그 친구에 대한 기억이 바로 지워졌다면 스피노자의 경우에는 정치학을 연구하지도 않았을 것이고, 베르그송은 강의를 그만두고 사회운동에 뛰어들지도 않았을 것이다. 스피노자나 베르그송에게 그 친구들의 죽음은 자신들이 죽음을 맞이할 때까지 함께했다. 따라서 우울증이란 친구들이 죽어서 그들이 이 세상에 살아 있지 않기 때문이 아니라, 그들이 늘 자신들과 함께하기 때문에 생긴다. 그 친구들이 늘 자신들과 함께하기 위해서는 그들을 억지로라도 자신들의 기억으로 불러내 자신들의 기억 앞에 놓아야 한다. 자신들의 기억 앞으로 불러내지 않으면 친구들은 잊혀지기 때문에 우울증에 걸리지 않는다.

이러한 우울증 구조는 마케팅 영역에 적용할 수 있는 아주 중요한 요소이다. 왜냐하면 소비자가 브랜드를 억지로라도 자기 앞에 세워 기억함을 확인할 수 있기 때문이다. 이는 곧 소비자 앞에 불러 세워져 기억할 수 있는 구조를 애초에 소비자가 가지고 있음을 말한다. 따라서 소비자의 마음을 잡을 수 있는 기회는 어느 상품에게나 평등하게 주어져 있다. 현재의 1등 상품이 절친한 친구의 죽음의 자리를 차지하지 않는 한, 소비자의 기억에 자리한 1등은 요지부동한 것이 아니기 때문이다. 소비자가 억지로라도 1등으로 끌어내어 자신의 기억 앞에 세워둘 정도로 현재의 1등이 확고부동한 영원한 1등의 자리는 아니라는 의미다.

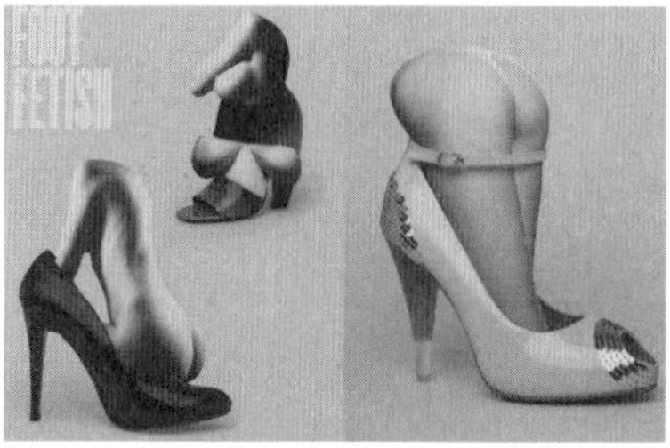

페티시즘(fetishism), **음란절편증**(淫亂切片症). 특정한 신체부위에 쾌락을 느끼는 도착증

따라서 '1등만 기억하는 더러운 세상'에서의 기억은 '적극적 페티시 소비자'가 바라보는 1등이다. 이러한 기억은 곧 "다 안다. 그럼에도 불구하고…"라는 냉소적 페티시 소비자의 기억과는 다르다. "1등만 기억하는 더러운 세상"의 1등의 기억은 팬클럽에 가입해서 열정적으로 가수의 콘서트나 이벤트를 찾아 함께하는 '적극적 페시티 소비자'이다. 그런데 우리가 주목하는 소비자는 냉소적 페티시 소비자, 곧 "다 안다. 그럼에도 불구하고…"라고 말하는 소비자이다. 이 소비자는 "현재 1등이 누구인지 다 안다. 그럼에도 불구하고 1등을 선택하지 않고 다른 대안을 찾는" 소비자이다. 이 소비자는 이미 적극적 페티시 소비자를 경험해 본 소비자일 수도 있고, 인터넷 공간에서 정보 섭렵의 세례를 받은 소비자일 수도 있다. 경로야 어떻든 이 소비자는 매우 까다롭다는 것만은 확실하다.

이런 소비자가 존재하는 한 누구든지 시장 진입의 기회는 열려 있다. 단 마케터의 기획능력이 성패를 판가름 짓는다는 단서가 붙지만 말이다.

전통 마케팅이 전제하는 소비자 욕구충족에 의한 소비자 편익 소구 컨셉 플래닝에는 소비자는 없고 마케터만 있는데 소비자가 있는 것으로 전제해 왔다. 이러한 임의적인 전제의 컨셉 플래닝의 공리를 깨뜨려야 한다. 그동안 아무런 의심 없이 보이는 것(눈)을 당연한 것으로 여긴 컨셉 플래이닝을 가능케 해주는 보이지 않는 배후(시선)를 컨셉 플래이닝에 드러내 주어야 한다.

PART 02

싱글라리티로
컨셉 플래닝하라!!

SINGULARITY

『마케팅 불변의 법칙』

내부 마케팅의 전범(典範)인 『마케팅 불변의 법칙』에서 1993년 불변의 사례로 든 회사들이 20년도 채 안 되는 기간 동안에 예외가 된 경우를 살펴보면 내부 마케팅에 빈틈이 아주 많음을 알 수 있다.

먼저 리더십의 법칙에서 들고 있는 사례 중 헤이스(Hayes) 사는 1993년 당시에 최초의 컴퓨터 모뎀이라고 소개하고 있는데 모뎀 산업 전망을 하지 못해 현재는 리더의 위치를 고수하지 못하고 있다.

카테고리 법칙의 사례로 들고 있는 DEC(Digital Equipment Corporation) 사는 백설공주인 IBM과 일곱 난쟁이인 버로즈, 컨트롤데이터, 제너럴일렉트릭, 허니웰, NCR, RCA, 스페리 중에서 백설공주인 IBM 다음으로 1993년 당시에 2위를 했는데 1998년 컴팩에 인수당했다.

또한 『마케팅 불변의 법칙』에서 야심차게 불변 사례로 들고 있는 멀티미디어 컴퓨터 제조업체인 코모도어(Commodore) 사의 아미가(Amiga)는 1993년 당시 연간 5억 달러라는 매출을 올렸으나 1994년 파산한 이후 1997년 생산을 중단했다. 현재 아미가 브랜드는 Amiga Inc.로 사명을 변경하고 생존을 연명하고 있다.

내부 마케팅인 『마케팅 불변의 법칙』은 DEC가 소비자들에게 DEC 미니 컴퓨터를 사야 하는 이유를 늘어놓지 않고 대신 어째서 미니 컴퓨터를 사야 하는지 설명함으로써 성공했다고 했는데, 현재 DEC는 휴렛 패커드에 합병되고 사라진 것을 어떻게 해명할 것인지 묻고 싶다.

『마케팅 불변의 법칙』은 무엇이 우리가 경쟁 제품에 비해 더 좋은가로 비교하는 것을 전통 마케팅이라고 비판한다. 왜냐하면 이러한 브랜드 간 비교는 자기 브랜드가 더 좋다고 떠드는 방식인데, 소비자는 더 좋다고 자랑하는 것에 진절머리친다는 것이다. 그래서 대신에 새로운 것이 무엇인가에 소비자들이 관심을 갖으며 이것이 새로운 마케팅이라고 한다. 그런데 DEC를 이런 무엇이 새로운가의 성공 사례로 꼽았는데 현재 DEC는 사라지고 없다. 그렇다면 『마케팅 불변의 법칙』에서 말하는 법칙의 충실한 사례를 든 기업이 채 20년도 안 되는 기간 동안에 불행히도 이 제품은 더 이상 우리 곁에 없게 되었다. 그렇다면 이러한 불변의 법칙과의 상충에 대한 해명이 필요하다고 본다.

'보편적인 것'은 형상으로서 개별 내부에 존재한다고 한다. 이 탁자 저 탁자 모두에 공통된 '탁자' 형상이 포함되어 있듯이 말이다. 소크라테스에게도 인간이란 형상이 있고, 강의하는 나에게도 인간이란 형상이 있듯이 말이다. 즉 개별적인 모든 사물 내부에 보편자의 형상이 존재한다고 하는 것이다. 이런 의미에서 보편자는 형상이라는 형태로 개별 '내부에' 존재한다고 한다.

『마케팅 불변의 법칙』에서 말하는 인식의 법칙은 마케팅은 제품의 싸움이 아니라 인식의 싸움이라는 것이다. 인식은 소비자가 갖는 생각인데, 이는 제품의 속성과 분리된 것이라는 것이다. 그렇다면 소크라테스라는 개별자에 대한 인식과 이 탁자라는 개별 물체와는 상관없이 인식이 성립된다고 인식의 법칙은 주장한다. 보편적인 인간이나 보편적인 탁자 형상을 선천적으로 갖고 태어난다고 보는 것이다. 『마케팅 불변의 법칙』의 인식의 법칙을 인용해 보자.

알 리스. 리스 앤 리스(Ries & Ries) 회장. 『브랜딩 불변의 법칙』, 『브랜드 창조의 법칙』, 『인터넷 브랜딩 11가지 불변의 법칙』, 『마케팅 불변의 법칙』, 『마케팅 포지셔닝』, 『My Positioning 잭 트라우트와 알리스의 개인 성공전략』, 『호스 센스(HORSE SENSE)』 등의 저서가 있다.

잭 트라우트. 트라우트 앤 파트너스(Trout & Partners)의 대표. 『포지셔닝』, 『마케팅 전쟁』, 『버텀업 마케팅』, 『마케팅 불변의 법칙』 등의 저서가 있다.

미국 자동차 시장에서 가장 많이 팔리는 일제 수입 자동차는 혼다(Honda), 도요타(Toyota), 닛산(Nissan)이다. 대부분의 마케팅 관련자들은 이 세 브랜드 간의 전쟁이 품질, 디자인, 엔진 마력, 가격 등을 기준으로 이루어지고 있다고 생각한다. 하지만 사실은 그렇지 않다. 세 브랜드 사이에서 승부를 결정짓는 요인은 혼다, 도요타, 닛산에 대해 소비자들이 갖는 '생각' 이다. 마케팅은 결국 인식의 싸움이다.(『마케팅 불변의 법칙』, 알 리스 · 잭 트라우트 지음, 이수정 옮김, 정지혜 감수, 비즈니스맵, 2008, 54쪽.)

『마케팅 불변의 법칙』은 마치 제품의 속성인 품질, 디자인, 엔진 마력, 가격 등이 소비자의 생각과 하등 상관이 없다고 전제한다. 즉 소비자의 생각은 구체적인 제품 경험과는 별개로 인식이 이루어진다고 본다. 그런데 이것은 사실인가? 구체적 경험과 인식이 관계가 없다면 『마케팅 불변의 법칙』의 저자들이 제시한 혼다, 도요타, 닛산 순위는 어디서 생긴 것인가? 경험 이전에 이미 판매순위가 저자들의 머릿속에 미리 결정되어 정해져 있었던 것은 아닌지 묻지 않을 수 없다. 미리 정해져 결정되었다면 혼다, 도요타, 닛산은 어디서부터 온 것인가? 개별적인 제품의 경험에서부터 오지 않았다면 하늘로부터 뚝 떨어졌단 말인가! 『마케팅 불변의 법칙』이 소비자의 생각만으로 인식이 구성된다는 주장의 근거를 계속 인용해 보자.

일본 자동차 제조업자들은 일본에서 파는 차를 미국에서도 똑같이 팔고 있다. 마케팅이 제품 전쟁이라면 두 나라에서는 그 자동차의 판매순위가 같게 나타나야 한다. 이 자동차들은 미국과 일본에서 같은 품질, 같은 디자인, 같은 엔진 마력, 비슷한 가격으로 팔리고 있다. 그러나 일본에서 혼다는 1위와 거리가 멀다. 혼다는 도요타와 닛산의 뒤를 이어 3위에 머물러 있다. 일본에서 도요타는 혼다보다 네 배 이상의 판매율을 자랑하고 있다. 그렇다면 일본의 혼다와 미국의 혼다는 어떤 차이가 있는가? 제품은 같다. 다만 소비자의 마음속에 존재하는 인식이 다르다.(『마케팅 불변의 법칙』, 알 리스·잭 트라우트 지음, 이수정 옮김, 정지혜 감수, 비즈니스맵, 2008, 54-55쪽.)

제품력과 인식의 별개의 논거를 미국과 일본에서의 판매 차이로 적시하는 것은 일견 타당한 것처럼 보인다. 그러나 미국과 일본의 차이 자체가 소비자의 인식이 하늘에서 뚝 떨어지지 않았다는 반증이 아니겠는가? 미국 소비자들의 제품에 대한 경험과 일본 소비자들의 경험이 다르다는 것이 소비자 인식을 좌우하는 것이기에 말이다. 인식이 이미 결정되어 있다고 보면서도 미국과 일본의 인식이 다른 것이 소비자의 인식이 작용한 결과라는 저자들의 주장은 순환 논증의 오류라고밖에 볼 수 없다.

저자들의 논리를 끝까지 밀고 나간 합당한 결론이 미국과 일본의 판매순위가 같아야 하는데도 저자들은 같지 않은 것을 자신들의 논리와 정합하다고 주장하기 때문이다. 저자들은 한 입으로 두 말을 하고 있다. 저자들에겐 애초에 미국과 일본이란 경험 자체가 무의미할 뿐만 아니라 전 세계의 소비자는 모두 무차별적으로 동일하게 인식해야 하기 때문이다.

이러한 곤궁을 피하기 위해서는 제품과 인식은 별개가 아니라 서로 관계한다고 해야 한다. 칸트가 외부 감각자료(제품)와 오성의 범주에 의해 인식이 가능하다고 한 점을 저자들은 놓치고 있다. 이때 감각자료(제품)와 인식은 도식작용에 의해 결합된다.

따라서 『마케팅 불변의 법칙』의 저자들은 감각자료(제품) 없이도 인식이 가능하다고 함으로써 소비자의 인식이 애초에 텅 빈 내용을 인식한다고 주장하는 셈이다. 혼다, 도요타, 닛산이란 제품이 없는데도 이 제품들을 이미 알고서 구매하는 격이라고 할 수 있다.

싱글라리티 마케팅이 진가를 발휘하는 지점은 정확히 여기에서다. 미국과 일본에서 판매가 차이 나는 것은 제품에 대한 도착적 요인이 서로 다르기 때문이라는 것, 미국의 소비자에게 도착적 요인이 일본의 소비자에게는 히스테리적 요인이 된다는 것, 반대로 일본의 소비자에게 도착적 요인인 것이 미국의 소비자에게는 히스테리적 요인이 된다는 것이다. 달리 말해서 타자의 응시를 즐기는 것이 미국과 일본의 소비자에게서 달리 나타난다고 할 수 있다. 따라서 『마케팅 불변의 법칙』의 다음과 같은 마케팅 인식은 대단히 우려스럽다고 하지 않을 수 없다.

> 마케팅에서 자행되고 있는 실수 중 태반이 바깥세상의 현실을 기반으로 제품 전쟁을 치르고 있다는 가정에서 비롯되고 있다. 이 책(『마케팅 불변의 법칙』)에 나오는 모든 법칙들은 그런 가정과 정반대 시각에서 도출되었다. 마케팅 관련자들은 '제품'이 마케팅 프로그램의 열쇠이며 제품의 장점 여부에 따라 성패가 결정된다는 잘못된 전제를 마케팅의 철칙이라 오인하고 있다. 바로 이 때문에 제품을 시장에 내놓는 방법이 자연적으로도, 논리적으로도 잘못될 수밖에 없는 것이다.(『마케팅 불변의 법칙』, 알 리스 · 잭 트라우트 지음, 이수정 옮김, 정지혜 감수, 비즈니스맵, 2008, 52쪽.)

또한 『마케팅 불변의 법칙』은 인식의 법칙에서는 제품력을 배제하면서 집중의 법칙에서는 제품에서 단일 소구점을 찾아서 컨셉으로 표현해야 한다고 강조한다. 이것은 인식의 법칙과 집중의 법칙이 서로 상충됨을 보여준다. 법칙에는 항상 예외가 있다. 성차공식은 이를 잘 보여준다. 성차공식이 무엇인지 살펴보자.

> 남성(All-nothing) : 모든 존재자는 보편적 법칙에 종속된다. 그런데 그 법칙을 넘어서는 예외자가 하나 존재한다. 가령 법칙을 수립한 자나 법칙 그 자체는 법칙 하에 종속되는 존재자들에 대해 예외적인 위치를 차지한다.

> 여성(Not-all) : 모든 존재자가 전부 보편적 법칙에 종속되는 것은 아니다(=적어도 하나의 예외는 있다). 그리고 그러한 예외성이 항상 존재한다는 사실에 예외란 없다.

이러한 성차공식을 인권으로 살펴보자. '모든 인간은 법 앞에서 평등하다'는 남성적 논리는 항상 '다만 인간이 아닌 자들은 예외이다'라는 외설적 보충항을 수반한다. 결국 인간 아닌 자로 배제된 자들을 경유해 보편적 인권담론을 확립하는 것이 남성적 논리인데, 이에 맞서는 것은 '모든 인간에게는 저마다의 특수한 권리가 있다'는 여성적 논리다. 그래서 성적 소수자, 장애인, 이주 노동자, 철거민 등등의 특수한 개개인 들을 시스템에 편재하는 예외로서 파악하는 것이고, 그것은 나아가 그 예외 자체를 권리로서 인정할 것을 요구하는 것이다. 이것을 우리의 관심사인 마케팅에 적용하면, 남성 법칙이 마케팅 불변의 법칙이라면

이 때 이 법칙의 내부에 포획되지 않는 여성 공식이 언제나 존재한다. 우리는 마케팅 불변의 법칙에서 적시한 사례들 중에 예외 사례를 우리는 이미 살펴보았다. 마케팅 불변의 법칙은 법칙을 말하면서 이미 자기 입으로 그 법칙의 적용에서 벗어난 반(反)법칙을 말하고 있는 셈이다. 다음 글은 법칙에 이미 반법칙이 포함되어 있음을 잘 보여준다.

> 반대는 어떤 것에 대한 반작용을 의미하고, 사전에 어떤 존재를 상정하는 것이기 때문이다. 그러나 이 반대(anti)가 의미하는 혁신은 공허한 부정의 몸짓으로 끝나버리고, 긍정적인 내용이라고는 유행이 지난 '고물' 하나를 남길 뿐이다. 가령 누군가가 반(反)베드로파를 선언할 경우, 그의 입장을 긍정적인 언어로 표현하자면 베드로가 존재하지 않는 세계를 지지한다는 말과 다르지 않다. 그런데 이것은 정확히 말해서 베드로가 아직 태어나지 않은 세계에서 가능한 일이다. 반베드로파는 베드로 이후가 아니라 그에 앞서 등장하려고 영화 필름을 과거 상황으로 돌리지만 그 마지막에는 영락없이 베드로가 재등장한다. 전해오는 얘기에 따르면 이런 반대자(antis)에게서 비롯한 일이 공자에게도 일어났다. 공자는 물론 아버지보다 나중에 태어났다. 그런데 어찌된 일인지 태어날 당시 이미 80세였지만 그의 아버지는 30세에 불과했다! 모든 반대는 그저 공허한 부정에 불과한 것이다.(『대중의 반역』, 오르테가 이 가세트 지음, 황보영조 옮김, 역사비평사, 2005, 129-130쪽.)

위 글에서 반법칙과 법칙의 관계를 잘 알 수 있다. 반베드로파는 반법칙에 대응하고 베드로는 법칙에 대칭적이다. 공자는 반법칙이고 공자의 아버지는 법칙에 상응한다. 이처럼 법칙에는 항상 반법칙이 따라다닌다고 볼 때 마케팅 불변의 법칙도 이로부터 자유로울 수 없는 것이다.

마케팅 불변의 법칙은 사람의 마음이란 일단 한번 정해지면 누구도 바꿀 수 없다고 6법칙인 독점의 법칙에서 말한다. 이때 마케팅 불변의 법칙은 소비자를 도착적 소비자로만 파악한다. 브랜드 외부에 열려 있는 히스테리 소비자가 있음을 포착하지 못하기 때문이다. 이 점이 내부 마케팅으로서 마케팅 불변의 법칙이 갖는 한계라고 할 수 있다.

이러한 내부 마케팅으로서 마케팅 불변의 법칙은 사다리 개념이 지극히 단순하지만 마케팅에서 중요한 사안들을 다루는 데 효과적인 유추를 제공한다고 한다. 사다리 법칙이란 소비자는 마음속에 각 제품범주의 리더 브랜드를 사다리의 맨 위 디딤대로 그리고 있다는 것이다. 그리고 이렇게 한번 사다리의 디딤대가 정해지면 바꾸기 힘들다고 한다. 소비자의 마음속 사다리 그 어디쯤에 올라 있는가, 첫 번째 디딤대인가 두 번째 디딤대인가, 혹시 사다리에 올라서지도 못한 상태는 아닌가가 관건이라고 한다.

이러한 내부 마케팅의 마케팅 불변의 법칙을 깨뜨리기 위해서 싱글라리티 마케팅이 필요한 것이다. 타인의 응시를 즐기기라는 싱글라리티 마케팅은 내부 마케팅의 견고한 아성을 허물 수 있는 유용한 전략이라고 할 수 있다.

마케팅 불변의 법칙은 없다

광고 한 방으로 소비자의 마음속 사다리를 뒤집어놓을 수 있음을 마케터들은 깨달아야 한다. 소비자의 마음속 사다리는 언제나 외부로 열려 있다는 것만이 법칙이라면 법칙이다. 이것이 우리가 찾는 빨간 약임은 두말할 나위가 없다. 우리가 발견한 싱글라리티 마케팅의 빨간 약들은 마케팅 불변의 법칙과 같은 내부 마케팅의 고정관념을 깨뜨리는 강력한 무기임을 잊어서는 안 된다.(싱글라리티 마케팅은 뒤에서 상세히 다뤄진다.)

또한 마케팅 불변의 법칙의 이원성의 법칙은 동종업계에서 리더 브랜드와 제2위 브랜드로 시장이 재편된다고 하면서 미국의 항공산업도 그렇게 될 것이라고 자신 있게 말했는데, 현재 시장은 여전히 아메리칸 에어라인과 유나이티드 항공, 델타 항공 3자의 경쟁관계가 유지되고 있다. 이는 마케팅 불변의 법칙의 하나인 이원성의 법칙 또한 법칙에 반하는 예외 사례에 언제나 열려 있음을 잘 보여주고 있다.

이와 더불어 마케팅 불변의 법칙은 라인 확장의 법칙을 금과옥조로 여기면서 IBM과 마이크로소프트가 이 규칙을 어겨서 시장에서 실패할 것으로 전망했지만 현재 이 두 기업은 IT 강자로 군림하고 있다. 이 또한 법칙은 언제나 그 외부로 열려 있음을 보여준다고 하겠다. 마케팅 불변의 법칙에는 사다리의 법칙과 정직의 법칙에서 동일 사례에 대해 다른 말을 하고 있다. 사다리의 법칙에서는 아비스가 성공한 이유가 아비스가 소비자의 마음속에 있는 1위 허츠의 지위를 인정했기 때문이라고 하고, 정직의 법칙에서는 열심히 노력했기 때문이라고 한다.

자크 데리다(1930-2004). 알제리 태생의 유대계 프랑스 철학자. 동일성과 음성중심주의를 비판하고 이를 해체했다. 차연, 문자(텍스트), 대리보충, 흔적 등의 개념이 있다. 『그라마톨로지에 대하여』, 『글쓰기와 차이』, 『해체』, 『마르크스의 유령들』, 『법의 힘』, 『환대에 대하여』 등의 저서가 있다.

또한 마케팅 불변의 법칙은 예측 불가의 법칙을 말한다는 점에서 "모든 크레타인은 거짓말쟁이다"라고 말하는 크레타인의 오류를 범하고 있다. 자신의 해체철학으로 서양 철학은 해체되었다는 철학자의 말은 자신의 이론은 해체에서 자유롭다는 오류에 빠지는 것처럼 말이다.

마케팅 불변의 법칙은 구체적인 현상으로부터 추상해서 법칙화하는 것이다. 그 자체가 이미 예측하고 있는데 여기에 대고 예측 불가의 법칙을 법칙화한다는 것 자체가 자기 말이 스스로 오류라고 실토하는 것과 진배없으니 하는 소리다. 이러한 마케팅 불변의 법칙의 자기 논박적임은 아래와 같이 증명할 수 있다.

> 경영진은 회사 자산을 확장시킬 수 있는 기회를 줄이는 시도라면 뭐가 됐든 호락호락 받아들여 주지 않을 것이다. 당신은 그런 경영진이 물갈이되기를 기다리는 수밖에 없을지도 모른다. 경영진은 바뀐다. 그러나 마케팅 법칙은 절대불변이다. 이제 당신은 위험에 대한 경고를 충분히 받았다. 만일 불변의 법칙을 어긴다면 당신은 실패의 위험을 자초하는 격이다. 반면 불변의 법칙을 적용하려 할 때 당신은 손가락질받고, 무시당하고, 따돌림당할지도 모른다. 인내심을 가져라. 절대불변의 마케팅 법칙이 당신의 성공을 도와줄 것이다. 성공보다 더 완벽한 복수는 없다.(『마케팅 불변의 법칙』, 알 리스·잭 트라우트 지음, 이수정 역, 정지혜 감수, 비즈니스맵, 2008, 234-235쪽.)

(1) 마케팅 불변의 법칙이 자기의 주장 자체도 상대적인 것일 뿐이라고 말한다고 해보자. 이 경우 마케팅 불변의 법칙의 주장은 구속력을 잃기 때문에 적들에게 패배당한다. 독단주의적 절대자가 부활한다.

(2) 마케팅 불변의 법칙이 자기의 주장 자체는 절대적인 것이라고 말한다고 해보자. 이 경우 독단주의는 물리칠 수 있다. 그러나 마케팅 불변의 법칙은 자신의 게임에서 패배하게 된다. 그는 적어도 하나의 절대자를 인정하지 않을 수 없게 된다.

이 지점에서 마치 소크라테스처럼 마케팅 불변의 법칙에게 하나의 물음을 던질 수 있다. '그렇다면 마케팅 불변의 법칙이여, 모든 선택지가 상대적이고 자신의 주장 자체는 절대적이라는 그대의 주장 자체는 상대적인 것인가 아니면 절대적인 것인가?'

소크라테스(BC 470년경-BC 399년). 그리스 태생의 철학의 비조(鼻祖). 문답(엘렌쿠스)을 통해 상대를 논박해서 상대방으로 하여금 스스로 무지를 깨달아 진리에 도달하도록 했다.

이 물음은 서양 철학사 전체에서 가장 강력하고 위대한 증명법의 대표적인 사례이다. 이 증명법의 강력함은 이것이 어떤 별도의 가정을 도입하지 않고도 무언가를 증명할 수 있다는 데 있다. 따라서 마케팅 불변의 법칙은 귀류법에 의해 자기 논박당한다고 할 수 있다.

경쟁 양상은 점점 치열해지고 있다. 거대기업들은 자사 브랜드들을 엄청난 돈으로 밀어주고 있다. P&G와 필립모리스는 1년 광고비로만 각각 20억 달러 이상을 쓴다. 제너럴모터스는 1년에 15억 달러를 쓴다. 자기보다 덩치가 큰 경쟁자들과 맞서야 하는 작은 회사의 마케터들은 광고 한 방으로 이 불공평함을 뒤집어야 한다.

『블루오션 전략』

『블루오션 전략』의 블루오션은 우리의 싱글라리티 마케팅과 공명한다. 싱글라리티 마케팅은 레드오션이란 내부 마케팅의 바깥에 열려 있는 시장창출이기 때문이다. 그런데 싱글라리티 마케팅과 블루오션과의 차이는 외부로의 열려 있음이 단순히 기존 산업을 확장하는 것이 아니라는 점이다. 기존 산업을 확장하는 것은 또 다른 레드오션의 내부화이기 때문이다.

『블루오션 전략』에서는 시르크 뒤 솔레이유(태양의 서커스)를 블루오션의 사례로 들고 있는데, 이는 전통 서커스 공연의 치열한 어린이 고객 유치 싸움에서 탈피해서 연극과 서커스를 접합하여 성인과 기업이라는 새로운 수요를 창출했기 때문이다.

따라서 시르크 뒤 솔레이유(Cirque du Soleil)는 기존 서커스에서 탈피하여 연극과 서커스의 시장 경계선을 허물면서 서커스 고객들뿐만 아니라 비고객(성인 연극관람객)의 새로운 마음도 열어서 라이브 엔터테인먼트 시장의 새로운 성공신화를 썼다고 극찬한다.

우리는 이로부터 현대 예술의 지평을 연 마르셀 뒤샹의 〈샘〉이 반복됨을 볼 수 있다. 〈샘〉이란 제목은 변기의 다른 이름인데, 더러운 변기가 전시실에 놓이면 블루오션의 걸작이 된다는 것을 말하고 있다. 이것은 화장실의 지저분한 공간에 놓인 더러운 오물을 뒤집어쓴 레드오션의 변기가 전시공간에 배치되면 숭고한 예술작품이라는 블루오션이 되기 때문이다.

마찬가지로 시르크 뒤 솔레이유는 기존의 악명 높은 서커스 공간의 레드오션에서 연극의 공간으로 탈바꿈하면서 블루오션의 황금알을 낳는 거위가 된다. 따라서 시르크 뒤 솔레이유가 블루오션이라고 하는 것은 마르셀 뒤샹의 변기가 〈샘〉이란 블루오션의 작품이 된 것과 같은 것이다.

태양의 서커스(시르크 뒤 솔레이유) 공연 장면

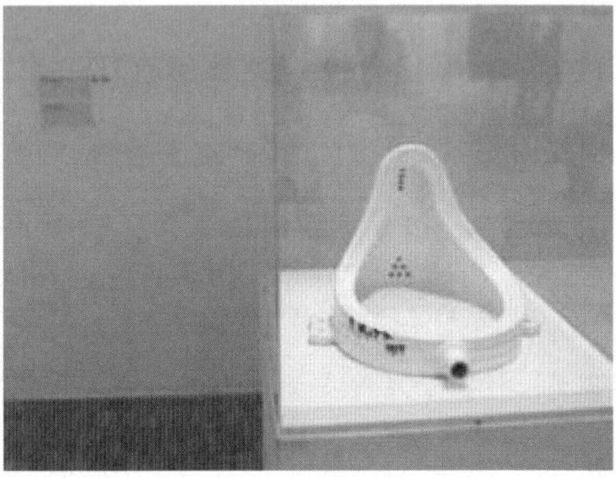

마르셀 뒤샹(1887–1968)의 변기 작품 〈샘〉이 아크릴 상자에 담긴 채 파리 퐁피두센터 미술관의 한쪽에 놓여 있다.

이것은 전통 공간의 불쾌를 새로운 공간의 쾌로 변화시킨 데서 오는 것이다. 여기서 불쾌를 쾌로 느낀다는 것은 원래 칸트가 말한 것이다. 칸트는 자연의 거대한 위력을 보면서 느끼는 것을 불쾌에서 쾌를 느낀다고 하면서 숭고미를 해석했다. 불쾌한 자연의 위력을 보면서 도리어 숭고하다는 쾌를 느낀다는 것이다.

랑시에르는 이것을 감성의 분할이라고 한다. 여기서 감성이란 공간과 시간을 말하는데, 전통적인 공간과 시간인 레드오션을 분할해서 새로운 공간과 시간을 창출하는 것을 미학, 즉 블루오션이라고 한다.

『블루오션 전략』이 말하는 가치혁신은 기존의 가치와 비용의 상관관계를 깨고 새로운 시장공간의 블루오션을 창출하는 것인데, 이것은 새로운 공간과 시간의 창출인 감성의 분할에 다름 아니다.

그러나 시르크 뒤 솔레이유는 서커스와 연극을 접합한 공간에서 행해지는 라이브 엔터테인먼트여서 새로운 공간창출이 용이하다는 점을 놓쳐서는 안 된다. 우리는 『블루오션 전략』에서 들고 있는 사례들 대부분이 공간재 성

임마누엘 칸트(1724–1804). 독일 태생의 관념론의 시조. 영국의 경험론과 대륙의 합리론을 종합했다. 『순수이성비판』, 『실천이성비판』, 『판단력비판』 등의 저서를 남겼다.

자크 랑시에르(1940–). 알제리 태생의 프랑스 철학자. 『정치적인 것의 가장자리에서』, 『무지한 스승』, 『감성의 분할–미학과 정치』, 『미학 안의 불편함』, 『문학의 정치』, 『민주주의는 왜 증오의 대상인가』 등의 저서가 있다.

격을 갖고 있음을 눈치 챌 수 있다.

> 1908년 모델 T를 선보인 포드 자동차, 1924년 감성적 스타일의 차를 출시한 GM 자동차, 1980년 세계 최초로 24시간 실시간 뉴스 방송을 시작한 CNN, 그 외 컴팩, 스타벅스, 사우스웨스트 항공, 시르크 뒤 솔레이유 등을 비롯해 또 다른 블루오션 이동 사례에서도 블루오션 창출전략에 대한 접근법은 산업분야, 그리고 시기에 관계없이 일관성이 있었다. 또한 우리 연구는 민간기업뿐 아니라 공기업의 성공적인 턴어라운드에서도 전략적 이동이 효과적으로 작용하는 것을 입증했다. 그리고 놀라울 정도로 비슷한 패턴이 있음을 발견했다.(『블루오션 전략』, 김위찬·르네 마보안 공저, 교보문고, 2005, 15-16쪽.)

자동차는 도로라는 공간과 속도라는 시간에 관계한다. 방송은 시간과 관계하고, 스타벅스 또한 공간과 관계한다. 이처럼 공간과 시간은 제압하기가 상대적으로 쉽다. 원료를 소재로 하는 제조업은 원료를 접합

(좌) 김위찬 보스턴 컨설팅 그룹, 인시아드 경영대학원의 전략 및 국제경영 담당 석좌교수
(우) 르네 마보안 인시아드 전략 및 경영학 교수, 세계경제포럼의 특별회원

하여 신기술을 개발해도 겉으로 드러나지 않으므로 블루오션이 되기 힘들다.

> 예를 들면 음료의 비타민 C, 화장품의 코엔자임, 온천의 유황성분, 공기청정기의 음이온 등은 무표색(無表色)의 성분이 핵심 성능으로 사용된 것이다. 무표색은 소비자 오감으로 파악할 수 없다. 그래서 무표색을 핵심 성능으로 사용하면 제품 컨셉에 대한 유형성이 낮아지고 소비자를 설득하기 어렵다. 감각으로 감지되지 않는 개념을 사용했기 때문에 공허한 것이다.(『컨셉 크리에이터』, 김근배 지음 , 책든사자, 2009, 159쪽.)

반면 공간에서 직접 관찰할 수 있는 문화 서비스나 방송, 자동차는 외양으로 그 변화를 직접 확인할 수 있으므로 조금만 변해도 획기적으로 보이기 마련이다. 따라서 일반 제조업체들이 브랜드를 대표하는 광고문구에 사활을 거는 것은 이 때문이다. 제품 원재료에서 차별화가 어렵기 때문에 눈에 보이는 이미지 개선에 모든 마케팅 활동을 쏟아붓는 것이다. 따라서 우리가 제안하는 싱글라리티 마케팅은 블루오션에서 말하는 가치혁신과는 다르다. 우리가 광고 마케팅에서의 외부로의 열림을 말한다면, 블루오션에서 말하는 가치혁신은 공간재(말로는 전체 산업을 커버한다고 하지만 우리가 보기에 블루오션은 극히 한정적이다)의 새로운 시장공간 창출을 겨냥하고 있다.

또한 호주산 포도주인 옐로 테일은 포도주를 비경쟁시장인 맥주와 칵테일에서 블루오션을 창출한 사례로 들고 있다. 그러나 이렇게 기존 포도주 시장의 내부에서 벗어나서 외부에서 시장 기회를 찾는다면 포도주 시장 내부의 고객은 포기하는 대가를 치르는 것은 아닌지 묻지 않을 수 없다. 기존 시장 내부의 경쟁 틀을 깨는 것이 블루오션 전략인데, 이것은 전략 자체를 메타 전략화하는 것 아닌가 해서다.

이러한 오류가 발생하는 것은 레드오션을 경쟁 출혈의 내부로 보고 블루오션을 비경쟁 외부의 청정시장으로 이원화하는 데서 온다. 이렇게 함으로써 기존의 경쟁자들은 마치 경쟁자가 아니게 되는 환상을 갖게 한다. 시장 볼륨의 대부분은 레드오션의 경쟁시장에 있는데, 블루오션의 비경쟁시장 규모는 미미한데도 마치 레드오션의 시장이 블루오션의 시장으로 흡수되는 것인 양 호도할 수 있다는 것이다.

블루오션 전략에서도 은연중에 밝히듯이 기존의 1위 기업을 벤치마킹하지 말라는 것이 이 방법론이 탄생한 배경이다. 따라서 기존의 시장에서 리더가 아니라 중위나 하위 참여자에게 해당되는 전략을 마치 전 시장 참여자에게 해당되는 만병통치약인 것처럼 책에서 묘사하고 있다. 따라서 목욕물을 버리려다가 아이까지 버리는 오류를 범할 수 있으므로 블루오션 전략을 신중하게 적용할 필요가 있다고 본다. 비경쟁시장에서 비고객을 창출하려다가 기존의 고객이 있는 큰 시장을 배제하는 것은 아닌지 해서 하는 소리다.

블루오션 전략의 첫 번째 원칙이 경쟁의 틀을 깨고 시장 경계선을 재구축하는 것이라고 분명히 하고 있기 때문이다. 그리고 경쟁이 없는 절대적인 단독 시장이란 애초에 불가능한데도 블루오션 전략은 그러한 시장이 존재하기라도 하는 듯 당연시한다. 경쟁에서 벗어나는 것은 기존의 시장 내부에서 벗어나는 것이지, 대안시장과의 경쟁도 없다는 것은 아니다. 시르크 뒤 솔레이유는 기존 서커스 시장 내부에서 벗어났지만 연극 시장 및 뮤지컬 시장과 경쟁관계에 있다. 이것은 새로운 경쟁의 내부에 위치하는 것이다.

마찬가지로 옐로 테일은 기존 포도주 시장 내부의 경쟁에서 벗어나는 것을 마치 경쟁하지 않고 유일하게 단독으로 존재하는 것처럼 블루오션 전략은 말한다. 그러나 이미 옐로 테일은 맥주나 칵테일 시장 내부와 경쟁관계에 진입해 있다. 또한 사우스웨스트 항공이 기존 항공사의 내부에서 탈피해 육상운송 수요를 대체하는 데서 시장 기회를 발견한 것을 두고 경쟁이 없는 블루오션 창출의 사례로 드는 것 또한 이미 새로운 경쟁환경의 내부에 포섭되어 있는데도 경쟁 외부에 위치하고 있다고 착각하는 데서 온다.

이는 블루오션이 메타 방법론이 됨으로써 이러한 새로운 경쟁의 내부를 은폐함으로써 경쟁 없는 시장이 존재하기라도 하는 것처럼 왜곡하는 데 그 원인이 있다. 이것이 오류인 점은 위에서 살펴보았듯이 다른 방법론은 상대주의라고 매도하고 자신의 방법론만 절대적 권위를 갖는다고 착각하는 데에 있다.

따라서 블루오션 전략의 적용을 제한해야 한다. 이 전략은 기존의 리더 브랜드가 아니라 중 · 하위 브랜드가 리더 브랜드의 미 투(me too, 따라하기) 전략의 내부에서 기회 요인을 찾는 대신에 외부의 틈새 시장을 창출하는 용도라고 분명히 해야 한다. 그러나 블루오션 전략은 이러한 방법론의 약점을 알려주지 않는다. 그리고 모든 마케팅 상황에 적용하는 올 마이티(전지전능)처럼 군림하려고 한다.

블루오션의 비경쟁시장 창출 방법론이 전능하다면 왜 식음료와 같은 생필품에 해당하는 사례는 없는지 묻지 않을 수 없다. 옐로 테일의 사례도 호주 국내 시장의 케이스가 아니라 미국이라는 해외 시장에서 발견된 것이다. 혼다는 일본에서 오토바이 제조업체란 이미지가 너무 강하게 심어져 있어서 일본에서 잘 팔리지 않았다. 혼다 자동차가 미국에서 팔리는 이유는 오토바이 제조업체라는 이미지가 미국 소비자에게 각인되지 않았기 때문이다.

마찬가지로 옐로 테일이 미국에서 팔리게 된 것은 미국 소비자에게 포도주 제조기법의 중요성이 미국 소비자에게 각인되지 않아서였다. 옐로 테일이 프랑스에서 성공할 수 없는 것은 당연하지 않겠는가? 까다로운 포도주 입맛을 가진 프랑스 소비자에게 레드 · 화이트 달랑 두 상품을 장착한 옐로 테일은 아예 포도주 축에도 끼지 못하는 것은 당연한 것 아닌가!

따라서 블루오션은 틈새 시장 전략이라고 분명히 밝혀야 한다. 기존 시장에서 기회를 발견하지 못해서 전전긍긍하는 시장 후발 참여자의 방법론이라고 말이다. 대안산업을 관찰하는 시장 참여자는 리더가 아니라 시장 후발 참여자이다. 상위 시장 참여자는 기존 시장을 관찰하지 대안 시장을 관찰하지 않는다. 따라서 블루오션은 틈새 시장을 찾는 시장 하위 참여자의 전략이다.

〈톰과 제리〉, 이것은 바로 싱글라리티

우리는 〈톰과 제리〉에서 비극의 레드오션이 희극의 블루오션과 따로 떨어져 있지 않음을 발견할 수 있다. 톰(고양이)은 레드오션의 비극의 내부이고 제리(쥐)는 블루오션의 희극의 외부라고 할 수 있다. 제리는 톰의 외부에 위치하려고 하나 언제나 톰의 내부에 갇혀 있다는 점에서 비극적이다. 제리는 톰을 약올리며 도망가다가 붙잡혀 비극적인 죽음의 상황으로 내몰린다. 그런데 톰이 제리의 목을 움켜쥔 위치가 낭떠러지의 바깥인 허공이라는 점이 희극적이다.

톰은 자신이 곧 추락하는 비극적 위치에 있다는 것을 모르고 제리는 이제 끝났다고 득의에 차 있다. 제리는 톰을 향해 자신이 서 있는 지점이 허공임을 가리킨다. 이를 확인하는 순간 톰은 허공으로 추락한다.

〈톰과 제리〉의 한 장면. 불쌍한 톰. 치즈도 뺏기고 골탕까지 먹는다. 제리는 절대 잡히지 않는다.

이 추락의 비극에서 관객들은 희극을 맛본다. 강자의 비극은 슬픔을 배태하기보다 그 비극의 외부인 웃음을 낳는다.

제리는 톰과의 유혈경쟁에서 벗어나 외부의 블루오션을 창출한다. 제리가 톰이 허공으로 떨어지는 것과 분리되는 것은 레드오션의 유혈 경쟁환경 바깥인 비경쟁시장의 블루오션 창출이라고 할 수 있다. 그런데 여기서 문제는 비극의 레드오션과 희극의 블루오션이 블루오션 전략처럼 전혀 별개가 아니라는 점이다. 또한 비극에서 희극으로의 이행은 비극과 희극 사이의 경계에서 발생하는 것이지 애초에 비극이 없이는 희극도 없다는 점이다.

〈톰과 제리〉에서 허공으로 추락한 톰은 사라지지 않고 다시 등장한다. 이 사라지지 않고 등장하는 것을 산 죽음(Un-dead)인 라멜르라고 한다. 싱글라리티 마케팅이 겨냥하는 것은 바로 이 산죽음이라는 불쾌의 충동의 차원이다. 프로이트의 용어로는 죽음충동을 말한다. 내부의 레드오션을 벗어났다고 하는 외부는 내부 안에 포획되는 것이다. 신경증이나 강박증, 히스테리증을 야기한 원인을 치료했다고 하는 순간 그것은 다시 그 증상의 내부로 회귀한다. 증상의 내부는 사라지지 않고 언제나 다시 회귀한다. 분석치료의 외부로 증상이 사라지지 않고 언제나 남는다. 톰은 허공에서 추락해서 죽는 것이 아니라 다음 편에 어김없이 다시 등장한다.

따라서 블루오션 전략에서 말하는 외부의 창출은 언제나 내부화하는 외부이다. 외부화의 차이를 창출하는 것은 내부에서의 접속의 끊임없는 생성이다. 접속에 의해 흐름을 절단하고 다시 흐르는 것을 접속하는 것을 반복하는 것이다.

따라서 고착된 정주민의 기업과 생성의 유목적 기업만이 있을 뿐이다. 레드오션과 블루오션은 오션의 일부라고 할 수 있다. 전체는 오션이고, 레드오션과 블루오션은 그 오션의 양태들이다. 레드오션과 블루오션은 위상학적으로 같은 차원이다. 따라서 오션의 양태로서 레드오션과 블루오션보다 위상학적으로 높은 차원은 고착화의 정주민이냐 생성의 유목민이냐이다. 레드오션의 기업 중에서도 유목적인 기업이 있을 수 있고, 블루오션 기업 중에서도 고착의 정주민의 기업이 될 수 있다. 따라서 우리는 다음과 같이 도식화할 수 있다.

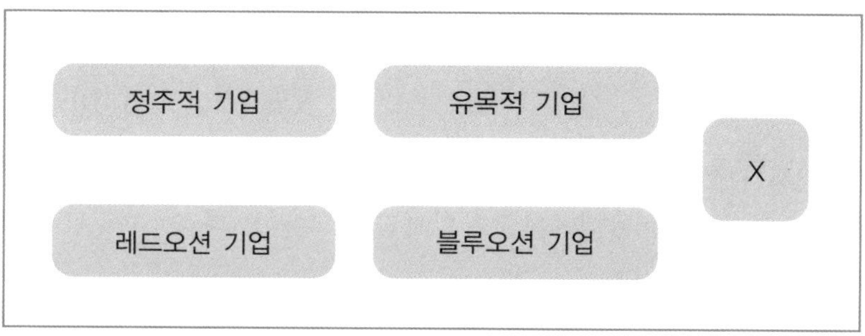

X,
이것은 바로 싱글라리티

이로부터 네 가지 기업유형이 추출된다. 정주민-레드오션 그룹, 정주민-블루오션 그룹, 유목적-레드오션 그룹, 유목적-블루오션 그룹 그리고 X. 여기서 X 그룹은 가라타니 고진이 말한 X라고 할 수 있다. 칸트가 말한 초월론적 통각 X, 정주민과 유목민 기업 그리고 레드오션과 블루오션이라는 이율배반에 포착되지 않는 그룹이 X다 .

수탈과 재분배	상품 교환
호수성	X

봉건 국가	도시
공동체	X

(『네이션과 미학』, 가라타니 고진 지음, 조영일 옮김, 도서출판 b, 2009, 14쪽.)

위에서 전통적인 컨셉 플래닝을 눈(目) 컨셉 플래닝으로, 눈 컨셉 플래닝 이후의 컨셉 플래닝을 싱글라리티('시선') 컨셉 플래닝이라고 했는데 싱글라리티가 바로 X이다. 싱글라리티는 뒤에서 자세히 다루어진다.

가라타니 고진(1941–). 일본 태생의 비평가이자 철학자. 『트랜스크리틱』, 『세계공화국으로』, 『네이션과 미학』, 『근대문학의 종언』 등의 저서가 있다.

영(Zero)-제도와 이분적 경쟁

블루오션 전략이 경쟁에서 탈피해 비경쟁시장을 블루오션 창출로 규정하는 한 블루오션은 틀렸다.

구조주의 인류학자인 레비-스트로스가 발견한 영(Zero)-제도는 경쟁은 피할 수 없는 구조라는 것이다. 어떤 인위적인 분할도 없는 자연상태로 구성된 윗마을과 아랫마을 사람들은 서로 협력해서 공존하는 것이 이치에 맞다. 그러나 윗마을 사람들은 아랫마을과 구분하지 않고 생각했으나 아랫마을 사람들은 윗마을과 경계선을 긋고 윗마을에 적대감정을 가지고 있었다.

이로부터 레비-스트로스는 이분적인 경쟁은 구조에 내재해 있음을 발견했다. 따라서 블루오션 창출이 경쟁 없는 시장을 지향하는 한,

그것은 이미 경쟁의 내부라는 점을 놓치고 있다는 것이다. 비경쟁이라는 말 자체, 즉 경쟁이 없다는 것에 이미 경쟁을 포함하고 있기 때문이다. 따라서 블루오션 창출은 경쟁기업의 반영효과에 불과하다. 달리 말해 블루오션 창출 기업은 자신을 비출 수 없는 거울과 같다. 거울은 자신이 아닌 다른 것을 거울 속에 담음으로써 존재한다. 거울은 자신을 비출 수 없기 때문이다. 이것은 자신의 존재는 다른 기업이 존재하기 때문에 가능함을 말한다.

레비-스트로스(1908-2009). 프랑스 태생의 구조주의 인류학자. 『슬픈 열대』, 『구조인류학』, 『야생의 사고』 등의 저서가 있다.

모든 규정은 부정이다

또한 전략 캔버스가 뽑은 가치 요소는 자신의 가치 요소가 아니라 업계의 가치 요소라는 점에서 이미 경쟁 내부에 있는 것이다. 모든 규정은 부정이다는 것은 블루오션에도 적용된다. 이 말은 스피노자에서 유래하는데, 나무라는 개념을 규정하려면 나무는 나무이다로 규정되는 것이 아니라 나무는 숲이 아니다라는 부정에 의해 규정된다. 이는 달리 말해 규정으로 정립하기 위해서는 그 자체로는 불가능하고 대립(부정)되는 상대가 있어야 한다는 것을 말한다. 따라서 규정을 블루오션 기업이라고 하면 그것의 부정인 경쟁기업이 있어야 한다는 것이다. 즉 블루오션 기업은 경쟁기업이다를 의미한다.

이 지점에서 에르네스토 라클라우와 샹탈 무페의 공저인 『사회변

(좌) 에르네스토 라클라우. 영국 태생의 정치철학자. 샹탈 무페와 공동 저술한 『헤게모니와 사회주의 전략』 등의 저서가 있다. **(우) 샹탈 무페.** 벨기에 태생의 정치철학자. 『정치적인 것으로의 복귀』, 『사회변혁과 헤게모니』, 『급진적 민주주의의 차원』, 『민주주의의 역설』 등의 저서가 있다.

혁과 헤게모니』의 정치이론이 마케팅에 적용되는 것을 확인할 수 있다. 간단히 말하면 다양한 정치세력을 등가연쇄로 접합하여 두 개의 정치세력으로 봉합하여 진검 승부를 벌여야 한다는 것이다. 위에서 살펴보았던 레비-스트로스의 영-제도의 윗마을과 아랫마을이 경쟁으로 이원화된다는 것이 에르네스토 라클라우와 샹탈 무페가 말하는 정치이론의 요지다.

이것은 시장을 1위와 2위의 구도로 재편하는 것이 마케팅 전략의 중핵임을 뜻한다. 이 전략 외에 다른 것은 모두 거짓이다. 블루오션은 2위 이하의 시장 참여자가 2위 내에 위치해서 시장을 이원체계로 끌고가려는 것이다.

따라서 블루오션의 원칙들, 즉 블루오션 전략의 첫 번째 원칙인 경쟁의 틀을 깨고 시장 경계선을 재구축해 블루오션을 창출하는 것, '숫자가 아닌 큰 그림에 포커스하라'는 블루오션 전략의 두 번째 원칙, '비고객을 찾아라'는 블루오션 전략의 세 번째 원칙, 블루오션 아이디어에 큰 수익성을 보장해 주는 강력한 비즈니스 모델을 구축하기 위한 블루오션 전략의 네 번째 원칙인 '정확한 전략적 시퀀스를 만들어라', 장애를 극복하는 방법을 아는 것이 조직의 리스크를 완화시키는 열쇠로서 블루오션 전략의 다섯 번째 원칙인 블루오션 전략을 실행에 옮기기 위해서는 조직상의 주요 장애 요소들을 극복하는 것, 모든 직급의 신뢰와 참여를 고취하고 자발적인 협력을 진작시키기 위해 기업은 처음부터 전략 실행을 전략화해야 한다는 블루오션 전략의 여섯 번째 원칙은 1위 아니면 2위에 위치하려는 이원화 전략이라 할 수 있다.

어떤 기업들은 심지어 훨씬 더 멀리서 고객들을 유인한다. 예를 들어 시르크 뒤 솔레이유는 상당히 넓은 범위의 야간 문화활동으로부터 고객을 전환시켰다. 이 회사 성장의 일부는 형태와 기능이 모두 다른 활동으로부터 고객을 끌어들인 데 있다. 술집이나 레스토랑의 경우 물리적으로 서커스와 공통적인 특징을 거의 찾아볼 수가 없다. 또한 서커스가 제공하는 시각적인 즐거움과 대화를 나누며 맛있는 음식을 먹는 즐거움은 기능적 측면에서도 다르다. 그러나 형태와 기능상의 이런 차이점에도 불구하고 사람들이 밤에 바깥에서 즐긴다는 면에서는 동일한 목적을 가지고 있는 것이다.

제욱시스의 포도

따라서 블루오션 전략이 말하는 완전 비경쟁시장은 눈속임 효과다. 이러한 눈속임은 너무나 교묘해서 모두 속아 넘어가기 십상이다. 우리는 이러한 예를 제욱시스가 그린 포도 그림에서 확인할 수 있다. 제욱시스가 그린 포도송이에 새들이 부리를 박았다는 것인데, 이는 그 포도가 진짜 포도로 알았다는 것이다. 이것은 제욱시스가 포도를 실제 포도처럼 잘 묘사했기 때문이 아니라 새들을 교묘하게 속였기 때문에 가능했던 것이다.

이와 마찬가지로 완전 비경쟁시장이 있다는 블루오션 전략 또한 마케터들을 교묘히 속였기 때문에 가능한 것이다. 완전 비경쟁시장은 존재하지 않는다. 그러나 이런 시장이 존재한다는 블루오션 전략이 먹힌

것은 그런 시장이 존재했기 때문이 아니라, 마치 존재하기라도 한 것처럼 블루오션 전략이 너무나 교묘하게 작동했기 때문이다.

제욱시스의 포도 그림이 새들을 속였던 것처럼 선진 금융 서비스 기업들이 억만 년 갈 것처럼 하다가 금융위기로 파산한 것에서 블루오션 창출이 교묘한 속임수에 불과했음을 확인할 수 있다. 비경쟁의 블루오션으로 확고하게 시장을 지배했던 파생 금융상품들이 모두 눈속임 상품들이었다.

따라서 블루오션 전략이 말하는 세 가지 상호 보완적 우수성인 '포커스, 차별성, 호소력 있는 멋진 슬로건'은 경쟁이라는 상황하에서 뽑은 것이지 비경쟁의 고립된 위치에서 추출한 자사 단독의 우수성이 아니다. 비경쟁이란 환상은 사실 교묘한 눈속임 효과라는 것은 위에서 살핀 그대로다.

그런데 제욱시스가 새를 속인 포도라는 대상은 우리가 직접 눈으로 확인할 수 있는 차원인 점을 주목해야 한다. 여기서 포도라는 우리 눈에 보이는 대상을 통해 욕구를 충족시키는 것이 가능하다는 제욱시스의 포도 그림은 새를 속였던 것이지 대결 상대인 파라시오스는 속이지 못했다는 점이다.

SINGULARITY

파라시오스의 베일

제욱시스의 포도 그림이 새를 속였다면 파라시오스는 사람을 속였다. 파라시오스는 베일로 가려진 문을 그렸다. 제욱시스는 베일 뒤에 무엇이 있나 하고 베일을 들추었다. 그러나 베일 뒤에는 아무것도 없었다. 제욱시스의 눈을 속일 수 있었던 것은 눈은 시선(대상 a)을 볼 수 없기 때문이다.

'시선'(대상 a)과 표상적 대상인 '눈'(대상)은 전혀 다른 것이라는 점은 마스크의 경우를 예로 분명하게 설명된다. 마스크에는 두 개의 구멍이 뚫려 있을 뿐 눈이라고는 없다. 그러나 두 개의 구멍이 거기 있으므로 해서 우리는 마스크에 시선이 있다는 것을 느낄 수 있다. 시선은 눈과 달리 결코 표상될 수 있는 대상이 아니다.

요컨대 의식의 차원에서 '시각적 욕구'는 눈을 볼 수 있는(표상할 수 있는) 반면에 무의식의 차원에서 '시각적 충동'은 시선을 마치 '베일'이 쳐진 듯 볼 수 없는 것으로 (즉 표상할 수 없는 것으로) 체험한다. 제욱시스는 시선(대상 a)을 볼 수 있는 시각적 욕구의 눈으로 여겼기 때문에 베일 뒤에서 대상을 찾았다. 이것은 타자의 시선(대상 a)은 눈이란 대상으로 볼 수 있는 것이 아니라는 것이다. 그래서 우리는 그 이상한 베일 뒤에 무엇인가 알아볼 수 있는 것이 숨겨져 있을 것이라고 기대한다. 그러나 베일이 가리고 있는 것은 바로 베일 그 자신일 뿐이다. 우리의 시각적 충동은 이 베일 뒤에 무엇인가 볼 수 있는 대상이 있을 것이라고 믿지만, 사실 베일 자체가 대상일 뿐 그 너머에는 아무것도 없다. 이렇듯 우리의 시각적 충동은 타자의 시선(대상 a)을 추구하면서도 늘 만족을 얻지 못하고 좌절하고 마는 것이다. 마치 우리의 눈이 파라시오스의 베일 그림 앞에서 베일 뒤의 대상이 무엇일까 끊임없이 궁금하게 여기면서도 결국은 알아낼 수 없는 것처럼 말이다.

문 뒤에는 아무것도 없다. 문은 베일처럼 작용한다. 문이란 베일 뒤에는 아무것도 없는데 문 뒤에 대상이 있는 줄 알고 문을 연다. 타자의 시선(대상 a)은 결핍된 욕망이고 영원히 만족될 수 없다.

그런데 눈은 보이지 않는 타자의 시선을 볼 수 있다고 여긴다. 이것이 환상이다. 타자의 시선(대상 a)을 충족시키는 것이 자신이라는 환상을 갖는 것인데 이것이 공주병이다.

〈블루 벨벳〉

이러한 타자의 욕망을 완벽하게 충족시켜 주는 대상으로 타자의 시선을 사로잡는 욕망을 표현한 영화가 〈블루 벨벳〉이다. 남녀 주인공은 서로에게 결핍된 타자의 욕망을 충족시켜 준다는 환상에 빠져 있다. 정사장면을 지켜보는 타자의 관음적 시선을 의식하면서 스스로 타자의 욕망의 대상이 됨으로써 타자의 결핍을 충족시킨다는 환상을 잘 보여준다.

> 도로시(이사벨라 로셀리니)가 제프리(카일 맥라클린)를 벽장 안에 집어넣었기 때문에 그가 지켜보고 있다는 것을 알고 있는 그녀만이 아니라 그들 둘이 행위하는 것이다. 사실상 그들 둘은 관찰되고 있음을 아는 것처럼 지나치게 연극적으로 행위한다. 제프리는 비밀스러운 행위를 부

지불식간에 우연히 목격한 것이 아니다. 의례는 시초부터 그의 시선을 위해 상연된 것이다. 이러한 관점으로부터 진정한 게임의 조직자는 프랭크(데니스 호퍼)인 듯하다. 희극적이고 최고의 악한에 대한 고전적 이미지를 불러일으키는 그의 요란하고 연극적인 매너리즘은 그가 얼마나 절망적으로 제3자의 시선을 매혹시키고 그것에 영향을 주려고 하는가를 드러낸다. 무엇을 증명하기 위해서인가? 아마도 열쇠는 도로시에게 한 프랭크의 강박적인 말, "당신 나를 보지 않아?"에 의해 주어진다. 왜 안 그런가? 한 가지 유일하게 가능한 답변이 있다. 볼 것이 없기 때문에, 즉 프랭크는 성불구자이기 때문에 발기하지 못한다.

〈블루 벨벳(*Blue Velvet*)〉. 감독/데이비드 린치, 출연/이사벨라 로셀리니·데니스 호퍼·카일 맥라클린, 1986(미국)

〈천일의 약속〉에서 김래원과 수애는 창문이란 타자의 시선(대상 a)으로 보여짐을 통해서 시청자의 관음증을 자극한다. 시청자가 창문이란 타자의 시선을 통해 지켜보는 대상인 점에서 주인공들은 환상을 경험한다.

이러한 방식으로 읽어가면 장면은 상이한 의미를 가진다. 프랭크와 도로시는 아이에게 아버지의 성불능을 숨기기 위하여 거친 성행위를 가장한다. 모든 프랭크의 외침과 맹세, 성교의 몸짓에 대한 그의 희극적이고 호화스러운 모방은 성교의 부재를 가리는 데 기여한다. 전통적 용어로 표현하면 강조점은 관음증(voyeurism)으로부터 노출증(exhibitionist)으로 이동한다. 제프리의 시선은 노출증적 각본에서 단지 한 요소에 불과하다. 즉 부모의 성교를 목격하는 아들 대신에 우리는 아들에게 (성행위) 능력을 확신시키려고 애쓰는 아버지의 절망적인 시도를 보게 된다.(『향락의 전이』, 슬라보예 지젝 지음, 이만우 옮김, 인간사랑, 2002, 234-235쪽.)

눈(目) 컨셉 플래닝

눈치 빠른 독자라면 우리가 여기서 타자의 시선(대상 a)이란 개념을 탐구하는 목적이 기존의 컨셉 플래닝과 다른 컨셉 플래닝 전략을 수립하기 위한 것임을 알아챘을 것이다. 자, 그렇다면 이제부터 기존의 컨셉 플래닝이 타자의 시선(대상 a)으로서 소비자의 충동의 차원을 컨셉 플래닝에서 배제한 이유를 살펴보기로 하자.

전통적인 마케팅 컨셉 툴들은 소비자의 욕구충족에 소구하기 위해 컨셉을 기획한다. 이러한 시각에서 추출된 컨셉은 소비자의 욕구충족과 매치되는 상품의 편익에서 추출된다. 이것은 곧 소비자에게 가장 잘 보일 수 있는 방향으로 컨셉을 기획하고 마케팅한다.

이때 마케터가 의식으로 지향하는 대상(노에마)으로서의 컨셉은 소비자의 시각적인 눈(目)을 사로잡기 위한 것이다. 소비자의 눈을 지향하는 마케팅은 소비자를 대상화해서 소비자의 욕구충족 대상의 차원에서 상품을 소구하는 것이다. 이때 요점은 소비자의 욕구를 충족시킨다는 것이 소비자 중심으로 마케팅한다는 것을 전제하는데, 그 전제가 임의적이라는 것이다. 마케터는 소비자 편익을 중심으로 한다고 전제하면서 소비자를 대상으로 마케터의 앞에 세우기 때문이다. 이것을 표상(表象, representation)이라고 한다.

'표상 representation' 이란 단어에서 접두사 're-' 는 차이를 종속시키는 동일적인 것의 개념적 형식을 의미한다. 고전 철학에서 개물(個物)은 유개념(類槪念), 즉 이데아에 참여할 때만 이성적인 사유의 대상이 될 수 있었다. 그렇지 않을 경우 그것은 우연적인 착각에 지나지 않는 것이 된다. 감성적 대상들이 모순 없이 사유되기 위해선 그것들은 언제나 동일한 이데아에 참여하고 있어야만 한다. 즉 개물들 간의 차이는 언제나 유적 동일성을 전제한다. 이는 곧 차이 나는 개물들은 보다 근본적으로는 유적 차원에서 통일되어 있다는 뜻이다. 따라서 전통 마케팅은 동일성의 형식(유개념)을 전제한다. 또한 '종차' 가 개물들 간의 분리를 가능케 한다.

이러한 표상적 사고를 당연한 것으로 전제하는 전통 마케팅에서 마케터는 소비자의 상품에 대한 다양한 욕구 중에서 가장 눈에 띄는 요소를 소비자 편익 컨셉으로 추출한다. 이때 추출된 소비자 욕구를 충족시키는 편익은 소비자를 대상으로 한 표상적 사고를 전제하므로 이러한 사고에서 추출한 컨셉에 의해 표현하는 광고는 표상적 제작물로 표현된다.

이 점이 필자가 기존 전통적 컨셉 플래닝의 문제로서 제기하는 핵심이다. 소비자를 대상화하는 표상적 사고는 마케팅이 과학주의의 산물임을 잘 드러낸다. 전통 마케팅은 소비자를 '대상 일반'으로 취급한다. 전통 마케팅에 있어서 과학의 범주들은 마케터의 인위적인 틀에 불과하며, 그 범주들을 통해 마케팅 컨셉 플래닝을 재단(裁斷)한 나머지 컨셉 플래닝의 다양한 모습들이 모두 '대상 일반'으로 취급되어 버렸다는 것이 필자의 비판의 요지다.

이때 전통적 컨셉 툴의 마케터는 "이성은 그 자신이 자기의 계획에 따라서 산출한 것만을 통찰한다"라는 칸트의 기획일 것이다. 따라서 마케터는 표상적 방식의 인식에 선행하는 원초적인 마케팅에 대한 우리의 인식 혹은 그런 컨셉 플래닝에 대한 비전(시야, vision)이 어떻게 발생할 수 있는가를 고려해야 한다. 우리의 주관적 범주인 과학적 개념에 따라 컨셉을 재단하는 동안 우리가 망각해 버린 컨셉의 원초적인 본질, 이 '보이지 않는 것'에 따라서 컨셉 플래닝을 기획하는 것은 어떻게 회복할 수 있을까?

전통적 마케팅 컨셉 플래닝에서 소비자는 언제나 직접 현시하지 않고 유적 개념을 매개로만 나타날 수 있다. 이러한 컨셉 플래닝에서는 소비자를 소비자로서, 즉 그 싱글라리티[Singularity, 독특성(獨特性)]에서 컨셉 플래닝하는 것이 아니라, 전체 통일체의 일원으로서 플래닝된다. 결국 소비자는 마케터라는 동일자로 환원될 뿐이다. 이것은 결국 마케터와 소비자 사이에는 유적 동일성을 전제하지 않는 근본적인 분리가 전제되어야 하는데도 이 점이 배제된다. 따라서 표상적 사고에서 규정한 소비자를 대상화하는 보이는 것 이면의 것을 포착해야 한다.

> 예컨대 밀레는 빵을 감자 자루처럼 그렸는데, 이 경우 밀레가 진정 그리고자 한 바는 가시적인 빵도 감자 자루도 아니다. 그 두 대상이 공유하는 보이지 않는 중량감이라는 힘이었다. 세잔 또한 외적인 것(예컨대 세잔의 과일 그릇)은 껍데기에 불과하며, 회화는 그 껍데기가 감싸고 있는 보이지 않는 본질을 드러내는 임무를 띠고 있다고 말한다. 생 빅토르 산이 세잔을 보았을 때 세잔의 눈은 그 산의 시각적 부정합성, 이질적인 요소들이 결합된 덩어리에 충격을 받는다. 그 산을 구성하는 요소들의 부정합성이나 이질적인 부분들의 결합 양태는 과학적인 방식으로는 어떻게도 질서지을 수 없는 것이었다. 자기를 쳐다보고 있는 그 산의 시선이 세잔의 손을 움직여 그 요소들을 화폭 속에 그리게 한다. 그 그림을 볼 때 우리에겐 무슨 일이 일어나는가? 이미 말한 대로 인식 주관의 과학적 범주들을 통해 세계를 보던 태도를 버리고 그림 속에 그려진 산의 원초적인 본질에 따라서 그 산을 보게 된다. 나는 그림을 본다기보다 그림을 따라서, 혹은 그림과 함께 본다.(『차이와 타자-현대 철학과 비표상적 사유의 모험』, 서동욱 지음, 문학과지성사, 2002, 216-217쪽.)

따라서 전통 마케팅이 전제하는 소비자 욕구충족에 의한 소비자 편익 소구 컨셉 플래닝에는 소비자는 없고 마케터만 있는데 소비자가 있는 것으로 전제해 왔다. 이러한 임의적인 전제의 컨셉 플래닝의 공리를 깨뜨려야 한다. 그동안 아무런 의심 없이 보이는 것(눈)을 당연한 것으로 여긴 컨셉 플래닝을 가능케 해주는 보이지 않는 배후(시선)를 컨셉 플래닝에 드러내 주어야 한다.

서동욱(1969-). 서강대학교 철학과 교수. 『차이와 타자-현대 철학과 비표상적 사유의 모험』, 『들뢰즈의 철학-사상과 그 원천』, 『일상의 모험-태어나 먹고 자고 말하고 연애하며 죽는 것들의 구원』, 『익명의 밤』, 『철학연습』 등의 철학서, 『랭보가 시쓰기를 그만둔 날』, 『우주전쟁 중에 첫사랑』 등의 시집, 들뢰즈의 『칸트의 비판철학』, 『프루스트와 기호들』, 레비나스의 『존재에서 존재자로』 등의 역서가 있다.

따라서 향후 컨셉 플래닝은 보이는 부분을 복원시키는 것이 아니라 보이지 않는 것을 보이는 것으로 만들어야 한다. 이러한 컨셉 플래닝으로의 전환은 기존의 컨셉 플래닝이 플래닝 방법에 있어서나 소비자의 욕망 문제에 있어서나 마케터가 근원적인 전제로 삼아왔던 것을 의심하고 보다 심층적인 단계가 없는지, 혹은 무전제에서 출발하는 것이 가능하지 않은지를 검토해서 컨셉 플래닝하려는 것이다.

시선(視線) 컨셉 플래닝

그렇다면 눈(目)과 시선(視線)의 차이가 무엇인지 살펴보자. "보는 것이 믿는 것이다(To see is to believe)"라는 말처럼 본다는 것은 다른 감각보다도 우월한 지위를 갖는다. 이러한 사고방식에는 본다는 주체가 우선하고 보여지는 것은 대상임을 전제한다. 보는 주체인 나의 생각이 존재하는 사물을 규정한다. 눈이란 이러한 주체의 우월성을 전제한다. 그렇다면 이러한 사고방식에서 타자는 나의 눈에 포섭된 대상으로 전락한다.

그런데 타자란 내가 마음대로 처분할 수 있는 수동적 존재일 뿐인가에 대한 반성이 일어난다. 후설은 의식의 지향성이란 개념을 통해 데카르트의 생각하는 사물(res cogitans)에서 대상이 없는 의식이 아니라 의식은 '~에 대한 의식'으로 존재함을 밝혔다. 의식은 그 자체로 존재하는 고립된 실체가 아니라 항상 대상에 대한 의식이라는 점이다. 그래서 후설은 의식작용(노에시스)은 의식 대상(노에마)과 상관적이라고 하였다. 그러나 후설이 말하는 의식은 초월적 주관, 즉 타자가 아닌 자기를 향한 의식인 점에서 데카르트를 벗어나지 못한다는 한계를 지닌다.

르네 데카르트(1596-1650). 프랑스 태생의 근대 철학의 시조(始祖). 안락한 삶을 보장하는 프랑스를 떠나 외국을 떠돌며 철학한 노마드(유목민)였다. 『정신지도를 위한 규칙들』, 『방법서설』 등의 저서를 남겼다.

이로부터 현대 철학은 나와 타자의 관계에서 타자는 나에게 포섭되는 대상일 뿐인가에 대한 물음을 중요시한다. 이러한 인식의 전환을 통해 등장하는 것이 주체의 눈 대신에 타자의 시선이다.

에드문트 후설(1859-1938). 독일 태생의 유대계 철학자이자 현상학의 창시자. 의식의 지향성, 노에마(의식 대상)와 노에시스(의식작용), 현상학적 환원 등의 개념을 창안했다. 『데카르트적 성찰』, 『현상학의 이념』, 『유럽 학문의 위기와 초월론적 현상학』 등의 저서가 있다.

이러한 주체의 눈에서 타자의 시선으로 관점을 전환한 철학자가 사르트르이다. 일상적으로 마주보는 타자의 눈은 나에게 보여진다는 점에서 나의 지각의 대상이다. 나의 눈이 타자의 눈을 볼 때 타자는 이미 내 앞에 세워진 대상이다. 타자의 눈은 그 색깔이 검다, 푸르다, 크다, 작다와 같은 지향적 대상으로 내 앞에 세워진다. 이렇게 눈의 차원에서는 타자는 나의 대상으로 존재한다.

사르트르(1905~1980). 프랑스 태생의 실존주의 철학자이자 노벨문학상 수상자(1964). "실존은 본질에 앞선다"라는 말에서 알 수 있듯이 인간 실존, 즉 참된 자아를 화두로 삼았다. 『존재와 무』, 『구토』, 『변증법적 이성비판』 등의 저서가 있다.

그렇다면 타인의 시선은 어떻게 출현하는가? 내가 열쇠구멍을 통해 들여다보고 있을 때 뒤에서 발자국 소리가 들린다. 이때 나는 타자의 시선을 느끼면서 수치심을 느낀다. 눈으로서 존재할 때 내 앞에 세워진 대상으로 존재하던 타자가 도리어 나를 수치심의 대상으로 전락시킨다. 이러한 타자의 시선은 내가 결코 소유할 수 없다는 점에서 나를 근원적으로 결핍된 존재로 만든다. 이 타자의 시선은 눈의 차원에서 완전한 충족과 달리 타자에 의해 내가 대상화된다는 점에서 나는 이러한 타자의 시선에 놓인 불완전한 존재가 된다.

그렇다면 이러한 근원적 결핍은 어디서 유래하는가? 시각적 욕구가 눈의 차원이라면 시각적 충동은 타인의 시선의 차원이다. 따라서 충동은 타인의 시선이므로 타인을 내 앞에 세워진 눈의 욕구충족에서와는 근원적으로 다른 내 앞에 세울 수 없는 차원이다. 눈의 차원에서는 타자는 대상으로 존재하지만 시선의 차원에서는 타자란 대상을 잃어버린다. 따라서 시각적 충동의 차원인 타자의 시선은 잃어버린 대상, 즉 내 앞에 대상으로 세울 수 없어서 나는 그 잃어버린 대상을 끊임없이 추구하게 된다.

또한 우리는 근본적으로 타대상의 상호 주체적인 지위를 고려해야

팬옵티콘(panopticon)은 벤담에 의해 제시된 원형감옥이다. 죄수는 볼 수 없는 감시자의 시선(대상 a)에 의해 자기 검열의 상황에 놓인다. 즉 감시자의 시선이 죄수의 행동을 관찰하는 것에 상관없이 자기 스스로 자기를 감시한다.

> 한다. 타대상(대상 a)은 타자가 내 안에서 보는 "내 자신보다도 더 나의 내부에 있는" 그 무엇이다. 프리츠 랑(Fritz Land)의 〈비밀의 문(*Secret Beyond the Door*)〉에서 이것은 조앤 베넷이 그녀에 대한 마이클 레드그레이브의 시선이 드러내는 외상적 경험을 기술한 방법과 관련된다. "갑자기 나는 누군가가 나를 지켜보고 있다는 것을 느꼈다 … 나는 손가락처럼 나를 건드리는 눈을 느꼈다. 우리들 사이에는 현재적 흐름이 있었다. 따뜻함과 부드러움, 그리고 놀라움도 역시 있었다. 그가 아무도 본 적이 없는 나의 가장의 이면을 보았기 때문이다. 내가 모르는 무언가가 거기에 있었다." 그녀는 그것을 몰랐으나 타자의 시선을 매개로만 그것을 확인할 수 있었다.(『향락의 전이』, 슬라보예 지젝 지음, 이만우 옮김, 인간사랑, 2002, 344-345쪽.)

이 잃어버린 대상인 타자의 시선을 라캉은 대상 a라고 한다. 아래 그림은 홀바인의 〈대사들〉이란 그림이다. 그림 속 인물들은 서양의 신세계 발견 시기의 지식인들이다. 이 인물들의 눈은 세계를 대상으로 앞

한스 홀바인, 〈대사들〉(1533). 두 인물의 눈은 대상으로 볼 수 있다. 그러나 그림 하단부의 일그러진 얼룩인 시선(대상 a)은 정면에서 볼 수 없다. 고개를 비스듬하게 해야 해골로 보인다.

에 세워 지배하는 표상의 눈이다. 우리의 일상적인 시각은 눈이 초상화 속의 두 인물의 '눈'을 검다, 파랗다, 크다, 작다라는 판단을 통해 포착(표상)할 수 있다.

반면 기형적 대상인 해골은 나에게 수치심을 주면서 나를 대상으로 만드는 타자의 시선처럼 내가 대상화할 수 없는 시각적 충동으로 결코 내가 거머쥘 수 없는 대상 a로서의 '시선'이다. 그것은 분명 해골의 시선이지만 나는 그 시선을 타인의 눈을 볼 때처럼 검다, 파랗다, 크다, 작다라고 판단할 때와는 달리 그것이 무엇인지 볼 수 없고, 또 마치 무엇인가를 가리고 있는 베일처럼 여길 뿐이다. 그 이상한 베일 뒤에 무엇인가 알아볼 수 있는 것이 숨겨져 있을 것이라고 기대한다. '그러나 베일이 가리고 있는 것은 바로 베일 그 자체일 뿐이다.'

우리의 시각적 충동은 이 베일 뒤에 무엇인가 볼 수 있는 대상이 있을 것이라고 믿지만 사실 베일 자체가 대상일 뿐 그 너머에는 아무것도 없다. 파라시오스가 베일 그림을 그려서 제욱시스를 속였던 것은 베일

슬라보예 지젝(1949-). 슬로베니아 태생의 라캉주의 분석가이자 포스트모던 철학자, 문화비평가. 『삐딱하게 보기』, 『이데올로기라는 숭고한 대상』, 『향락의 전이』, 『환상의 돌림병』, 『까다로운 주체』, 『부정적인 것과 함께 머물기』, 『폭력이란 무엇인가』, 『전체주의가 어쨌다구?』, 『시차적 관점』, 『신화, 광기 그리고 웃음-독일 관념론의 주체성』(공저), 『전쟁은 없다』(공저), 『잃어버린 대의를 옹호하며』 등의 저서가 있다.

자크 라캉(1901-1981). 프랑스 태생의 정신분석학자. 후설의 현상학에서는 의미의 생산이 의식으로부터 기의가 생기고 기의를 나타내기 위해 기표가 존재하는 것인 데 반해 라캉의 구조주의에서는 기표들의 장이 존재하고, 그 기표들의 장에 의해 주체—의식적 주체 이전에 무의식적 주체—가 구성되며, 그로부터 의식이 형성되는 것이다. 언어의 법칙이 먼저 존재하고 각 개인의 무의식이 그 언어법칙에 따라 작동하는 것이다. 상상계-상징계-실재계, 욕망·충동·주이상스(향유)의 개념으로 현대 사상에 많은 영향을 주었다. 『에크리』, 『세미나』 등의 저서가 있다.

뒤에서 제욱시스가 대상을 찾을 수 있다는 것 때문이었다. 타자를 내 앞에 세워서 대상으로 삼을 수 있다는 생각에 빠져 있던 제욱시스는 베일 뒤에도 대상이 있을 것이라고 당연하게 생각했던 것이다.

이러한 자기 중심적인 사고방식이 전통적 컨셉 플래닝이다. 그러나 베일 뒤에는 아무것도 없다. 타자의 시선은 나에게 수치심을 안기는 것처럼 내 앞에 세워진 대상이 아니라 언제나 나를 비껴나 나에게서 빠져나간다. 베일 뒤에 나를 충족시켜 주는 대상은 없다. 따라서 대상은 나에게 결여되어 있으므로 베일 뒤에서 대상을 찾으려는 시도는 언제나 실패한다. 그래서 이 충족되지 않은 결핍으로 인해 충동은 끝없이 대상을 찾아 헤맨다. 이렇듯 우리의 시각적 충동은 대상 a를 추구하면서도 늘 만족을 얻지 못하고 좌절하고 마는 것이다. 마치 우리의 눈이 홀바인의 그림 앞에서 그 기형적인 대상이 무엇일까 끊임없이 궁금하게 여기면서도 결국은 알아낼 수 없는 것처럼 말이다.

사물을 앞에 세운다는 것은 사물의 개별성을 보편적인 유개념이란 동일자로 환원하는 것을 말한다. 즉 마케터가 소비자를 앞에 세워 소비자 편익으로 소비자의 욕구를 환원하는 것이다. 이렇게 환원된 소비자 편익을 소비자에게 효과적으로 전달하기 위해 시각적 표현물로 제작된다. 따라서 전통적 브랜드 컨셉은 개별적 소비자들의 욕구를 대표적 편익을 뽑아 추출한 유개념이라고 할 수 있다. 어느 브랜드 하면 떠오르는 이미지가 형성되려면 소비자가 하나의 단일한 의미를 갖도록 해야 가능하다.

그런데 요점은 그 이미지가 소비자를 마케터 앞에 세워 만든 이미지라는 것이다. 그런 이미지는 마케터의 눈(目)이 마케터의 욕구를 반영한 것이지 결코 소비자의 시선(대상 a)을 드러내지 못한다는 것이다.

그림에서 형체를 알 수 없는 얼룩이 바로 이러한 마케터의 눈(目)의 차원의 컨셉 플래닝이 그동안 간과해 온 소비자의 시선(대상 a)이라는 것이다. 마케터의 눈은 소비자의 눈을 검다, 파랗다 등으로 판단하여 소비자의 욕구를 충족시킨다고 착각한다. 식욕은 음식이라는 대상을 통해 충족되듯이 브랜드 이미지를 소비자에게 일치시켜 소비자의 욕구를 충족시킨다고 오인한다.

기존의 컨셉 플래닝이 소비자의 욕구를 마케터의 의식에 표상되는 대상—소비자의 의식이 어떤 식으로든 마케터가 소유할 수 있는 대상—이라면(예컨대 식욕에 대응하는 대상인 음식의 경우가 그렇다), 이 소비자의 시선인 대상 a는 결코 기존 컨셉 플래닝에 젖어 있는 마케터의 의식의 대상 혹은 표상적인 대상에서는 포착되지 않는 컨셉 플래닝이다.

기존의 컨셉 플래닝은 소비자의 욕구를 마케터의 의식에 표상되는 외부적 대상처럼 소유할 수 있다고 여기지만, 어떠한 욕구의 대상도 소비자의 충동을 만족시킬 수는 없다는 점을 간과하고 있음을 마케터의 눈의 차원의 컨셉 플래닝은 알지 못한다. 따라서 기존의 컨셉 플래닝은 소비자 충동이 그것이 추구하는 고유한 대상인 대상 a에 결코 도달할 수 없다는 점을 배제하고 소비자 욕구를 충족시킨다는 전제에서 기획한다. 소비자의 시각적 충동은 대상 a로서의 시선을 추구하는데 기존의 컨셉 플래닝은 이 점을 간과한다.

따라서 기존의 컨셉 플래닝에 젖어 있는 마케터는 우리의 의식에 표상되는 대상인 눈(目)의 차원에 머물러서 대상 a인 시선을 컨셉 플래닝에서 배제한다. 기존의 컨셉 플래닝은 시각적 욕구인 눈을 볼 수 있는(표상할 수 있는) 의식의 차원만을 고려하고 시각적 충동인 시선, 즉 마치 '베일'이 쳐진 듯 볼 수 없는(즉 표상할 수 없는) 체험인 무의식의 차원을 배제한다.

요점은 초상화 속 두 인물의 '눈'을 일상적인 시각으로 포착(표상)하는 차원인 기존의 컨셉 플래닝이 기형적 대상인 해골, 즉 우리의 시각적 충동이 결코 거머쥘 수 없는 대상 a로서의 '시선'이라는 차원을 배제한다는 점이다. 타자의 시선은 눈앞에 있는 대상이 아니므로 대상화할 수 없다는 점에서 무(無)다. 베일 뒤에는 아무것도 없는데도(無) 들추어서 대상이 있나 눈으로 확인하려고 한다는 의미에서 그렇다.

이러한 베일 뒤 대상 찾기의 실패는 다음과 같은 유대인과 폴란드인의 대화에서 알 수 있다. 유대인과 폴란드인이 기차를 타고 있다. 폴란드인은 부자인 유대인에게 돈을 버는 비밀(대상)을 가르쳐 달라고 조른다. 유대인은 비밀(대상)을 가르쳐 주는 대가로 돈을 요구한다. 폴란드인은 유대인의 제안에 동의한다. 유대인이 "비밀은 …" 이라고 운을 떼면서 하는 말은 폴란드인의 돈이 떨어질 때까지 계속된다. 모든 유대인의 말 이면에는 아무것도 없고(무) 비밀(대상)도 없다는 것을, 그리고 유대인은 단지 자기로부터 돈을 더 많이 얻기 위해 머뭇거리고 있을 뿐이라는 것을 우리는 알 수 있다. 폴란드인이 눈으로 확인할 수 있는 비밀(대상)은 없었고, 비밀은 물음에 대한 답변을 하는 과정 자체에 있었다.

폴란드인 자체가 유대인의 치부의 비밀(대상)이라는 점은 베일 뒤에 찾고자 하는 대상이 없었다는 점에서 같은 무를 반복한다. 이렇게 대상이 없는데도(無) 베일 뒤에 대상이 있다는 환상을 갖는다.

싱글라리티 컨셉 플래닝 1

이러한 환상을 컨셉 플래닝에 적용하는 것이 싱글라리티 컨셉 플래닝이다. 전통적 컨셉 플래닝은 소비자를 대상으로 앞에 세워놓은 마케터 중심의 컨셉 플래닝을 하면서도 소비자 욕구에서 소비자 편익을 추출했으므로 소비자의 욕구를 잘 반영하고 있는 컨셉 플래닝을 한다고 착각한다. 이렇게 제작된 광고 표현물은 전혀 소비자의 시선을 반영하지 않고서도 마치 소비자의 입장에서 제작했다고 오인한다.

소비자의 눈을 보고 검다, 푸르다, 크다, 작다라고 판단한 것은 소비자의 시선을 반영한 것이 아니라, 마케터의 눈에 소비자의 눈을 앞에 세워놓은 것일 뿐이다. 소비자의 시선(대상 a)을 컨셉 플래닝에 반영하는 것이 위에서 살펴본 〈천일의 약속〉의 창문의 시선이고 〈블루 벨벳〉의 관음증적 시선이다.

그렇다면 이러한 소비자의 시선을 어떻게 컨셉 플래닝의 제작물에 표현할 수 있을까? 필자가 제안하는 컨셉 플래닝은 첫 번째, 기존 광고 표현물의 틀을 바꾸는 것이다. 광고 표현물을 마케터의 눈앞에 세워진 소비자의 눈이 아니라 소비자의 시선으로 컨셉 플래닝하기 위해서는 마스크의 시선을 이미지화해야 한다.

❶ 마스크에는 두 개의 구멍이 뚫려 있을 뿐 눈이라고는 없다. 그러나 두 개의 구멍이 거기 있으므로 해서 우리는 마스크에 시선이 있음을 느낄 수 있다.
❷ 삼성을 타자의 시선으로 시각화하여 삼성 브랜드 자체가 타자의 시선을 즐기는 대상 자체임을 표현하고 있다.
❸ 한 입 베인 이미지를 시각화한 애플 브랜드 자체가 소비자가 즐기는 관음의 대상이 된 시선이다.
❹ 코크 브랜드 자체가 타자의 시선인 마스크의 시선으로 표현했다.

두 번째, 타자의 시선을 '즐기는' 컨셉 플래닝을 하는 것이다. 타자의 시선이 내 눈(目) 앞에 세우는 완전한 욕구충족인 시각적 욕구와는 다르다는 점은 이미 위에서 살펴보았다. 따라서 시각적 욕구에서는 욕구충족의 대상을 찾을 수 있었다. 그런데 타자의 시선에서 욕구는 충족되지 않고 대상을 잃어버린다. 따라서 자아는 잃어버린 대상에 머물지 않고 스스로 대상이 되는 환상이 발생한다. 여기서 요점은 잃어버린 대상으로 나에게 다가오는 타자 또한 충족되지 않은 것은 나와 마찬가지라는 점이다. 타자의 시선 또한 나를 대상으로 갖지 못하고 대상을 찾는다는 것이다. 바로 여기에서 내가 타자의 결핍을 보충하는 대상이라는 환상이 발생한다.

공주병은 타자가 자신의 결핍된 미모 때문에 아름다운 대상을 찾는데 그 대상이 자신이라고 상상하는 것이다.

"Enjoy(즐기라) 코크"는 타인의 시선을 즐기라는 잉여쾌락을 컨셉 플래닝에 적용하고 있다.

공주병은 이런 환상의 현상이다. 공주병이란 타자가 자신의 결핍된 미모로 인해 아름다운 대상을 찾는데 그 대상이 자신이라고 상상하는 것이기 때문이다. 달리 말하면 공주병에 걸린 이의 환상은, 남자들의 눈에서 결여된 공백을 발견하고 그 결여를 자신을 바라보는 남자의 시선으로 채워넣어 남자의 시선을 즐기면서 쾌감을 얻는다.

이때 타자의 시선을 '즐기는' 잉여쾌락이 발생한다. 즐기는 것은 잉여쾌락을 말한다. 타자의 시선을 자신이 스스로 그 대상이 된다고 여기면서 충족시키기 때문에 자아는 시각적 욕구의 쾌락만족을 넘어 불쾌의 충동의 만족을 추구하기 때문에 과잉의 쾌락이고 잉여쾌락이라고 한다. 이 불쾌의 잉여쾌락을 겨냥하는 것이 싱글라리티 컨셉 플래닝이다.

시인 황동규가 묘사한, 사마귀가 성교 도중 잡아먹히면서 느끼는 '죽음'으로 수렴되는 쾌감, "머리가 세상에서 사라지는 이 쾌감"(〈풍장 30〉에서)이 타자의 시선을 즐기는 잉여쾌락이다. 시각적 욕구에서 식욕은 음식을 먹으면 충족된다. 그러나 잉여쾌락은 배를 충족시키지 않고 만족을 얻는다. 그래서 식욕을 만족시키지 않는 음식을 먹는다. 배를 채워 식욕을 충족시키면 몸매를 유지할 수 없기 때문이다.

타자의 시선을 만족시키기 위해서 스스로가 대상이 되어 타자의 욕망을 충족시키려는 것은 타자의 시선이 자신이 소유할 수 없는 대상이라는 사태를 자신이 스스로 대상이 되면서까지 소유하려는 것이기에 잉여쾌락이고 과잉쾌락이라고 하는 것이다. 콜레스테롤 걱정 때문에 영양분을 제거한 가짜 달걀로 바뀌었고, 커피는 카페인을 제거한 가짜 커피가 되었으며, 콜라도 설탕을 제거한 '슈거 프리'가 인기다. 콜레스테롤 프리, 슈거 프리, 카페인 프리…. 알맹이에서의 탈출, 영양분에서의 탈출, 비만에서의 탈출은 타자의 시선을 즐기려는 과잉쾌락의 사태를 잘 보여준다. 무엇을 마시고 무엇을 즐기는가? 타자의 시선을 즐기려 하기 때문에 알맹이는 싫고 껍질만 달라고 한다. 타자의 시선을 즐기

헤겔(Georg Wilhelm Friedrich Hegel, 1770-1831). 독일 태생의 관념철학의 완성자. 칸트로부터 시작된 초월론적 통각(자아)의 관념철학은 피히테, 셸링을 거쳐 헤겔의 절대정신으로 완성된다. 『정신현상학』, 『대논리학』, 『철학강요』, 『법철학』 등의 저서가 있다.

려는 과잉쾌락을 위해서, 식욕을 충족시키지 않기 위해 아무것도 먹지 않고 아무것도 마시지 않는다. 아니, 여전히 먹고 마시지만 아무것도 아닌 것을 먹어야 타자의 시선을 즐길 수 있어 마음이 가볍다. 영양분을 섭취하기 위해 먹는 것이 음식이지만 이제 사람들은 잉여의 양분을 덜어내기 위해 먹는다.

따라서 타자의 시선을 '즐겨라'라는 잉여쾌락은 컨셉 플래닝의 중요한 요소라고 할 수 있다. 우리는 이것을 '싱글라리티' 컨셉 플래닝이라고 명명하겠다. 타자의 시선이 결핍된 존재에서 탈출하여 자신이 만족시킬 수 있다는 잉여쾌락은 컨셉 플래닝이 고려해야 할 가장 중요한 요소라고 할 수 있다. 타자의 시선을 즐기기 위해 모든 것이 넘친다. 살의 잉여는 영양분이 제거된 음식을 찾게 만들어 타자의 시선을 즐기기 위해 빼야 하고, 타자의 시선을 즐기기 위해 모양과 디자인에 온 힘을 모아야 하는 것은 이 때문이다. 따라서 "껍데기는 가라"가 아니라 "껍데기여 오라"는 말은 헤겔이 말한 "본질은 외양[디자인]이다"와 공명(共鳴)하는데, 이는 '즐겨라'라는 잉여쾌락 컨셉 플래닝의 모토라고 할 수 있다.

SINGULARITY

스티브 잡스와 롤랑바르트의 '신화'

스티브 잡스는 그의 전기 『스티브 잡스』에서 암 투병 중에도 산소 마스크 디자인에 집중했다 한다. 잡스는 의사가 자신의 얼굴에 산소 마스크를 씌우려 하자 그것을 벗겨내고 "디자인이 마음에 안 들어서 쓰기 싫다"며 "다섯 개를 더 가져오면 내가 고르겠다"고 말했으며, 또 손가락에 끼운 산소 모니터의 디자인도 "너무 볼품없고 복잡하다"고 불평했다고 한다. 잡스의 전기는 애플 특유의 둥근 직사각형 모서리 디자인이 잡스의 집념에서 비롯됐다고 밝혔다. 그는 모서리를 둥글게 만들면 제품 제작이 어렵다는 디자인 책임자와 함께 회사 주변을 산책하며 자동차 창문과 게시판, 거리의 표지판 등 17가지 예를 찾아내 디자인 담당자로부터 항복을 받아냈다. 이후 매킨토시와 컴퓨터 대화상자와 창들은 둥근 모서리를 갖게 되었다.

잡스는 애플과 거래하던 색상 전문업체 팬톤이 새 제품 케이스 색상으로 2천 여 가지에 이르는 베이지색을 내놓았을 때 "마음에 드는 것이 하나도 없다"고 거부했다. 마음에 드는 디자인이 나올 때까지 매킨토시 컴퓨터 케이스, 포장재 색상과 디자인을 50번 가량 수정하도록 지시한 것도 유명한 일화다.

잡스는 눈에 보이지 않는 곳의 디자인에도 신경을 썼다. 매킨토시 내부 깊숙한 곳에 들어갈 인쇄 회로기 판도 일일이 검사했다. 한 엔지니어가 이의를 제기하자 잡스는 "박스 안에 들어 있다 해도 최대한 아름답게 만들어야 한다"면서 "훌륭한 목수는 아무도 보지 않는다고 장롱 뒤쪽에 저급한 합판을 쓰지 않는다"고 말했다.

잡스는 더 나은 디자인을 위해 '도둑질'도 서슴지 않았다. 애플은 제록스 팔로앨토 연구센터에서 본 그래픽 방식의 사용자 환경을 매킨토시에 적용했다. 현재 데스크톱 컴퓨터의 바탕화면이 여기서 나왔다. 잡스는 디자인을 훔친 데 대해 "역사에 등장한 최고의 아이디어를 찾아내 자신이 하는 일에 접목해 활용하려 한 노력"이라며 다음과 같이 말했다. "피카소는 좋은 예술가는 모방하고 위대한 예술가는 훔친다고 했다는데 나는 훌륭한 아이디어를 훔치는 것을 부끄러워한 적이 없다." 전기는 "잡스가 애플 직원들이 타인의 것을 서슴지 않고 훔치기도 하는 도적떼처럼 행동하기를 바랐다"고 한다.

이로부터 우리는 잡스가 타인의 시선을 '즐기라'는 잉여쾌락의 시대 흐름을 읽고 이를 애플의 컨셉 플래닝에 창조적으로 적용했다는 것을 알 수 있다. 애플의 입에 베인 사과 이미지는 『성서』 〈창세기〉에서 사과를 먹지 말라는 금지를 아담이 지키지 않아 타락한다는 내용을 연상시킨다. 따라서 이러한 애플의 브랜드 이미지와 스티브 잡스의 기존의 틀을 깬 창조적 혁신가 이미지와의 연결은 자연스럽다.

롤랑 바르트(1915~1980). 프랑스 태생의 기호학자, 문학이론가, 문학평론가. 『신화학』, 『사랑의 단상』, 『기호의 제국』 등의 저서가 있다.

롤랑 바르트는 『신화학(神話學)』에서 이미지를 통해 어떻게 신화가 만들어지는가를 분석한다. 그가 드는 예는 「파리 마치」지(誌)에 실린 흑인 소년 병사가 프랑스 국기에 대해 경례하는 사진이다. 바르트는 사진 속 어린 흑인 병사는 국가 이데올로기가 작동하는 방식을 보여주는 상징이라고 말한다. 그는 국가 이데올로기라는 신화는 어린 흑인 병사의 국가에 대한 헌신을 통해 작동한다고 말한다.

이때 어린 흑인 소년 병사의 개인에 대한 정보는 중요하지 않다. 그가 어디서 살고 부모가 누구이며 가난한 것과 같은 개인사는 묻히고 그가 국가를 위해 충성하는 용기만이 대중의 관심을 받음으로써 국가에 충성하라는 신화가 만들어진다.

사진 속 어린 흑인 병사는 국가 이데올로기 작동방식을 보여주는 신화적 상징이다.

스티브 잡스의 검정 터틀넥 상의는 롤랑 바르트의 '신화'를 나타내는 상징이다. 잡스 자신이 씹어 먹힌 사과라는 애플 브랜드 자체가 됨으로써 소비자가 관음의 대상으로 즐긴다. 이런 점에서 잡스는 탁월한 타자 시선 '즐겨라' 컨셉 플래너였다.

스티브 잡스는 이러한 롤랑 바르트의 신화학을 차용한다. 그래서 검정색 터틀넥 상의와 청바지를 입고 프레젠테이션을 하는 장면의 반복은 대중들로 하여금 스티브 잡스를 창조적 혁신가라는 신화적 존재라는 이미지를 갖게 하는 데 결정적 요소로 작용했다. 잡스의 검정색 터틀넥 상의와 애플의 로고를 검정 바탕에 입에 베인 사과의 흰색 처리라는 이미지 통일감을 통해 잡스의 신화 만들기 효과는 극대화된다.

SINGULARITY

멘토는 타자의 시선 즐기기이다

프레젠테이션에서 아이폰은 베일에 감춰진 신비효과를 극대화하면서 멘토 잡스에 의해 드러난다. 창조적 혁신가 멘토 신화의 매력적인 목소리에 담긴 멘트와 제품의 가치는 신비한 매력으로 참관자들에게 다가와 짜릿한 희열을 맛보게 한다. 이러한 브랜드와의 일체감은 개인 잡스의 특수성이 상징적 보편성으로 승화되었기 때문에 가능한 것이다. 이때 중요한 사실은 창조적 혁신가로서의 상징적 멘토가 만들어진 이면에는 소년 흑인 병사의 경례 사진 이면에 국가 이데올로그들의 신화 만들기라는 계산이 깔려 있는 것과 동일한 치밀하게 의도된 메타 언어가 존재한다는 점이다. 또한 창조적 혁신가 멘토인 잡스는 우리에게는 투쟁적인 구호로서 대중을 선동하는 강한 지도자가 아니라, 대중의 어깨

텔레마코스가 멘토로부터 조언을 구하고 있다.

를 두드려 주고 위로하는 착한 멘토를 만들어내는 계기가 되었다. 아픔을 겪는 청년을 위로하고 같이 호흡하는 멘토는 과거의 권위적인 지도자와는 거리가 멀다. 이러한 멘토는 정치 캠페인 분야에서 위력을 발휘하는 소통수단으로 자리 잡고 있다.

타자의 시선을 '즐기는' 컨셉 플래닝의 예로 멘토를 들 수 있다. 멘토라는 개념은 오디세우스에서 유래한다. 트로이 전쟁에 나가기 위해 이타카 섬을 떠나야 했던 오디세우스는 친구 멘토와 유마이우스에게 어린 아들 텔레마코스를 보살펴 부탁한다. 후에 오디세우스의 아내 페넬로페를 향한 구혼자들이 서로 경쟁하여 텔레마코스가 곤경에 처하자 떠나기 전 오디세우스가 텔레마코스의 안전을 부탁한 친구인 멘토의 모습으로 변장한 여신 아테네는 텔레마코스 앞에 나타나 그에게 조언을 한 데서 유래한다.

그 후 '멘토'라는 고유명사를 18세기 프랑스의 한 작가가 '경험 많은 조언자'를 가리키는 보통명사처럼 썼고, 그 이후 '멘토'는 어리고 경험 없는 이에게 조언을 해주는 지혜로운 어른을 가리키는 의미를 갖게 되었다. 멘토는 청중에게 더 즐겁게, 더 신나게, 더 부드럽게, 혹은 더 강하게 감성을 자극하고, 웃음을 유발하고, 감동시키고, 그래서 즐거워지게 함으로써 멘토가 정당하고 옳다고 믿게 한다는 점에서 타자의 시선을 즐기는 컨셉 플래닝이라고 할 수 있다.

To see is to believe

전통적인 컨셉 플래닝은 타겟 오디언스의 라이프 스타일을 다음과 같이 기술(記述)한다.

"직장인 OOO 씨(30대 중반)는 최근 OO 스마트폰을 구입하여 일상생활을 한다. OO 스마트폰으로 출근길에 버스 도착 시간을 확인한다. 버스에서 OO 스마트폰으로 일정을 정리하고 트위터를 확인하거나 모바일 게임 '앵그리버드'를 하면서 시간을 활용한다. 외근을 나가서도 OO 스마트폰으로 메일과 쪽지를 실시간으로 확인하고 회사 시스템에도 접속한다. 친구에게 빌린 돈을 갚기 위해 OO 스마트폰에 있는 공인인증서, 친구 계좌번호 등을 이용한다. 사무실에 들어와 PC를 켜고 메신저에 접속하자 카카오톡 친구들과 연락한다. OOOO씨의 삶은 OO

스마트폰에 의존한다. 따라서 "OO 스마트폰은 OOO 씨의 분신이다."

위에서 알 수 있듯이 전통적 컨셉 플래닝은 브랜드(대상)를 소비자의 시각적 욕구를 충족시키는 방향으로 기획한다. 따라서 전통적 컨셉 플래닝은 제욱시스가 그린 포도라는 대상이 새의 시각적 욕구를 충족시키는 차원에 머문다고 할 수 있다. 그러므로 우리가 접하는 광고 표현물들이 천편일률적으로 브랜드를 소비자 욕구충족인 눈(目)의 차원에서 기획되고 있음을 알 수 있다.

브랜드가 소비자의 욕구를 충족시키는 대상으로 설정하는 이러한 컨셉 플래닝은 타자의 시선인 충동의 차원을 고려하지 않는다. 대상에서 만족을 얻는 시각적 욕구 컨셉 플래닝은 소비자와 브랜드가 직접적으로 일치하는 일대일 매칭 표현기법을 주로 사용한다. "보는 것이 믿는 것이다(To see is to believe)"는 소비자에게 직접적으로 브랜드의 이점을 보여줌으로써 브랜드가 소비자 욕구를 충족시키는 대상임을 믿게 한다는 의미에서 일대일 대응의 컨셉 플래닝을 잘 표현한다고 할 수 있다.

보는 것(Seeing, 시각)이 여러 감각(촉각, 미각, 청각, 후각)보다 특권적 감각인 것은 대상의 불확실성을 제거하는 데 직접 보는 것만큼 더한 인식기능은 없다는 생각 때문이다. 내가 앞에 있는 대상을 보는 것은 확실하고, 믿을 수 있으며, 이보다 더 참된 것은 없다는 것이 보는 것이 믿는 것이다라는 생각에 전제되어 있다. 따라서 대상은 그것을 보는 주체 앞에 세워지게 되고, 주체에 고정된다. 이렇게 대상은 질적 다양성이 사라지고 몇 가지 눈으로 확인할 수 있는 크기나 색깔, 모양, 무게 등이 중요한 평가요소가 된다. 따라서 눈으로 볼 수 있는 것은 확실하게 알 수 있는 것이 되고, 볼 수 없는 것은 알 수 없는 것으로 배제된다.

포지셔닝 컨셉 플래닝

이 알 수 없는 것으로 배제되고 은폐된 것을 드러내서 밝히는 것을 알레테이아라고 한다. 은폐되어 망각된 레테를 벗겨내기(알) 때문에 알레테이아인 것이다. 그리고 볼 수 있는 것만이 확실한 앎이라는 사고방식에는 실체가 무엇인가가 중요하다. 따라서 영원하고 완전한 절대적인 대상을 찾게 된다. 이러한 사고방식에서 컨셉 플래닝하는 것이 바로 단일 소구점(Single Minded Proposition)이다. 소비자 편익과 브랜드의 강점 중에서 가장 소비자 눈에 잘 띄는 요소가 브랜드의 실체로서 컨셉화된다.

가장 중요한 브랜드의 요소는 일정 기간이 지나면 변한다. 그러나 변하지 않고 영원한 것이 있는데, 그것이 바로 사람의 머리 안에 있는 개념이다. 따라서 사람의 머리 안에 브랜드를 인식시키는 것이 중요하다. 인식의 틀에 1등으로 등록시키면 위치가 변하기 어렵다. 이것이 포지셔닝이다. 그런데 변하는 제품 속성에서 뽑은 강점을 변하지 않는 머릿속 인식으로 포지셔닝시킨다는 것은 머릿속 인식도 볼 수 있다는 것을 전제한다. 머릿속 브랜드 인식이 변하지 않는 것이라면 브랜드는 영원해야 하는데 현실에서는 수없이 많은 브랜드들이 사라지는 것을 어떻게 설명할 수 있는가라는 물음에 대해 변하지 않는 확고한 인식의 틀을 전제하는 포지셔닝 컨셉 플래닝은 답할 수 없다.

마르틴 하이데거(1889-1976). 독일 태생의 철학자. 인간은 자신의 존재근거를 묻는 유일한 세계-내-존재인 현존재(Dasein)라는 독창적인 개념을 창안했다. 진리의 근거를 밝힌 알레테이아(비은폐)도 중요한 개념이다. 『존재와 시간』, 『형이상학이란 무엇인가』, 『이정표』, 『숲길』 등의 저서를 남겼다.

이로부터 우리는 변하는 제품 속성으로 추출한 요소로부터 변하지 않는 브랜드 인식의 틀을 선점할 수 있다는 포지셔닝 컨셉 플래닝의 오류를 발견하게 된다. 1등만 기억한다는 것이 1등의 인식은 영원불변하다는 것을 말하는 것은 아니다. 따라서 포지셔닝 컨셉 플래닝은 소비자 인식에 1등으로 등록시키면 그 자리는 영원하다는 컨셉 플래닝은 눈으로 볼 수 있는 변하는 제품의 속성에서 출발하므로 언제든지 1등의 인식은 변한다는 것을 간과하고 있다. 그렇다면 1등의 인식 틀이 아닌 브랜드가 1등의 인식 틀이 될 수 있는 변화의 가능성은 어디에 있는가?

그것은 바로 눈으로 볼 수 있는 것에서 은폐된 보이지 않는 것을 드러내는(밝히는) 데 있다. 포지셔닝 컨셉 플래닝이 눈(目)의 차원이라면 보이지 않는 것을 드러내는 컨셉 플래닝은 타자의 시선의 차원이다.

니체식으로 말하면, 눈의 차원이 아폴론이라면 타자의 시선의 차원은 디오니소스이다. 니체는 『비극의 탄생』에서 이성의 질서인 로고스의 세계를 아폴론이라고, 소의 내장을 먹으면서 축제의 열기에 휩싸인 격정의 욕망과 충동의 세계를 디오니소스라고 한다.

아리스토텔레스는 비극의 역할이 감정을 정화시켜 마음의 안정을 가져다 주는 카타르시스라는 눈으로 볼 수 있는 차원으로 본 것과 달리, 니체는 감정과 충동은 이성의 질서라는 눈으로 볼 수 있는 로고스적 아폴론으로 규정할 수 있는 것이 아니라 그것(이성과 질서라는 눈)으로 볼 수 없는 것으로 보았다. 아폴론이 눈으로 볼 수 있는 눈의 차원으로 인식의 고정 불변성의 포지셔닝 컨셉 플래닝

니체(Friedrich Wilhelm Nietzsche, 1844-1900). 독일 태생의 철학자. 영원회귀, 힘의 의지 개념은 들뢰즈 · 데리다와 같은 현대 철학자들에게 많은 영감을 주었다. 『비극의 탄생』, 『인간적인 너무나 인간적인』, 『즐거운 학문』, 『선악의 저편』, 『도덕의 계보』, 『차라투스트라는 이렇게 말했다』, 『우상의 황혼』, 『이 사람을 보라』 등의 저서를 남겼다.

아리스토텔레스(BC 384-BC 322). 마케도니아 태생의 철학자. 플라톤이 존재의 근원(실재)을 이데아라는 보편자로 규정한 것과 달리 개별자를 실재(實在)로 삼았다. 4원인(질료인, 형상인, 목적인, 작용인), 부동의 동자, 인간은 정치적 동물이다 등의 개념을 창안했다. 『형이상학』, 『니코마코스 윤리학』, 『정치학』, 『변증론』, 『자연학』 등의 저서가 있다.

이라면 디오니소스는 인식의 변화 가능성의 타자의 시선 컨셉 플래닝이라고 할 수 있다. 이는 달리 말해서 인식의 고정불변의 아폴론에서 인식의 변화가 가능한 것이 아니라 인식 틀의 변화 가능성이 타자의 시선이라는 디오니소스, 즉 볼 수 없는 컨셉 플래닝에서 가능하다는 점이다. 니체는 아폴론이 인간의 힘의 의지를 고양시키기보다는 퇴락시키는 데카당스로 보았다. 볼 수 없는 타자의 시선인 디오니소스를 은폐한 것이 아폴론이니 인간이 힘의 의지를 발휘하지 못하고 왜소해지는 것은 당연한 귀결이다.

이처럼 보는 것을 앎으로 간주한 것을 완성한 사람이 칸트다. 칸트는 보는 것인 감각경험만을 참된 지식으로 규정한다. 그런데 감각경험은 변하는데 이것을 고정시켜 주는 인식의 틀을 경험을 초월하여 선험적인 능력으로 이미 가지고 있어야 앎이 가능하다는 것이다. 붕어빵을 만들려면 밀가루 반죽과 단팥 재료를 붕어빵틀로 찍어내야 한다. 앎이 가능하기 위해서는 감각자료인 밀가루 반죽과 단팥 재료에 빵틀이 머릿속에 있어야 붕어빵이라는 앎이 가능하다. 어떤 브랜드를 머릿속 어딘가에 위치시켜서 소비자의 인식을 선점한다는 포지셔닝 컨셉 플래닝의 근거가 바로 여기에 있다.

따라서 포지셔닝 컨셉 플래닝은 볼 수 없는 것도 볼 수 있는 것으로 전제한다는 점에서 비트겐슈타인이 말할 수 없는 것에는 침묵해야 한다는 것에 정면으로 위반하고 있다. 왜냐하면 볼 수 없는 것은 말할 수 없는 것인데 눈으로 볼 수 있는 것으로 규정하기 때문이다.

비트겐슈타인의 말할 수 없는 것에 침묵해야 한다는 말을 예를 들어 설명해 보자. 비트겐슈타인의 말의 요점은 볼 수 없는 것을 보이는 것으로 규정하는 것을 비판하는 것인데, 미국의 매카시 선풍 시대에서 좌파가 빨갱이로 몰리는 것에서 그 예를 찾을 수 있다.

비트겐슈타인(Ludwig Josef Johann Wittgenstein, 1889-1951). 오스트리아 태생의 유대계 철학자. 초기의 그림이론에서 후기의 언어 게임 등 철학의 방향을 언어로 전회시켰다는 평가를 받는다. 그는 말년에 말할 수 없는 것에 침묵해야 한다고 하면서 과학주의적 언어관에 회의를 드러냈다. 『논리철학논고』, 『철학적 탐구』 등의 저서가 있다.

유명한 영화감독을 빨갱이로 규정하고 당국자들이 들이닥친다. 그 자리에는 감독의 동료들이 함께 있었는데 영화감독은 당국자에게 이렇게 외친다. "빨갱이란 규정이 있으면 여기 있는 사람들 모두가 빨갱이니 잡아가시오." 당국자는 이 말을 듣고 움찔하며 돌아갔다고 한다. 빨갱이로 낙인찍어 볼 수 있는 규정을 충족하는 사람은 없다. 당국자도 볼 수 없는 빨갱이 요소를 가지고 있다는 점에서 말이다. 빨갱이로 낙인찍는 것은 무수한 볼 수 없는 질적 다양성에서 몇 개를 추려서 볼 수 있는 것으로 규정한 것에 불과하다. 영화감독은 말할 수 없는 것에 침묵해야 한다는 의미로 당국자에게 우리 모두를 잡아가라고 말했던 것이다. 당국자는 빨갱이란 규정성을 머릿속에 그려 명사로 고정(실체)함으로써 볼 수 없는 것까지 볼 수 있기라도 한 것이 당연한 것인 양 인식을 선점한다는 포지셔닝 컨셉 플래닝을 한 것이다. 반면에 영화감독은 볼 수 없는 것을 볼 수 있다고 규정하는 포지셔닝 컨셉 플래닝의 오류를 지적하고 볼 수 없는 것을 드러내는 타자의 시선 컨셉 플래닝을 구사하고 있다.

포지셔닝 맵의 가로축과 세로축은 변화하는 동사를 명사화시켜 브랜드의 고정불변한 실체로 고정시킨다. 달리 말해 브랜드에 대한 대표적인 소비자의 편익을 추출하여 실체화시킨다. 이것은 브랜드에 대한 소비자의 기억이 한 장의 사진처럼 저장되어 있다는 오류를 범하고 있다. 그렇다면 왜 오류인지를 살펴보자.

STS-1: APRIL 12, 1981

STS-135: JULY 8, 2011

위 사진은 30년 전인 1981년 4월 12일 케네디 우주센터에서 있었던 콜롬비아 호 발사장면을 지켜보는 아버지와 아들을 찍은 사진이고, 아래 사진은 30년이 지난 2011년에 동일한 장소에서 아틀란티스 호의 마지막 발사장면을 구경하는 아버지와 아들을 찍은 사진이다. 사진 속 인물은 30년이라는 세월의 변화를 고스란히 담고 있다. 포지셔닝 맵 그리기는 이처럼 기억이 사진처럼 저장되어 있다고 생각한다. 이때 기억은 필름처럼 사물화되어서 죽어 있게 된다. 이처럼 기억을 차곡차곡 쌓인 아카이브(저장고)로 생각하는 이론을 관념연합론이라고 한다. 이때 시간은 흐름이 아니라 양화된 공간으로 전도된다.

이러한 기억이론은 30년 전과 2011년의 사진 속 기억은 현재의 나와는 하등의 관계가 없는 별개의 것인데도 마치 나와 관계 있는 것으로 임의적으로 전제한다. 이렇게 한 장의 사진처럼 소비자가 브랜드를 기억한다고 전제하는 것이 포지셔닝 맵이다.

[포지셔닝 맵의 사례]

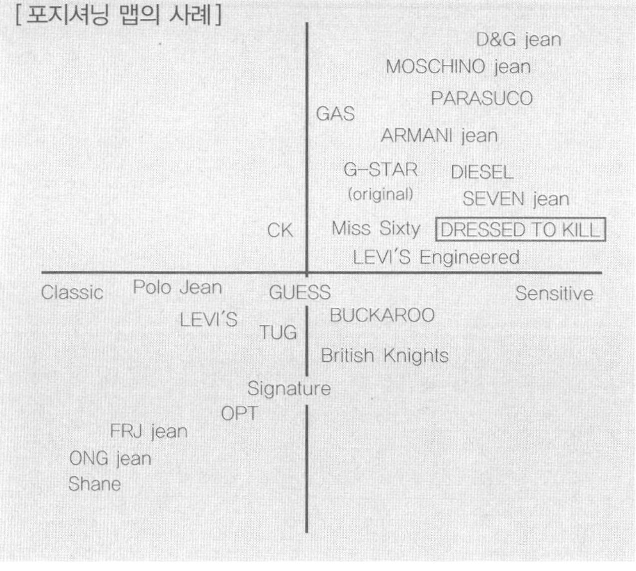

이러한 기억이론에서 브랜드에 대한 기억은 사진처럼 고정되어 변하지 않는 실체로서 소비자가 저장된 것을 필요할 때 언제든지 불러낼 수 있는 것으로 규정한다. 그러나 기억은 이렇게 되지 않는다. 기억은 30년이 지난 2011년 현재 아버지가 망원경을 들고 바라보는 순간 30년 전의 기억이 순식간에 내 앞에 펼쳐지는 것이다.

따라서 포지셔닝 맵에 의한 기억이론을 전제하는 현재의 광고는 브랜드 기억을 죽은 사물처럼 소비자에게 인지시키기 위해 막대한 마케팅 비용을 지출한다. 광고를 기억시키기 위한 현재의 표현 컨셉 플래닝을 바꿔야 한다. 현재의 광고는 브랜드를 소비자로 하여금 일방적으로 기억하기를 강요하도록 제작되고 있다. 사진에서처럼 망원경이란 기호가 30년 전의 기억을 생생하게 펼쳐낸 것처럼 소비자의 브랜드에 대한 기억을 사물 기호로부터 촉발시켜야 한다.

SINGULARITY

마들렌 과자(기호)

기억은 프루스트의 『잃어버린 시간을 찾아서』에서 마들렌 과자(기호)를 먹는 순간에 어릴 적 콩브레 마을 전체의 기억이 순식간에 생생하게 떠오르는 것처럼 기호(마들렌 과자)에 의해 비자발적으로, 강제적으로 폭발하며 펼쳐진다.

프루스트는 『잃어버린 시간을 찾아서』에서 기억은 자발적으로 떠올리려 한다고 해서 떠올려지는 게 아니라 기호에 의해서, 비자발적인 힘에 의해 가능하다고 말한다. 주인공의 어머니는 추위로 입술이 새파랗게 되어 집으로 돌아온 어느 겨울날 저녁 주인공에게 마들렌 과자와 따듯한 홍차를 건넨다.

마들렌 과자 한 조각(직접적 기호)을 스푼에 떠서 입으로 가져갈 때 주인공의 기분상태는 희망 없는 내일에 대한 생각으로 침울했었다. 그러나 따뜻한 마들렌 과자를 녹여 만든 찻물이 입천장에 닿는 것을 느끼는 순간, 주인공은 까마득하게 잊고 지냈던 어릴 적 콩브레 시절 휴일 아침에 레오니 고모 방에서 맛보았던 마들렌 과자와 차를 마시면서 느꼈던 행복감이 일순간에 생생하게 되살아나는 것을 경험했다.

마르셀 프루스트(1871-1922) 프랑스 태생의 유대계 소설가. 시간을 화두로 삼아 고뇌했다. 앙리 베르그송과는 사촌간이며 베르그송의 『물질과 기억』에서 영감을 받아 과학적 양화된 시간에 반대하여 시간을 지속과 흐름으로 파악한다. 따라서 그는 관념연합론자들의 기억 이론에 반기를 들고 비자발적인 기억의 생성에 천착한다. 『잃어버린 시간을 찾아서』시리즈 등을 저서로 남겼다.

그 행복감은 오늘 저녁 어머니가 주인공에게 만들어 준 마들렌 과자로 만든 차와 그날 아침 고모가 만들어 준 마들렌 과자와 함께 먹던 차맛 사이에서 '공명(resonance)'이 일어났기 때문이다. 주인공이 홍차와 마들렌을 한 입 무는 순간, 그 맛에서 어려서 살던 고장 콩브레 전체를 기억에 떠올리는 것은 마들렌이라는 기호에 의해 비자발적으로 촉발된 것이다.

이것은 브랜드에 대한 기억이 사진처럼 저장되었다가 소비자가 고정된 실체처럼 필요할 때 자발적으로 끄집어내지는 것이 아니라는 것을 말해준다. 브랜드에 대한 기억은 우연히 마주친 사물(기호)과의 접촉을 통해 비자발적으로 소비자에게 펼쳐지는 것이다.

따라서 인위적으로 브랜드를 시간과 장소에 끼워맞춰 기억시키려는 TPO(Time, Place, Occasion)는 사진처럼 기억이 저장되어 있어서 자발적으로 필요할 때 꺼내 쓸 수 있는 것을 전제하는 것이지, 필자가 말하는 우연히 마주친 사물(기호)에 의해 비자발적으로 촉발되는 브랜드 기억이론은 아니다.

관념연합론자들이나 칸트의 주장대로라면 마들렌 과자 이야기는 의식에 차곡차곡 쌓여 있던 콩브레의 관념들을 꺼내 다시 재생하는 것으로 이해되어야 한다. 이것이 일반적으로 우리가 '과거를 회상한다'고 할 때 의미하는 것이다. 그러나 베르그손은 과거가 필름처럼 이미 고정된 형태로 보존되어 점점 쌓여가는 것이라기보다는 눈길에서 굴려지는 눈사람처럼 시간이 지남에 따라 커지는 것이라고 말한다. 기억의 서랍을 아무리 뒤져봐도 과거의 이미지를 그대로 보여주는 영화 필름, 스냅 사진 따위들은 들어 있지 않다. 과거의 순간순간은 쌓이는 것이 아니라, 단단히 뭉쳐져 더 이상 분리할 수 없게 된 하나의 전체다. 이것이 베르그손적 영감을 통해 프루스트가 형상화하고자 한 우리의 기억과 시간에 관한 진실이다.

진은영(1970–). 시집 『일곱 개의 단어로 된 사전』, 『우리는 매일매일』과 『순수이성비판, 이성을 법정에 세우다』, 『니체, 영원회귀와 차이의 철학』 등의 철학서가 있다.

그러므로 어떤 완전한 기억 또는 완벽한 회상도 불가능하다는 것, 이것이 베르그손적 기억이론의 마지막 결론은 아니다. 중요한 것은 뭉쳐진 과거를 다시 풀어내는 과정을 통해 우리가 매번 새로운 과거를 체험한다는 점이다. 즉 우리를 회한에 떨게 하는 지나간 시간, 돌이킬 수 없는 고정된 시간은 결코 존재하지 않는다. 과거의 시간은 언제나 마들렌 한 조각이나 노래 한 소절, 모르는 여자가 짓는 한 순간의 표정, 혹은 시내버스 번호 같은 사소한 계기들을 통해 반복되지만 전혀 새로운 방식으로 반복된다. 이렇게 새로운 차이를 내며 반복되는 시간을 니체는 영원회귀의 시간이라고 부른 적이 있다.(『순수이성비판, 이성을 법정에 세우다』, 진은영, 그린비, 2004, 228-229쪽.)

SINGULARITY

싱글라리티 컨셉 플래닝 2

따라서 필자는 마케터들에게 비자발적으로 기억을 촉발시키는 사물(기호)이 단초가 되는 크리에이티브 컨셉 플래닝을 툴로 사용할 것을 강력히 요청한다. 우연한 사물(기호)의 접촉으로 과거의 기억이 촉발되는 비자발적 기억을 텔레비전 광고의 크리에이티브 툴로 활용하라는 것이다.

평범한 소비자를 캐스팅해서 소비자가 우연한 사물과 접촉하면서 예기치 않게 비자발적으로 좋았던 과거의 기억을 떠올리는 장면은 자연스럽게 브랜드 이미지로 연결된다. 인위적으로 브랜드가 제공하는 메시지를 소비자에게 강요하는 것이 현재의 자발적인 크리에이티브 컨셉 플래닝이다. 반면에 소비자가 스스로 좋은 기억을 떠올리는 이미지로 브랜드 이미지를 창출하는 것이 비자발적 크리에이티브 컨셉 플래닝이다.

그러나 자발적인 크리에이티브 컨셉 플래닝이 소비자가 자발적으로 브랜드에 대한 호의적 이미지를 갖는 것이 아니라, 브랜드에 의해 일방적으로 강요된 이미지의 수용이므로 소비자에게 거부되기 십상이다.

반면에 비자발적인 사물(기호)에 의한 브랜드 이미지는 소비자의 자발적인 기억이 브랜드 이미지이기 때문에 소비자가 적극적으로 수용하게 된다. 그동안 소비자 위주의 마케팅을 한다고 하면서 소비자에게 브랜드의 이점을 강요해 왔음을 마케터들은 깨달아야 한다. 따라서 비자발적인 사물(기호) 크리에이티브 컨셉 플래닝은 소비자의 편익에서 추출했기 때문에 브랜드가 소비자의 자발적인 의사를 반영한다는 기존의 크리에이티브 컨셉 플래닝이 얼마나 기만적이었는지를 폭로한다.

비자발적인 사물(기호) 크리에이티브 컨셉 플래닝은 소비자에게 브랜드의 주장을 강요하는 주입식 브랜드 이미지가 아니라, 소비자가 자발적으로 브랜드에 호감을 갖게 하는 툴이므로 필자는 이를 싱글라리티(Singularity, 독특성) 크리에이티브 컨셉 플래닝이라고 명명한다. 마케터들은 싱글라리티(독특성) 컨셉 툴을 적극적으로 수용하기를 바란다.

싱글라리티(독특성) 컨셉 툴은 포지셔닝 컨셉 툴의 타당성 근거가 임의적이라고 비판한다. 위에서 밝혔듯이 포지셔닝 컨셉 툴이 기대는 이론적 근거는 사진처럼 기억이 저장되고 이 저장된 기억을 필요할 때 꺼내 쓴다는 관념연합론이기 때문이다. 이러한 기억이론은 기억의 본래성을 왜곡했다는 비판을 받고 폐기처분된 낡은 이론이다. 이처럼 이론적 기반이 사라졌는데도 포지셔닝 컨셉 툴이 수용되고 있다는 사실에 필자는 당혹스러움을 감출 수 없다. 어떤 이론이 교조적으로 숭배의 대상이 되면 그 근거의 임의성을 묻지 않고 애초부터 타당한 것으로 믿게 된다. 포지셔닝 컨셉 툴이 대표적인 예라고 할 수 있다. 이 땅의 마케터들이여! 미몽(迷夢)에서 빨리 깨어나시라!

싱글라리티는 기존의 포지셔닝 맵에 그려지는 것이 아니라 포지셔닝 툴과는 전혀 다른 새로운 틀이다. 달리 말하면 포지셔닝 패러다임과 싱글라리티 패러다임은 프레임의 차원을 달리하므로 기존의 패러다임을 부수는 패러다임 쉬프트라고 할 수 있다. 싱글라리티 컨셉 툴은 기존의 포지셔닝 툴에서는 포착할 수 없는 새로운 툴이므로 싱글라리티(독특성)라고 한다.

블루오션 툴은 피를 튀기며 싸우는 레드오션에 근거한 포지셔닝 툴과는 다른 비경쟁의 블루오션을 창출하는 것을 지향한다. 그런데 블루오션 툴은 포지셔닝 툴의 패러다임의 연장선상에 있다. 달리 말하면 패러다임 쉬프트가 아니라, 포지셔닝 패러다임 안에 포섭된 개선 툴이라고 할 수 있다. 싱글라리티 컨셉 툴은 포지셔닝 툴과 블루오션 툴의 패러다임에서 포착되지 않는 새로운 패러다임이다. 포지셔닝의 경쟁 시장과 차별화한 블루오션 시장의 차이는 경쟁자의 모방에 속수무책이므로 차이는 곧 사라지고 평범하게 된다. 이런 점에서 필자는 블루오션이 포지셔닝 툴의 연장선상에 있다고 하는 것이다.

싱글라리티는 경쟁자가 모방하면 모방을 따돌리고 새로운 차이를 만들어내기 때문에 차이가 사라지지 않는다는 점에서 독특성이다. 경쟁자가 모방하여 차이가 사라지면 독특성이 아니라 그것은 평범성이다.

삼각형의 꼭지점은 직진하던 선분의 점에서 급격하게 꺾이는 점이므로 독특점이다. 포지셔닝은 직진하는 선에 놓인 평범한 점들이고 블루오션은 꼭지점이란 독특점에 아직 도달하지 못한 선분상의 점이라는 점에서 평범한 점이다. 블루오션이 닿을락 말락 하지만 결코 닿지 못하는 꼭지점이 독특점(싱글라리티)이다. 경쟁사들이 꼭지점에 도달하면 싱글라리티는 삼각형의 다른 꼭지점(독특점)으로 이동한다. 경쟁사들이 꼭지점까지 쫓아오면 싱글라리티는 삼각형의 다른 꼭지점으로 이동한다. 싱글라리티는 평범성에 묻혀서 진흙탕 싸움을 하는 포지셔닝과 블루오션을 언제나 벗어난다는 의미에서 독특성이다. 사진처럼 기억이 저장되어 있어서 언제든지 꺼내 볼 수 있는 삼각형의 직선상에 있는 평범한 점의 차원의 패러다임이 포지셔닝과 블루오션이다.

싱글라리티는 사물(기호)과의 접촉으로 소비자에게 비자발적으로 브랜드의 기억을 촉발한다는 점에서 기존의 포지셔닝 및 블루오션과는 차원을 달리한다는 점에서 새로운 패러다임이다. 따라서 싱글라리티 크리에이티브 컨셉 플래닝에서는 유명 모델이 필요없다. 기존의 광고 전략 모델과는 판이하게 다르다는 점에서 싱글라리티이다.

사진처럼 억지로 소비자의 기억에 저장하려다 보니 유명 모델의 인지도에 기대고 실제 소비자는 배제되는 광고를 기획하게 된다. 넘쳐나는 유명 모델을 캐스팅한 광고의 일방적인 메시지 주입에 식상해하고, 광고가 나오면 채널을 돌린다. 유명 모델을 쓰지 않아도 되는 광고에 유명 모델을 기용하는 것이 브랜드 인지도에 도움이 되지 않는데도 습관적으로 유명 모델의 인지도에 기대는 악순환이 반복된다. 따라서 소비자와 기업 모두 불필요한 비용 지출로 인해 쓰지 않아도 될 비용으로 손해를 보는 것이다. 유명 모델의 사용은 뒤에서 보겠지만 특정한 컨셉에 한정된다. 이 경우 외에는 유명 모델은 브랜드 인지도에 별로 도움이 되지 않는다.

싱글라리티 크리에이티브 컨셉 툴은 유명 모델을 사용하는 것보다 평범한 소비자를 통해서 더 호의적인 브랜드 인지도를 제고할 수 있도록 한다. 그러나 여기서 오해하지 말아야 할 것이 있는데, 그것은 사물(기호)은 브랜드가 아니라는 점이다. 사물(기호)을 브랜드로 규정하면 결국 기존의 컨셉 툴에 불과해지기 때문이다. 왜냐하면 이는 결국 소비자로 하여금 브랜드가 제공하는 메시지를 강제적으로 수용하게 하려는 기존의 포지셔닝이나 블루오션 툴을 더 강화시켜 주기 때문이다. 이러한 사물(기호)의 해석은 유명 모델의 인지도를 통해 브랜드 인지도를 높이려는 기존의 크리에이티브가 옳았음을 지원해 주는 근거로 싱글라리티 툴을 악용하는 것이므로 싱글라리티 툴의 본래성을 심각하게 훼손시키는 것이다.

필자가 사물(기호)을 브랜드로 설정하는 것을 경계해야 한다고 강조하는 것은 바로 싱글라리티 툴을 악용할 수 있기 때문이다. 이는 곧 싱글라리티 툴이 기존의 컨셉 툴을 더욱 강화시켜 주는 근거가 될 수 있는 것을 경계해야 한다는 필자의 뜻이기도 하다. 예를 든다면 "웨더스 오리지널(Weather's Original)" 광고다. 이 광고는 사물(기호)을 웨더스 오리지널 제품으로 설정하고 있다. 할아버지는 사물(웨더스 오리지널 초콜릿)을 통해 손자와의 소중한 기억을 촉발한다.

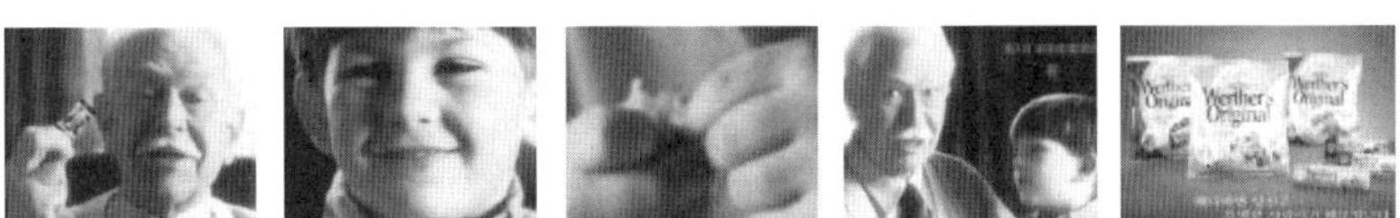

웨더스 오리지널 광고

코오롱 스포츠 광고

이승기와 이민정을 캐스팅한 코오롱 스포츠 광고 또한 사물(코오롱 스포츠 로고)을 통해 설원의 기억을 연상한다. 두 광고 모두 사물(기호)을 브랜드로 설정한다는 점에서 싱글라리티 컨셉 플래닝에서 벗어나 있다.

필자가 포지셔닝 컨셉 플래닝을 비판하는 이유는 선험적인 인식능력으로 포지셔닝하면 한 번 포지셔닝된 것은 변화가 불가능하다는 점 때문이다. 그런데도 포지셔닝 컨셉 플래닝은 실패하면 재포지셔닝을 할 수 있다고 아무런 근거 없이 임의적으로 전제한다. 마찬가지로 인식의 틀을 고정불변으로 규정하는 기존의 포지셔닝 컨셉 플래닝에서는 브랜드의 역동적인 순위 변화가 불가능한데도 가능하다고 임의적으로 전제한다. 이런 변화가 불가능한데도 변화가 가능하다고 임의적으로 전제한다는 오류에 대해서는 이미 앞에서 논한 바 있다.

그동안 포지셔닝 컨셉 플래닝은 그 타당성을 묻지도 않고 당연히 최상의 이론으로 받아들여져 왔던 것이다. 그 전제가 임의적인데도 불구하고 전제를 따져보지 않고 당연히 최상의 것으로 여겨져 왔다는 얘기다. 그런데 필자는 포지셔닝 컨셉 플래닝의 전제가 임의적이라는 데 문제를 제기함과 아울러 그 전제가 오류에 근거하고 있다고 주장하는 것이다. 이런 점에서 1등 브랜드가 아닌 브랜드가 눈으로 볼 수 있는 컨셉 플래닝을 하는 것은 막대한 마케팅 비용을 브랜드 활력을 떨어뜨리는 방향으로 지출하는 결과를 초래한다는 것이다. 아울러 더 비극적인 점은 마케터들이 그렇게 하는 것이 브랜드 활력을 높이는 것이라고 믿고 있다는 점이다.

위에서 우리가 살펴본 제욱시스가 포도 그림을 눈으로 보고 똑같이 그려서 새가 그 포도를 실제 포도로 알고 쪼는 것이 보이는 것이 믿는 것이다는 차원이다. 이것이 한번 1등이면 그 인식의 틀은 변하지 않는다는 악명 높은 포지셔닝 컨셉 플래닝이다. 이러한 컨셉 플래닝은 브랜드가 소비자에게 제공하는 편익에 치중하는데, 이때 편익이란 눈으로 볼 수 있는 요소로서 보는 것이 믿는 것이다라는 전제에 근거하는 것이다.

"보는 것이 믿는 것이다(To see is to believe)"의 컨셉 플래닝은 소비자에게 브랜드의 이점을 직접적으로 보여줌으로써 브랜드가 욕구충족의 대상임을 믿게 하려는 전략이다.

"보는 것이 믿는 것이다(To see is to believe)"의 컨셉 플래닝은 소비자에게 브랜드의 7배 빠른 속도라는 이점을 보여줌으로써 브랜드가 욕구충족의 대상임을 믿게 하려는 전략이다. 위 광고와 다른 점은 유명 모델을 통해 브랜드 인지도와 신뢰도를 높이려는 데 있다.

이와 달리 브랜드를 소비자의 욕구만족의 차원인 눈이 아니라 소비자의 충동의 즐김이란 시선 차원의 컨셉 플래닝은 브랜드와 소비자를 일대일로 매칭하려고 하지 않는다. 소비자는 광고 속 이영애를 관음충동으로 훔쳐본다. 이때 이영애는 그러한 소비자의 시선을 은밀하게 즐긴다. 이때 브랜드는 소비자에게 억제할 수 없는 쾌감을 주는 대상으로 승화된다. 충동의 차원은 소비자가 브랜드의 편익을 구체적으로 말하는 욕구의 차원과 전혀 다른 컨셉 플래닝이다. 충동 컨셉 플래닝은 자신도 알지 못하는 사이에 빠져드는 쾌감을 표현한다.

"즐겨라" 컨셉 플래닝은 "보는 것이 믿는 것이다(To see is to believe)"가 아니라 유명 모델을 관음의 대상 자체로 설정함으로써 소비자가 브랜드가 제공하는 어찌할 수 없는 즐거움에 빠져든다는 전략을 취한다. 따라서 이 광고 컨셉 플래닝은 소비자 욕구충족이 아니라 타자의 시선을 은밀히 즐기는 '충동'을 표현, 제작에 활용한다는 점에서 앞의 광고들과는 다르다. 또한 이러한 관음증을 유발하는 유명 모델의 신비한 치명적 매력은 이영애만의 유일무이한 특성이므로 유명 모델이라고 해서 모두 갖는 매력은 아니다.

그러나 이러한 상호작용의 다른 측면이 상호 수동성이 아닐까? 쇼를 그저 수동적으로 따라가는 대신에 그 대상과의 내 상호작용의 필수적인 앞면이 다음과 같은 상황은 아닐까? 즉 그러한 상황에서 대상 그 자체는 나 자신의 수동적인 충족반응(혹은 애도나 웃음)을 나로부터 취해가고 빼앗아간다. 그렇게 해서 나 스스로 즐겨야 한다는 초자아의 의무로부터 나를 구제해 주면서 나를 대신하여 "그 쇼를 즐기는" 것은 다름 아닌 그 대상 자체이다. 우리는 우리를 대신해서 마치 그 생산품을 즐기는 것 같은 오늘날의 수많은 스폿 광고와 선전 포스터

> 에서 "상호 수동성"을 목격하지 못하는가? ("와! 와! 참 맛있다!"라는 문구가 새겨진 콜라 캔이 미리 소비자의 반응을 모방하고 있다.) 또 다른 이상한 현상 덕분에 우리는 그 일의 핵심에 더 가까이 다가갈 수 있다. 즉 (나 자신을 포함하여) 수백 개의 영화를 강박적으로 녹화해 주는 거의 모든 VCR 애호가는 VCR 소유의 즉각적인 효과가 VCR 없이 단지 TV 세트만을 가졌던 옛 시절보다 실제로 영화를 훨씬 더 안 본다는 것을 잘 알고 있다. 텔레비전을 볼 시간이 결코 생기지 않는다. 따라서 귀중한 저녁시간을 허비하는 대신에 영화를 단지 테이프에 녹화해서 나중에 보려고 저장해 둔다(물론 그럴 만한 시간의 거의 나지 않지만…). 나 역시 실제로 영화를 보지 않을지라도 내가 아주 좋아하는 영화들을 내 비디오 서재에 저장해 두었다는 사실을 알고 있는 그 자체가 내게 깊은 충족감을 가져다 주고, 간혹은 단지 내가 무사안일의 훌륭한 예술 속에 빠져 있어 느긋해질 수 있다. 그것은 마치 VCR이 어떤 의미로는 나를 대신하여, 내 자리에서 그 영화들을 보고 있는 것처럼….(『환상의 돌림병』, 슬라보예 지젝 지음, 김종주 옮김, 인간사랑, 2002, 217-218쪽.)

이런 점에서 『디퍼런스』는 후산업 소비사회의 '즐겨라'라는 충동의 차원을 이해하지 못한다. 따라서 『디퍼런스』는 기업들의 추가적 제품 확장(기존 제품의 특성을 강화하거나 새로운 기능을 추가함으로써 소비자들의 만족도를 높이려는 마케팅 전략)과 증식적 제품 확장(소비자들의 선택범위를 넓히기 위해 제품 포트폴리오를 확장하는 것)에 치중하는 이유를 설명하지 못한다. 왜냐하면 『디퍼런스』는 기업들의 차별화 요인 없는 끊임없는 제품 확장은 비합리적이며 비이성적인 마케팅 전략으로 폐기되어야 한다고 주장하기 때문이다.

「어니언(The Onion)」이라고 하는 풍자신문은 몇 년 전, 120킬로그램의 30리터짜리 코카콜라 런칭 기사를 실었다. 콜라의 높이는 자그만치 1.2미터나 되었고, 어른 3명이 달라붙어야 간신히 들 수 있을 정도였다. 하지만 나는 그 기사를 보면서 끊임없이 제품 확장을 이어나가야 하는 기업들의 슬픈 운명을 느꼈다. 어느 순간 멈추어야 할 때가 왔다는 사실을 분명히 알고 있으면서도 기업들은 결코 멈추지 못하고 계속해서 새로운 것을 선보여야만 하는 것이다.
하지만 이러한 운명을 짊어진 기업들의 진정한 비극은 그들의 노력이 점점 사람들의 관심을 끌지 못하고 있다는 사실에 있다. 이러한 경우는 일상생활에서도 경험하게 된다. 예를 들어 날씬한 사람이 다이어트를 하거나 흠잡을 데 없는 미인이 기어이 성형수술을 받겠다고 하는 경우가 그렇다. 그들은 더 날씬해지기 위해, 그리고 더 예뻐지기 위해 노력하고 있지만 주변 사람들은 공감하지 못한다. 그 이유는 무엇일까? 그것은 그들의 노력이 이미 상식적인 범위를 벗어났기 때문이다. 오늘날 슬픈 운명을 지닌 많은 기업들의 노력 역시 소비자들의 상식범위를 넘어서고 있기 때문에 관심을 끌지 못하고 있는 것이다.(『디퍼런트』, 문영미 지음, 박세연 옮김, 살림Biz, 2011, 94-95쪽.)

SINGULARITY

『마케팅 불변의 법칙』은 마치 제품의 속성인 품질,
디자인, 엔진 마력, 가격 등이 소비자의 생각과 하등 상관이 없다고 전제한다.
즉 소비자의 생각은 구체적인 제품 경험과는 별개로 인식이
이루어진다고 본다. 그런데 이것은 사실인가?
구체적 경험과 인식이 관계가 없다면『마케팅 불변의 법칙』의 저자들이
제시한 혼다, 도요타, 닛산 순위는 어디서 생긴 것인가?
경험 이전에 이미 판매순위가 저자들의 머릿속에 미리 결정되어 정해져
있었던 것은 아닌지 묻지 않을 수 없다.
미리 정해져 결정되었다면 혼다, 도요타, 닛산은 어디서부터 온 것인가?
개별적인 제품의 경험에서부터 오지 않았다면
하늘로부터 뚝 떨어졌단 말인가!

싱글라리티는 제품범주의 내부에서 차별점을 찾는 것이 아니라 외부로 열려 있음에 있다. 컵의 차별점을 찾는 내부 마케팅-론은 재질이나 디자인 및 색상을 비교해서 찾는다. 그런데 싱글라리티는 컵과 외부와의 접속하는 지점에 있다. 따라서 컵이 물과 접속하면 식수-기계라는 싱글라리티를 갖고, 꽃과 접속하면 화분-기계라는 싱글라리티를 갖고, 아이와 접속하면 놀이-기계라는 싱글라리티를 갖는다.

PART 03

빨간 약을 찾아라!!!

SINGULARITY

상징계라는 브랜드들의 장

브랜드들의 장(場)을 상징계라고 부르기로 하자. 이 상징계는 제품 군(群)과 상품 종(種)으로 이루어져 있다. 이 장에는 다양한 제품 군과 각 제품 군에 속하는 브랜드들이 카오스처럼 무질서하게 존재한다. 하루에도 신제품들이 쏟아져 들어오고 또 쇠퇴기에 도달한 상품들은 사라진다. 그러나 모든 제품들은 상징계의 내부에 존재한다. 따라서 카오스의 혼란은 상징계의 내부이지 외부가 아니다. 내부는 중심이 존재한다. 내부가 외부와 단절된 한에서 상품의 집합으로 구성된 상징계의 내부는 각 제품범주마다 중심이 있다.

그렇다면 여기서 상품의 총집합에 상징계란 명칭을 붙인 이유를 살펴보자. 상징이란 언어의 체계를 말한다. 그런데 언어 중에서도 상징계를 대표하는 언어가 있다. 정치에서는 자유민주주의가 그런 단어다. 라캉의 정신분석학에서는 이런 단어를 주인기표라고 한다. 여기서 기표라는 것은 시니피앙을 말한다. 기의는 시니피에라고 한다. 구조주의 언어에서는 기표는 고정되어 있다. 기표는 자리를 말하는데, 가족에는 할아버지, 아버지, 어머니, 나, 손자 … 등의 자리가 존재한다. 나라는 개인은 그 가족체계에서 정해진 나의 자리라는 기표로 존재한다. 따라서 내가 의미를 갖는 것이 아니라 나의 자리가 의미를 생산한다는 것이 기표의 핵심적 아이디어이다. 나는 할아버지와 아버지와 어머니와 여동생의 기표와의 관계에 의해 존재한다는 것이다. 나는 독자적으로 존재하는 것이 아니다. 나는 이런 구조의 장의 일부분으로 타자와의 차이에 의해 존재한다. 생각하는 주체로서의 나가 아니라 구조의 자리에서 내가 기표로서 존재한다. 할아버지, 아버지, 어머니, 나, 여동생, 조카 …와 같은 기표들은 가족의 계열화를 구성한다.

'인간은 이성적인 동물이다'에서 인간과 이성적인과 동물이다는 횡적으로 인접하고 인간 대신에 호랑이를, 이성적인 대신에 잔인한을 대체할 때 그 종적인 자리에는 대체가 가능하다. 이처럼 횡적인 것인 씨줄과 종적인 것인 날줄이 교차하면서 서로 차이를 만들어내면서 기표들이 발생한다. 그런데 이러한 기표들이 발생하는 장이 내부로 고정된다면 그 기표들은 다른 자리로 이동할 수 없다. 나는 태어나면서 죽을 때까지 결정되어 있게 된다. 이것이 구조주의의 난점이다. 인간의 운명이 이미 살아보기도 전에 결정되어 있기 때문이다.

이것을 상품들의 집합의 상징계로 치환해서 보면 우리 브랜드가 시장에 런칭할 때 언어의 기표처럼 자리가 이미 고정되어 결정된다. 어떤 브랜드는 1등 자리가 이미 결정되어 있고 어떤 브랜드는 꼴등 자리가 이미 결정되어 있게 된다. 이것은 구조가 완전히 밀폐되어 내부에서 변화가 불가능하기 때문이다. 이런 구조주의의 결정론을 비판하면서 등장한 것이 라캉의 정신분석과 같은 후기 구조주의이다. 후기 구조주의는 상징계에 틈을 공속시킨다. 이렇게 해서 자리가 태어나기도 전에 결정되지만 정해진 자리 내부에서 외부로의 이동이 가능해진다. 자리가 결정된 구조에서는 경쟁이 없다. 한 번 일등이면 영원히 일등이기 때문이다. 그러나 틈이 상징계에 공속하면서, 그 내부의 고정이 흔들리면서 지각변동이 언제든지 일어나게 된다.

〈나는 가수다〉와 틈(공백)

따라서 경쟁 브랜드들을 지배하는 주인기표(선도 브랜드)는 자리가 결정된 1등이라는 실질적 의미를 갖지 못한다. 주인기표는 언제든지 후발 기표들에게 밀려날 상황에 처하게 된다. 자리가 결정된 상황에서는 이런 일은 절대 불가능하지만 틈이 공속하기 때문에 역전의 외부는 항상 열려 있는 것이다.

치열한 경쟁이 전개되는 것은 이러한 상징계에 틈이 공속하기 때문이다. 틈이란 공백이라고도 한다. 〈나는 가수다〉는 7명의 가수들 중에 1명이 탈락하는 프로그램이다. 이처럼 구조가 고착되지 않아야 1명이 탈락하고 새로운 가수가 그 자리를 메울 수 있다. 이렇게 구조가 정체되지 않고 역동적이 되려면 공백과 빈칸이 있어야 한다. 1등(주인기표)은 이

에드가앨런 포(Edgar Allan Poe, 1809-1849). 미국 태생의 시인, 평론가, 단편소설 작가. 〈그로테스크와 아라베스크에 관한 이야기들〉, 〈모르그가의 살인사건〉, 〈황금벌레〉, 〈갈가마귀 외〉, 〈이야기〉 등의 작품이 있다.

러한 공백(틈)의 불안정한 구조를 고정시키는 역할을 한다. 그런데 〈나는 가수다〉에서 1등은 매주 바뀌듯이 공백의 구조에서 주인의 자리는 언제나 텅 비어진다.

에드가 앨런 포의 〈도둑맞은 편지〉에서 왕비의 편지는 구조의 역동적인 변화를 가능하게 한다는 점에서 주인기표라고 할 수 있다. 처음에 편지가 놓이는 위치는 왕궁의 탁자 위다. 편지에 관여하는 사람은 왕과 왕비 그리고 대신이다. 왕비가 왕에게 편지를 들킬까봐 안절부절 못하는 것을 목격한 대신은 편지를 훔친다. 왕비는 사설탐정 뒤팽을 고용하여 편지를 회수하려고 한다. 대신은 왕비처럼 편지를 탁자 위에 놓는다. 이때의 구조는 왕비와 대신, 뒤팽으로 이루어진다. 처음의 왕과 왕비 그리고 대신의 구조는 왕비와 대신 그리고 뒤팽의 구조로 바뀐다. 이렇게 구조가 역동적으로 바뀌는 것은 그 구조에 공백(빈칸)이 존재하기 때문이다. 공백(빈칸)은 왕과 왕비 그리고 대신이나 뒤팽과 같은 인격적인 대상의 차원에는 포착되지 않는 대상으로서의 편지가 존재하기 때문에 가능하다.

이때 편지는 구조의 틈을 메우기 위해 누구나 갖기를 원하는 대상이며, 라캉은 이것을 대상 a(오브제 프티 아)라고 한다. 대상 a는 인격적이고 개체적인 왕, 왕비, 대신, 뒤팽과는 달리 비인격적(非人格的)이고 전개체적(前個體的)인 대상이라는 점에서 대상 a라고도 한다. 대상 a는 욕망의 원인이고 욕망의 결핍을 충족시키는 대상이지만 소유할 수 없는 대상이다.

그래서 욕망은 결코 충족되지 않고 끊임없이 새로운 대상을 찾아 나선다. 소비자가 끊임없이 새로운 브랜드를 찾는 것은 충족되지 않는 결핍된 욕망 때문이다. 여기서 주인기표는 왕이 아니라 편지라는 점에서 왕은 그야말로 유명무실 그 자체라는 점도 주목해야 한다. 주인기표로서 편지는 곧 브랜드이기 때문이다. 왕(생산자)이 아니라 편지(브랜드)가 주인기표다. 왕비가 편지의 소유자인 것 같지만 왕비도 편지의 내용을 모른다는 점에서 진정한 편지의 소유자가 아니다. 편지는 그 누구의 소유도 아니다.

이것은 달리 말해 주인기표(선도 브랜드)는 누구의 소유도 될 수 없다는 것을 의미한다. 그래서 주인기표는 역전을 허용하지 않기 위해 모든 마케팅 방법을 동원한다. 주인기표들은 경쟁 브랜드들을 주인기표의 내부에 포획하고 후발 브랜드들은 주인기표인 선도 브랜드의 내부를 외부에서 공략해서 무너뜨리는 것이 가능한 것이 바로 브랜드들의 장(상징계)과 공속하는 틈 때문이다. 여기서 틈은 틈새 시장과는 다른 차원이다. 틈새 시장은 주인기표의 내부를 무너뜨리기보다는 내부에 포섭된 차원이다.

외설적 보충항의 양가성(兩價性)

그런데 자신의 브랜드가 1등인 주인기표라는 생각이 당연시되는 것이 아니라고 했는데 어떻게 자신이 1등이라는 의미를 생산하는 것이 가능할까? 구조의 자리인 기표가 의미를 생산하는데 그 자리의 효과인 1등 브랜드가 스스로 자신이 1등이라는 의미의 생산자가 되는가? 이것은 자신의 상품이 언제나 소비자와 합일하여 시장에서 1등이라고 상상하기 때문에 일어나는 것이다.

소비자와 자신의 상품과의 완전한 향유의 상태라는 상상적 관계가 상징계에서도 그렇다는 환상이 작동하기 때문이다. 이 환상이 소비자들의 주인기표에 대한 상징계의 내부를 넘어 그 틈의 심층인 외설성의 향유까지 도달할 때 주인기표는 확고한 1위 자리를 유지한다.

그러나 주인기표가 그 외설성이 언제나 자신에게 고착된 충성이라는 이 상상이 극한까지 내달아서 향유할 때 외설성은 도리어 독이 된다. 상징계의 법으로 작동하는 주인기표가 소비자의 반란에 의해 현재의 주인기표는 과거의 주인기표의 그 내부가 흔들리는 외설적인 상황에서 현재의 주인기표 자리에 올랐기 때문이다. 주인기표의 법의 내부에 있던 소비자들은 1등의 외설적 보충물로 변하여 주인기표를 파멸시킨다.

〈**유주얼 서스펙트**(The Usual Suspects)〉, 감독/브라이언 싱어, 출연/스티븐 볼드윈(마이클 맥매너스 역), 가브리엘 번(딘 키튼 역), 베네치오 델 토로(프레드 펜스터 역), 채즈 팔민테리(데이브 쿠얀 역), 케빈 폴락(토드 하크니 역)/1995(독일, 미국)

따라서 외설성은 기존의 주인기표를 향해서는 죽음을, 소비자들이 합일하고자 하는 후발 브랜드에게는 기회라는 양가성의 구조를 띤다. 즉 이때 외설성은 주인기표에게는 독이고 후발 브랜드에게는 약이다. 주인기표는 소비자들로부터 외설성의 과잉확신으로 자신으로부터의 이탈이 없을 것이란 믿음을 버려야 하며, 후발 브랜드는 그 과잉을 불러일으켜 주인기표로부터 소비자의 반란을 야기해야 한다.

주인기표의 마케팅 전략은 바그너의 오페라 〈파르지팔〉에서 파르지팔의 상처를 치료하는 것은 상처를 낸 창과 같다고 할 수 있다. 셰익스피어의 『햄릿』에서 왕과 왕비를 죽음으로 이끄는 것은 자신들이 만든 독배를 자신들이 마시는 것 또한 주인기표의 마케팅 전략이라고 할 수 있다.

영화 〈유주얼 서스펙트〉에서 카이저소제는 가족들을 인질로 잡고 요구조건을 들어주지 않으면 몰살시키겠다는 위협에 대해 요구조건이라는 목표를 비껴나서 몰살과정 자체를 목적으로 삼는다. 그래서 자신이 스스로 가족을 죽인다.

주인기표는 양궁을 할 때 화살이 과녁이라는 목표를 비껴나 화살의 날아가는 궤적인 포물선 자체가 목적이 되게 해야 한다. 즉 후발 브랜드가 존재해야 파이를 키울 수 있다는 목표를 비껴나서 그 경쟁 브랜드가 커가는 과정 자체를 목적으로 해야 한다. 그것이 커서 자신의 자리를 차지한다는 경쟁 브랜드의 과정이 목적인 것이며, 때가 되면 단번에 경쟁 브랜드를 제거해야 하는 것을 말한다.

소비자에 대한 마케팅 전략은 소비자를 도착증자이면서 동시에 히스테리증자로 보아야 한다는 점이다. 자신의 상품 내부에 포획되어 있는 도착증자인 것 같다가 어느 새 상품 외부에 토라져 있는 히스테리증자 같기 때문이다. 그만큼 까다로운 소비자라는 얘기다.

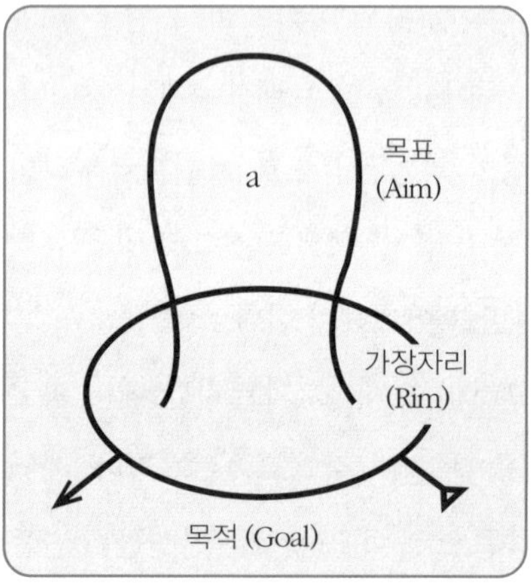

라캉은 향락과 욕망의 대상-원인 a와의 관계를 양궁에 비유한다. 가령 화살에게 있어 과녁 자체는 목표

(aim)이지만, 그것이 영원히 과녁을 빗겨가면서 그리는 포물선 자체가 그것의 목적(goal)인 것이다. 그것은 향락의 원환고리를 형성한다.

아이가 젖을 빨고 영양분을 충족시키는 목표에 도달하지 못하는 것은 젖빨기 자체가 목적이기 때문이다. 젖이라는 영양분이 목적이 아니기 때문에 언제나 과녁을 빗겨가면서 포물선 자체인 젖빨기 자체가 그것의 목적인 것이다. "궁극의 보물"이라는 상실된 향락의 대상이자 욕망의 대상-원인 a를 찾아 떠나는 모험을 하는 해적이 나중에 가서야 그가 '즐겼던' 것은 바로 그 강박적인 모험 자체라는 사실이다. '싱글라리티' 마케팅이 겨냥하는 지점은 바로 여기이다. 영양 충족의 쾌를 넘어 젖빨기 자체의 불쾌의 충동의 차원이 '싱글라리티'이다.

소비자들에게 상품이 필요해서 구매한다는 목표에서 빗나가면서 그리는 포물선 자체가 목적인 것이 덤 상품의 구매다. 소비자가 덤 상품을 궁극적 보물을 발견하듯이 구입하고 나중에 가서야 소비자가 '즐겼던' 것은 바로 그 강박적인 덤 자체라는 사실을 깨닫는 것이다. 제욱시스가 그린 포도에 새들이 알고 달려든 것은 포도가 실물을 닮아서가 아니라 새들을 교묘하게 눈속임했기 때문이다. 사실 별로 필요하지 않은데도 덤을 준다는 것에 스스로 속임을 당해서 마구 집어드는 것이다. 그리고 집에 와서 물건을 보는 순간 내가 왜 샀지 하고 생각하는 것이다. 덤 그 자체를 즐겼던 것을 인식하지 못한다. 그 즐김을 정신분석학은 무의식의 심층에 있는 실재계의 개입이라고 말한다.

그렇다면 현대의 마케팅은 정신분석학을 모르면서도 마케팅에 이용한다는 점에서 또한 속임을 당했다고 할 수 있다. 합리적인 소비자라면 필요하지 않은 물건을 덤 때문에 구입한다는 것을 설명하지 못하면서 덤 마케팅을 하고 있기 때문이다. 그렇기 때문에 덤이 공짜라는 생각에 이왕 살 것인데 이익이라고 계산하고 자기 합리화하면서 덤 상품을 구매한다고 설명하는 것이다. 이런 점에서 마케팅 전략 분야에 지젝의 이데올로기론은 많은 점에서 도움을 준다. 이데올로기가 작동하는 방식을 상품판매로 치환하면 그것이 마케팅 전략이 되기 때문이다.

남성과 여성의 성차(性差)공식

지젝의 이데올로기는 상징계의 틈에서 발생하는 팔루스인 주인기표에 의해 정초된다. 여기서 상징계는 위에서 살펴본 것처럼 가족체계와 같은 구조다. 사회질서를 유지하는 법, 관습, 정치, 경제, 사회, 문화 전 영역을 망라하는 체계라고 할 수 있다. 틈이란 성차공식을 이해하면 된다.

> 남성(All-nothing) : 모든 존재자는 보편적 법칙에 종속된다. 그런데 그 법칙을 넘어서는 예외자가 하나 존재한다. 가령 법칙을 수립한 자나 법칙 그 자체는 법칙하에 종속되는 존재자들에 대해 예외적인 위치를 차지한다.

여성(Not-all) : 모든 존재자가 전부 보편적 법칙에 종속되는 것은 아니다(=적어도 하나의 예외는 있다). 그리고 그러한 예외성이 항상 존재한다는 사실에 예외란 없다.

상징계는 법, 관습인데 이 상징을 지배하는 것은 남성이다. 여기서 남성은 생물학적 남성이 아니라 상징계를 지배하는 자라고 보면 된다. 생물학적인 여성도 남성이 될 수 있다. 상징계는 지배질서인 법이나 관습 내부에 있는 남성에 의해 유지된다. 그런데 여성 공식은 상징계의 내부를 교란하는 외부임을 알 수 있다. 따라서 상징계는 남성의 내부로 고정된 것이 아니라 여성의 외부에 의해 틈이 발생하는 구조다.

이러한 상징계 내부의 남성 공식과 남성 공식을 교란시키는 여성 공식의 예를 '모든 인간은 법 앞에서 평등하다'는 남성적 논리는 항상 '다만 인간이 아닌 자들은 예외이다'라는 외설적 보충항을 수반하는 것에서 찾을 수 있다. 결국 인간 아닌 자로 배제된 자들을 경유해 보편적 인권담론을 확립하는 것이 남성적 논리인데, 이에 맞서는 것은 '모든 인간에게는 저마다의 특수한 권리가 있다'는 여성적 논리다.

그래서 성적 소수자, 장애인, 이주 노동자, 철거민 등등의 특수한 개개인들을 시스템에 편재하는 예외로서 파악하는 것이고, 그것은 나아가 그 예외 자체를 권리로서 인정할 것을 요구하는 것으로 향한다.

이 두 논리의 대립은 상징계적 법칙에 수반하는 '예외지점', 곧 상징계의 균열점 내지는 실패라는 동일한 지점을 둘러싸고 있다. 이런 역설을 두고 라캉은 담화논리로서 남녀의 성차를 '내적 분열'이라고 말한다.

SINGULARITY

주인기표와 벌거벗은 임금님

남성의 내부로 고정시키는 기표가 주인기표다. 따라서 주인기표란 내부에 의해 결속된 완고한 체계가 아니라, 여성의 외부에 의해 틈이 난 불완전 기표다. 이로부터 주인기표는 이미 여성의 외부에 의해 내부가 흔들리는 것이므로 텅 빈 기표라고 한다. 주인기표는 남근기표인 팔루스라고도 하는데, 이때 팔루스는 생물학적인 남근이 아니라 자유민주주의와 같은 상징계를 지배하는 기표이기 때문에 주인기표라고 한다.

기표는 전체 단어라고 보면 된다. 단어는 사물이 아니지만 사물을 상징하는 것이고, 인간은 언어와 분리불가능하기 때문이다. 따라서 정신분석은 원초적 사물인 실재가 그대로 드러나면 끔찍하다고 본다. 지금 우리는 언어라는 상징에 의해 원초적 사물이 은폐된 환상에서 살고 있다고 정신분석은 주장한다. 눈에 보이지 않지만 모든 것이 이 상징으로 엮어져서 한 꺼풀 위에 덧입혀진 채 살고 있다는 것이다.

벌거벗은 임금님을 생각하면 이해하기 쉽다. 임금님은 신하들이 세상에서 가장 좋은 옷을 입고 있다는 말에 자신이 벌거벗은 줄 모르고 가장 훌륭한 옷을 입고 있다고 생각한다. 벌거벗은 몸 위에 옷을 입었다고 생각한다는 점에서 환상이다. 이때 '임금님은 벌거벗었다'라고 진실을 말하는 것은 어린아이이다. 마찬가지로 우리는 사물들이 그 자체인 줄 알고 살지만 거기에 상징이 덧입혀진 줄 모른다는 것이다. 따라서 현실이란 상상의 효과에 불과하다고 보는 것이다.

눈에 보이지는 않지만 작동하는 환상이 상징계인데, 그 상징계가 애초에 틈이 있다면 눈에 보이지 않던 것이 보이지는 않지만 작동하는 환상의 껍질이 벗겨져서 애초의 사물이 드러나게 된다. 그렇다면 이것은 인간의 모습이 아닌 다른 모습의 끔찍함이 드러난다고 정신분석은 본다. 이런 끔찍한 원초적 사물이 드러나는 것을 막는 것이 이데올로기라는 것이다. 이데올로기는 환상을 유지하기 위해 작동한다. 그렇다면 인간은 상징계의 틈을 메우기 위해 스스로가 이데올로기를 떠안고 그 틈에서 실재인 원초적 사물이 드러나지 않게끔 역할을 수행한다는 상상으로 존재하는 주체다.

나는 아름답다, 나는 행복하다, 나는 멋있다든지와 같이 내가 행위의 주체가 되는 것이 상상이라는 것이다. 이 상상이 작동하지 않으면 상징계는 와해되고 끔찍한 원초적 사물과 조우하게 될 것이라는 게 정신분석의 이데올로기론이다. 이로 인해 국가를 위해 목숨을 버리면서 충성하는 것이 가능하다는 것이다. 따라서 이데올로기가 없이는 인간은 파멸될 수밖에 없다는 것이다.

이데올로기는 허위여서 타파해야 할 것이 아니라 인간 삶의 바탕이라는 것이 지젝의 이데올로기론이다. 그렇다면 애초에 이데올로기는 문화의 영역에 현재의 인간이 출현함과 동시에 기능했다고 볼 수 있다. 이데올로기는 상징계 내부를 하나로 결속하는 것이므로 결속의 대상인 피지배자가 문화의 원초적 사태와 동시에 이미 존재했다는 것이다. 상징계의 내부는 지배 이데올로기에 의해 포획되고 그 내부를 교란하는 외부가 이미 존재했다는 것이다.

따라서 이데올로기는 상징계의 내부가 견고하다는 것을 피지배자에게 보여주기 위해 희생양을 찾아 내부의 흔들림을 막으려 했다는 것을 알 수 있다. 내부의 흔들림을 막는 과정이 반복됨으로써 이데올로기 내부에 있으면서 마치 자신이 그 외부에 있는 듯이 자유롭다고 생각하게 된다. 애국주의라는 주인기표가 작동하는 상징계는 이미 그 권위에 틈이 있는데 이것을 틈이 없는 듯이 속이고, 그 속임이 너무나 교묘해서 주체는 틈을 감추는 데 기꺼이 자신을 희생하여 상징계의 짐을 스스로 짊어진다고 상상하며 지배 이데올로기에서 벗어나 자유롭게 그것을 자신이 행한다는 환상이 발생할 때 지배 이데올로기의 내부에 자신도 모르게 포획되는 것이다.

지배 이데올로기의 외부에 있어서 그로부터 자유로워 외부에 있다고 생각하는 순간 이러한 외부에 있어서 자유롭다는 생각 자체가 환상이며, 이때 이미 그 지배 이데올로기 내부에 포획되어 있다는 것이다. 이는 외부에 있음이 곧 내부에 포획된다는 것인데, 상징계의 외부에 있음이 내부에 포획된 실재계와 상징계의 존재방식과 같은 외밀성이다.

정신분석은 이러한 외밀성의 논리에 기대고 있다. 외밀성은 지배 이데올로기의 속임수가 작동하는 원리인 셈이다. 지배 이데올로기의 외부에 있다고 자신을 냉소적 주체로 확인하는 순간 이미 지배 이데올로기 내부에 포획되어 있기 때문이다. 이러한 외부와 내부의 외밀성은 상징계의 외부로서 상상계와 실재계가 존재하는 것 같지만 이미 상징계 내부에 포획된 것과 같은 논리적 구조를 갖는다고 할 수 있다. 은행의 차입금으로 운영되는 기업에 대해 차라리 은행을 세우지 그래라고 냉소하는 주체는 자유주의 이데올로기를 경멸하지만, 그 또한 노동을 자유라고 상상하면서 자유주의 이데올로기에 복무한다는 것이다. 상징의 틈과 주인기표의 공백이 주체의 상상과 공속하여 이데올로기적 환상이 작동하는 것이다.

SINGULARITY

대표 브랜드 마케팅

우리는 이러한 지젝의 이데올로기론을 통해 이데올로기를 마케팅으로 치환하면 그것이 곧 마케팅 전략이 됨을 알 수 있다. 상징계는 마케팅하려는 상품시장이다. 상징계에서 사물들이 언어라는 외피를 입듯이 상품도 브랜드라는 옷을 입는다. 브랜드가 없는 원초적 상품은 상상할 수 없다. 원초적 상품과 기호를 착용한 브랜드 사이가 틈이다. 브랜드들은 기표다. 그 기표들을 움직이지 못하게 고정시켜 주는 것이 제품범주군의 주인기표다. 주인기표는 대표 브랜드라고 할 수 있다.

대표 브랜드란 예를 들면 왕의 권위에 복종하는 신하가 실은 왕의 권위를 생산하는 주체지만 신하들은 왕이 그 자체 권위를 갖는다고 환상하고, 이로 인해 왕이 권위를 가지고 지배할 수 있는 것과 같다. 소비

〈**자아도취에 빠진 나르시스**(Narcissus)〉. 리리오페는 너무나 아름다운 아기를 낳았다. 리리오페는 테이레시아스에게 자기의 아들 나르시스의 미래를 묻는다. 테이레시아스는 나르시스가 자신을 보지만 않는다면 천수를 누릴 것이라고 말한다. 나르시스의 미모는 너무나 뛰어나 그를 한번이라도 본 사람들은 모두 사랑에 빠지고 말았다. 하지만 나르시스는 자존심이 어찌나 강한지 사람들이 자신의 몸에 손 하나 대는 것도 허락하지 않았다. 하지만 테이레시아스의 불길한 예언처럼 사냥하다 지친 목을 축이려던 나르시스는 물에 비친 자신을 보고 반해버린다. 물에 비친 제 모습에 넋을 잃은 나르시스는 물에 입술을 대었으나 부질없었다. 물에 비친 그림자를 만져보려고 손도 집어넣어 보았으나 이 역시 하릴없었다. 물에 비친 그림자를 사랑할 수 없음을 알고 결국 죽는다는 얘기다. 신은 그를 다시 꽃으로 환생시켰는데 이 꽃이 바로 나르키소스(수선화)라고 한다. 왼쪽은 '에코(Echo)'라는 여신으로, 나르시스를 사랑했으나 관심을 끌지 못한 채 슬픔으로 말라서 산울림이 되어버렸다.

자들이 대표 브랜드를 사용하면 나는 아름답다거나 나는 멋있다거나 나는 성공한 사람이다라는 상상이 가능하게 하는 것이 주인기표에 의해 작동되는 이데올로기적 환상의 반복임을 알 수 있다. 왕의 권위가 신하에 의해서 생긴 것인데, 왕 자체에서 권위가 생긴다는 환상인 이데올로기적 환상이 작동하는 것과 대표 브랜드를 사용하면서 자신이 브랜드 광고 속 모델의 아름다움을 상상하는 것은 공명하기 때문이다.

나르시스가 물속에 비친 얼굴이 자신의 얼굴인 줄 모르고 아름다움에 빠지는 것과 대표 브랜드를 사용하면 내가 그 대표 브랜드 속 모델처럼 아름답다고 상상하는 것도 같은 이유에서다.

정신분석학에서 상상은 나르시스가 물속의 상(像)의 아름다움에 완전히 합일되듯이 어머니와의 완전한 합일인 이상적 상태를 말한다. 이러한 상상이 대표 브랜드들의 광고 표현에 이용된다. 소비자와의 완전한 합일을 꿈꾼다는 점에서 삼성의 또 하나의 가족과 사랑해요 LG의 광고 카피가 이를 잘 보여준다. 주인기표로서 대표 브랜드는 소비자들을 일체화하기 위해 상상을 브랜드 마케팅에 적극 이용하고 있다.

이때 대표 브랜드에 대한 소비자의 구매행태는 도착증적이라고 할 수 있다. 제품범주 군 내부의 다른 브랜드들은 거부하고 대표 브랜드에 집착한다는 의미에서다. 도착증은 대표 브랜드에 대한 과도한 집착이며 내부에 완전히 포섭된 상태를 말한다. 마치 부츠를 입고 채찍을 휘두르면서 자신이 타자가 원하는 바를 집행한다고 믿는 사드적 태도와 같다고 할 수 있다.

궁극의 이데올로기적 태도인 바로 이런 도착증의 태도를 대표 브랜드는 브랜드 마케팅 전략으로 이용하는 것이다. 이것을 달리 말하면 대표 브랜드는 상징적 거세를 탁월하게 이용한다고 할 수 있다. 경쟁 브랜드와 소비자들이 일체화되는 상상을 거세하고 대표 브랜드와 상상적 일체화가 되도록 소비자를 포획한다. 경쟁 브랜드는 소비자와 합일하려고 하지만 이때 대표 브랜드는 타자로서 그 관계를 거세하고 소비자를 대표 브랜드가 자리한 상징계의 내부에 가둬두기 때문이다.

후발 브랜드 마케팅

그렇다면 후발 브랜드는 어떤 브랜드 전략을 구사해야 하는가? 성차 공식에서 남성 공식이 대표 브랜드의 전략이라면 여성 공식은 후발 브랜드의 전략이다. 대표 브랜드가 지배하는 제품범주의 내부를 교란하는 외부인 여성 공식이 후발 브랜드의 브랜드 전략이다. 대표 브랜드의 남성 공식이 도착증 브랜드 전략이라면 후발 브랜드의 여성 공식은 히스테리 브랜드 전략이다. 히스테리란 상징계 타자인 대표 브랜드의 궁극적 의미, 즉 그것이 나에게 의미하는 바에 끊임없이 의문을 제기하는 태도이기 때문이다. 대표 브랜드의 내부에 대해 끊임없이 이의를 제기하는 히스테리적 소비자가 후발 브랜드의 브랜드 전략이다.

성차공식에서 All-nothing인 남성 공식이 도착증의 대표 브랜드 전략이고, Not-all인 여성 공식이 바로 히스테리의 후발 브랜드 전략이다. 여기서 히스테리 영역에 속하는 후발 브랜드는 대표 브랜드를 제외한 브랜드 전부를 말하는 게 아니다. 남성 공식에서 남성은 생물학적 남성이 아니라, 기존의 관습체계 내부에 안주하는 것을 일컫는다. 생물학적 여성 대부분은 남성 공식 내부에 속한다. 흑인들 중에서 피부는 검지만 백인들처럼 사고하는 흑인들의 경우를 생각하면 이해하기 쉽다.

따라서 후발 브랜드 중 대다수는 대표 브랜드의 남성 공식인 도착증 전략을 구사한다. 이런 후발 브랜드는 대표 브랜드의 내부에 포획되어 있다는 점에서 후발 브랜드가 아니다. 후발 브랜드들 중 극소수만이 히스테리의 영역인 도착증의 남성 공식의 외부에 있다. 대표 브랜드를 모방하는 후발 브랜드들은 도착증의 남성 공식 내부에 있으므로 히스테리의 외부가 아니다.

도착증의 남성 공식이 소비자가 대표 브랜드와의 합일을 상상하는 브랜드 전략이라면, 히스테리의 여성 공식은 그 상상의 껍질을 벗겨 끔찍한 원초적 사물과 조우하게 하여 대표 브랜드의 내부가 아무것도 없음에도 환상으로 내부가 마치 견고하게 봉합한 것인 양 한 것인데, 그 아무것도 없음의 은폐를 드러냄으로써 소비자의 상상을 원초적 사물의 끔찍함으로 파괴하는 브랜드 전략이다.

그러나 히스테리 대표 브랜드 마케팅인 여성 공식이 불가능한 마케팅이 아닌 것은 대표 브랜드라는 주인기표의 내부가 언제나 외부에 의해 교란되는 결여상태에 있다는 점이다. 이것은 대표 브랜드가 언제나 후발 브랜드의 공격에 노출되어 있어서 그 자리가 확고하지 않다는 점이다. 대표 브랜드가 이러한 외부에 취약하다는 것은 브랜드가 기표이며 기표의 남성 공식 내부는 여성 공식의 외부에 의해 이미 틈이 있기 때문이다. 주인기표인 대표 브랜드 자체가 완전성이 결여되었다는 것은 이런 의미다.

그래서 대표 브랜드에 포섭된 도착증적 소비자도 외부에 노출된 불완전한 소비자이다. [도착증자는 그 타자에 있는 결여를 물신주의적 부인의 형식으로('나는 타자에게 욕망의 대상이 없다는 것을 알아 그럼에도 불구하고 나는 타자에게 그것이 있다고 믿어') 채우려 시도하는 자다]. 또한 신경증적 소비자는 대표 브랜드의 내부에 있으면서도 난국에 빠진 소비자다. [신경증자는 그 결여 자체를 부여잡고 이도저도 아닌 난국에 빠진 자다]. 강박증자는 내부에 있으나 내부를 의심하면서 질문하는 소비자다. [강박증자는 여전히 타자가 자신에게 무엇을 원하는지 불안 속에서 끊임없이 질문하는 자다].

따라서 대표 브랜드의 내부에 위치한 소비자는 언제나 대표 브랜드의 결여를 메우려고 다른 브랜드를 찾아나서려고 한다는 점에서 언제나 빗금쳐진 주체=분열된 주체=병리적인 주체(=$)가 되지 않을 수 없는 것이다. 대표 브랜드라는 법의 내부에 있으면서 외부의 브랜드를 향유하려는 분열증적 소비자라는 점에서, 그 내부는 언제든 외부로 향하는 열려진 내부라는 점에서 히스테리 브랜드 마케팅에게 기회가 열려 있는 것이다. 그러나 그 기회는 가능성이지 언제나 현실로 실현되는 것은 아니다. 누구나 꿈을 꿀 수 있지만 그 꿈이 모두 현실로 이루어지지 않는다는 말이다.

새가 되려는 상상이 비행기로 현실화되었지만 모든 상상이 현실로 가능하지는 않다는 의미다. 그런데 오늘날은 용을 상상하는 것 자체가 현실의 성공이 되는 시대에 살고 있다. 따라서 외부의 히스테리 브랜드 마케팅은 기호와 이미지가 상품 자체가 되어 존재품(存在品)을 대체하는 사유품(思惟品)의 시대에서 대표 브랜드의 견고한 내부의 아성을 무너뜨릴 수 있게 되었다.(존재품과 사유품에 대해서는 뒤에서 자세히 다룬다.) 실현 가능하기는 대단히 어렵지만 불가능하지는 않다는 점에서 외부 히스테리 브랜드 마케팅은 성공 가능성이 언제나 열려 있기 때문이다.

히스테리 브랜드 마케팅

히스테리 브랜드 마케팅이 외부인 점에서 장기와 같은 코드에 의해 작동하는 내부의 마케팅이 아니라 바둑과 같은 접속과 소통에 의해 언제나 외부에 열려 있다는 점에 주목해야 한다. 내부의 도착증적 대표 브랜드 마케팅은 길이 정해져 있고 고착화되어 있어 변화에 대처하기가 어렵다.

이민족의 침략에 국운이 풍전등화인 때 부부가 황량한 벌판을 걷고 있었다. 이때 말을 탄 이민족 병사가 부인을 강간하려고 할 때 남편은 병사에게 이렇게 말했다. “고환이 더러워지니 제가 잡고 있겠습니다.” 일을 마치고 병사가 사라지자 남편은 득의만만하게 웃었다. 부인은 남편을 째려보며 “뭐가 그리 좋아서 웃습니까?” 이때 남편은 말했다. “그 자식에게 내가 복수를 했소. 고환에 먼지를 잔뜩 먹였어요. 하하하!"

이 농담의 요점은 피지배자들에 대한 대타자(기존 시장의 아성의 내부)의 권위의 막강함인데, 남편 피지배자(후발 시장 참여자)가 자기 아내를 강간하는 대타자에 정면으로 맞서기는 고사하고 대타자의 고환이 더럽혀질까 고환에 흙먼지가 쌓이지 않게 한다는 핑계로 고환에 먼지를 먹이는 방법으로 복수 같지 않은 복수를 한다는 점이다. 위의 이야기처럼 기존 시장 내부의 아성에 도전하려면 차라리 도전하지 않는 것이 더 낫다.

장기는 각각의 말이 규칙의 지배를 받는다. 반면 바둑의 알들은 그때그때의 상황에 따라 변용하고 접속하면서 흐름을 이어간다. 어떤 때는 집을 방어하기도 하고 어떤 때는 공격하기 위해 적의 진영 깊숙이 침입하기도 한다. 그때그때 상황에 따라 배치가 달라진다는 점에서 외부에 열려 있다.

외부에 열려 있음은 살아 움직이며 약동한다는 것이다. 사슴이 귀를 쫑긋 세워서 외부를 보는 것은 그냥 관찰하는 것이 아니다. 사슴은 닥쳐오리라 예상되는 적의 침입에 재빠르게 달아나기 위해 귀를 쫑긋 세우고 예의주시하면서 외부에 열려 있는 것이다. 사슴은 고정되어 내부에 있는 것이 아니라 언제나 외부로 열려 있는 것이다. 이 외부에 열려 있음으로 인해 적의 침입이라는 생명을 빼앗는 사건에 대비하는 것이다.

따라서 사슴이 귀를 쫑긋 세우는 것은 그의 생명이 걸린 중차대한 외부로의 열림이다. 이 열려 있음의 외부를 포착하는 것이 히스테리 마케팅이다. 히스테리 마케팅은 사슴이 전 생명을 걸고 외부에 열려 있는 것과 같은 마케팅이다. 사슴의 이러한 외부의 열림을 보지 못하고 귀를 쫑긋 세우는 것이 사슴의 전 생명이 걸린 외부인 줄 모르고 멋스럽게 외부를 관찰하기 위한 외양이라고 보는 것이 내부의 대표 브랜드 마케팅이다. 외부에 열려 있는 히스테리 마케팅은 다음과 같은 차원을 고려하는 마케팅이다.

이진경(1963-). 사회학자. 『사회구성체론과 사회과학방법론』, 『철학과 굴뚝청소부』, 『맑스주의와 근대성』, 『근대적 시·공간의 탄생』, 『수학의 몽상』, 『근대적 주거공간의 탄생』, 『필로시네마, 혹은 탈주에 관한 11편의 영화』, 『철학의 외부』, 『노마디즘』, 『자본을 넘어선 자본』, 『미-래의 맑스주의』 등의 저서가 있다.

"각각의 양태는 자신을 산출한 외부 전체"임을 뜻한다. 여름날 나뭇가지에 매달린 복숭아 하나에는 그 나무가 뿌리박고 있는 대지가, 그 대지 속에 스며든 봄비가, 땅속에서 유기물을 분해하며 살아가는 수많은 균류들이, 그리고 초여름의 햇빛이, 여름날의 온기가 들어 있고, 그 봄비에 실려온 바다의 물과 습기가, 습기를 머금은 구름이, 그 구름을 몰고 온 바람이, 그 바람을 만든 기압의 분포가, 혹은 바람과 부딪혀 비로 만든 저기 저 산이 들어 있고, 복숭아밭에 뿌려진 비료가, 그 비료를 뿌린 인간의 손길이, 그 비료를 만든 비료공장의 노동자들이, 그 노동자들을 먹여 살린 쌀과 고등어가 들어 있다. 어디 이것뿐이랴! 이처럼 하나의 복숭아에는 그것을 산출하는 데 관련된 우주 전체가 들어 있다. 그 옆의 밭둑에 자라는 콩 하나에도, 그 옆을 지나가는 개에도 마찬가지다. 자연물만 이런 것은 아니다. 지금 내가 쓰고 있는 이 컴퓨터에도, 이 글을 쓰기 위해 펼쳐놓은 『에티카』의 번역본에도 마찬가지로 그것을 만든 세계가, 우주 전체가 들어가 있다. 이런 의미에서 저 복숭아도, 저 콩도,

이 책도 모두 그 자체로 하나의 실체다. 각각이 다른 양상으로 우주 전체를 드러내고 있는 것이다. 그렇지만 동시에 실체는 그 각각을 포함하는 전체이기도 하다.(『외부, 사유의 정치학』, 이진경 지음, 그린비, 2009, 160-161쪽.)

각각의 양태에서 실체를, 양태들의 무한한 계열 전체를, 우주 전체를, 또는 이런 발상이 좀 더 명확하게 펼쳐진 것을 우리는 '화엄학'에서 발견할 수 있다. 의상이 쓴 『법성게』의 몇 구절만큼 이를 간결하고 명료하게 표현해 주는 글을 찾긴 어려울 듯하다.

一中一切多中一 일중일체다중일　一卽一切多卽一 일즉일체다즉일
一微塵中含十方 일미진중함시방　一切塵中亦如是 일체진중역여시
無量遠劫卽一念 무량원겁즉일념　一念卽是無量劫 일념즉시무량겁
九世十世互相卽 구세십세호상즉　仍不雜亂隔別成 잉불잡란격별성

하나 속에 일체가 있고 일체 속에 하나가 있으니, 하나가 곧 일체고 일체가 곧 하나로다.
먼지 하나에도 시방세계가 담겨 있고, 모든 먼지들 또한 그러하다.
한없이 먼 과거에 한 생각이 자리 잡고 있고, 한 생각 속에 무한한 과거가 자리 잡고 있다.
수많은 세계가 이처럼 서로 속에 자리 잡고 있으나, 서로 섞여 마구 엉킨 게 아니라 각각이 따로 세계를 이루고 있도다.(『외부, 사유의 정치학』, 이진경 지음, 그린비, 2009, 161-162쪽.)

먼지 하나에서도 시방삼세의 우주를 보지만, 그렇듯 모든 것이 시방삼세를 모두 담고 있지만 그 각각이 다른 양상으로 우주를, 세계를 표현하고 있다는, 〈화엄학〉이라는 이름으로 불리는 이 장대한 스케일의 사유는 외부에 의한 사유가 절대적 극한에서 펼쳐진 것이다. 하나의 먼지, 하나의 사물을 만들어낸 외부 전체가 그 먼지, 그 사물에 '내재되어' 있다는 것이다. 이는 실체가 양태에 내재되어 있다는 말로 바꾸어도 좋을 것이다. 모든 양태가 실체에 그때마다 다른 양상으로 내재하는 것처럼 실체는 모든 양태에 각각마다 다른 양상으로 내재되어 있는 것이다. '내재적'이라는 말이 '안에 있음'을 뜻한다고 할 때 그것이 뜻하는 것은 이런 의미에서다. 실체나 어떤 양태의 '내적' 본성과 무관하며, 내재적 관계 속에서 그때마다 다른 양상을 취하는 전체 속에서 각각의 양태들 혹은 실체를 이해하는 것이고, 이런 점에서 외부에 의한 사유를 그 절대적 극한에서 표현한다.(『외부, 사유의 정치학』, 이진경 지음, 그린비, 2009, 162쪽.)

또한 생명을 건 열려 있음의 외부 히스테리 마케팅은 다음을 고려하는 마케팅이다.

과학이 사물을, 예컨대 포도주가 담긴 단지를 대상으로 표상하면, 이 경우 과학은 모든 경험 가능한 것을 양적인 것과 측정 가능한 것으로 환원시키며 이러한 방법적인 추상에서 사물의 근원성은 포기해 버린다. 과학적 앎이 이론의 여지가 없다는 것은 틀림없다. 그러나 사물의 근원적 경험으로부터 사유될 경우에 이론의 여지가 없음은 바로 "포도주가 가득 담긴 단지를 포기하고 그 자리에 액체가 퍼져나가는 하나의 빈 공간을 설정"해야 하는 강압에 의해 성립되고 있다. "과학은 그것이 사물을 결정적인 현실적인 것으로 내버려 두지 않는 한, 단지-사물을 아무 것도 아닌 어떤 것으로 만드는 것이다." 우리가 사물을 그 근원성에서, 즉 단지를 단지로서 경험하려 한다면, 우리는 단지의 담는 공간을 물리학적으로 임의의 액체를 위한 임의의 텅 빈 공간이나 또는 더 추상적으로 재료의 특정한 응집상태를 위한 텅 빈 공간으로 환원해서는 안 된다. 우리는 어떻게 단지가 채워지는가 하는 이 물음을 다르게 살펴보아야 한다. 단지는 부어지는 것을 받아들임으로써 그리고 부어진 것을 간직함으로써 채워진다. 받아들임과 간직함은 쏟아부음에서부터, 부음의 선사에서부터 규정되고 있다. 단지는 물을 선사하고 포도주를 선사한다. 물에는 샘이 머물러 있고, 샘에는 암석과 땅의 어두운 선잠, 그리고 또한 하늘의 비와 이슬도 머무르고 있다. 포도주에는 땅의 자양과 하늘의 태양이 머물러 있다. 단지는 죽을 자의 목마름에 한 모금의 마실 것을 선사하고 그들의 단란함을 고조시켜 준다. 단지는 또한 따름(부음)을, 신들에게 봉헌되어 축제의 향연을 최고도에서 고요하게 만드는 제헌음료를 선사한다. 단지는 땅과 하늘, 신적인 것과 죽을 자를 한 군데 모은다. 그래서 단지는 〈사물〉이다. 단지는 사방을 그의 그때마다의 머무름에 머무르게 하고 그래서 그 넷을 그의 고유한 것 안으로 데려옴으로써 땅과 하늘, 신적인 것과 죽을 자의 사방으로서의 〈세계〉를 일어나게 한다. (『하이데거의 존재사건학』, 이기상 지음, 서광사, 2003, 175-176쪽.)

이기상(1947-). 한국외국어대학교 철학과 교수. 『하이데거의 실존과 언어』, 『하이데거의 존재와 현상』, 『하이데거의 존재사건학』 등의 저서와 『형이상학이란 무엇인가』(하이데거), 『현상학의 근본문제들』(하이데거), 『기술과 전향』(하이데거), 『하이데거 사유의 길』(페겔러), 『하이데거의 예술철학』(폰 헤르만) 등의 역서가 있다.

외부의 히스테리 브랜드 마케팅은 니체의 '진리가 여성이다'에서도 확인할 수 있다. 니체는 『선악의 저편』 서문에서 다음과 같이 쓴다.

진리가 여성이라고 가정한다면 어떠한가? 모든 철학자가 독단주의자였을 경우, 그들이 여성을 제대로 이해하지 못했다는 혐의는 근거 있는 것은 아닐까? 지금까지 그들이 진리에 접근할 때 가졌던 소름 끼칠 정도의 진지함과 서툴고 주제넘은 자신감이 바로 여성의 마음을 사로잡기에는 졸렬하고 부적당했다는 혐의는 근거 있는 것이 아닐까? 여성들의 호감을 사지 못했던 것은 당연하다—그래서 모든 종류의 독단론은 오늘날에도 울적하고 힘없는 모습으로 서 있는 것이다. 이 독단론이 여전히 있다면 말이다! 왜냐하면 이 독단론은 무너졌고, 모든 독단론은 땅에 쓰러져 있으며, 더욱이 빈사상태라고 주장하며 조소하는 사람이 있기 때문이다.(『선악의 저편·도덕의 계보』, 프리드리히 니체 지음, 김정현 옮김, 책세상, 2002, 9쪽.)

SINGULARITY

진리는 여성이다

내부의 도착증 대표 브랜드 마케팅이 남성 공식이고 외부의 히스테리 후발 브랜드 마케팅이 여성 공식인 것을 니체는 '진리는 여성이다'에서 이미 반복하고 있다. 니체는 주인기표가 이미 '텅 빈 기표'라는 것을 잘 알고 있었다. 상징계의 내부는 외부에 의해 균열되어 있다는 것인데, 이를 가림막하여 내부를 확고한 척하는 환상에 의해 지탱되고 있음을 말이다. 러시아의 붉은 군대가 총도 화력도 없는데 포화 속으로 진격할 수 있었던 것은 '어머니 러시아'라는 주인기표가 가림막이라는 환상을 불러일으켜 붉은 군대로 하여금 조국을 지킨다는 상상이 작동했기 때문이다.

이것이 주인기표인 '어머니 러시아'라는 이데올로기가 총도 없는 붉은 군대의 애국심에 불을 댕겨 용맹한 군대가 될 수 있었던 이유인 셈이다. 이런 이데올로기의 내부화에 성공할 수 있는 것은 내부가 외부의 여성의 침입에 의해 이미 결속이 불가능한데도 주인기표의 이데올로기적 환상에 의해서 마치 내부 결속이 애초에 작동하는 것처럼 교묘하게 꾸몄기 때문이다. 따라서 이데올로기적 내부화는 언제나 실패에 노출되어 있다. 왜냐하면 이때 주인기표로서 작용하는 '어머니 러시아'의 작동은 상징계의 틈에 기대어 있기 때문이다.

이를 도착증 대표 브랜드 마케팅으로 치환하면 대표 브랜드의 내부 브랜드 마케팅의 도착증적 소비자 결속은 언제나 불안정한 결속에 이미 노출되어 있다는 것이고, 이것은 '진리는 여성이다'에서 반복되고 있음을 알 수 있다. 그러니 히스테리 브랜드 마케터들은 용기를 가져도 된다. 결단하는 순간 성공의 잠재된 역량은 현실로 가능하기 때문이다. 잠재성과 가능성은 다른 사태다. 잠재성은 현실화될 수 있는 것이 아직 잠재된 상태에 있는 것이고 가능성은 실현 불가능한 것을 상상하는 것이므로 현실화될지는 미지수이기 때문이다.

SINGULARITY

고흐의 〈구두〉

히스테리 후발 브랜드 마케팅에서 말하는 외부 개념을 부연해서 설명해 보겠다.

A Pair of shoes, 1885, Vincent Van Gogh

앞의 그림은 고흐의 〈구두〉라는 작품이다. 이 그림에서 구두는 일반적으로 볼 수 있는 구두를 표상하지 않는다. 그림 속 구두를 언어라는 논리적 표상으로 볼 때, 그림 속 구두는 길동이 아버지가 신은 구두와 뒷집 호돌이가 신은 구두와 같은 일반적인 구두와 구별되지 않는 그야말로 평범한 구두가 된다. 이렇게 모든 구두를 똑같이 보는 것을 표상적 사고라고 한다. 이러한 표상적 사고가 도착증의 대표 브랜드의 브랜드 마케팅에 속한다. 특별한 것을 모두 내부로 가두기 때문이다. 이런 사고에서 고흐의 구두도 일반적 구두의 내부에 포함된다.

그런데 그림 속 구두를 자세히 보면 고흐의 삶의 역정이 그대로 묻어난다. 짝이 뒤바뀐 헛바닥을 내민 구두에서 고흐라는 인격성 자체를 읽을 수 있다. 이때 앞에서 사슴이 귀를 쫑긋 세우는 것이 사슴의 전 생명을 걸고 외부에 열려 있다는 것과 동일하게 고흐의 구두가 열려 있음을 알 수 있다. 고흐의 구두는 그의 생 전체가 걸린 고흐 자체의 의미 지평으로 열려 있는 것이다. 이 열려 있음이 외부이고, 히스테리 후발 브랜드 마케팅의 외부 개념이다. 이는 성차공식의 여성 공식에 해당하는 내부를 외부로 열려 있게 하는 것과 동일한 외부임을 알 수 있다.

하이데거가 예술작품을 "비은폐성" 또는 "밝힘"으로 규정하는 것도 이러한 이유에서다. 알레테이아(진리)를 발언의 올바름으로 규정하는 것은 표상적 사고인 내부의 존재-론(論)에서다. 이러한 사고방식에서는 개념으로 포착한 언어로서 규정할 수 있는 명증한 것을 진리로 규정한다. 논리학에서는 존재를 표상할 수 있는 대상인 존재자로 규정한다. 이러한 진리관으로 예술작품을 볼 때 그림에 그려진 존재자, 즉 고흐의 구두는 찢어지고 쓸모없는 구두로만 표상된다. 그러나 고흐의 그림 속 구두는 표상으로 앞에 세워진 존재자로서의 구두가 아니다.

그 구두에는 존재자의 표상에서 빠져나가는 존재의 영역인 외부가 은닉되어 있다. 존재자의 표상 내부에서 빠져나가는 존재의 영역이 바로 외부다. 그 은닉된 외부 때문에 고흐의 구두는 내부 이상의 외부의 열려 있는 의미의 존재로 다가온다. 이로부터 우리는 눈으로 볼 수 있는 내부가 은폐하는 보이지 않는 외부를 탈은폐(밝힘)한다는 알레테이아의 의미를 이해할 수 있다. 히스테리 후발 브랜드 마케팅이 외부로 열려 있음은 정확히 이런 의미다.

포틀래치와 〈도둑맞은 편지〉

또 다른 외부를 살펴보자. 위에서 구조가 내부화되면 외부로 열려 있음이 불가능하다는 것을 살펴보았다. 이 내부로 꽉 막힌 고착화된 구조가 외부로 열리는 것은 그 구조에 빈칸이 생길 때이다.

구조주의 인류학자인 레비-스트로스는 인디언들이 선물을 무상으로 증여하는 포틀래치를 구조의 내부에서 포착할 수 없는 외부로 보고 이것을 "떠다니는 기표"라고 한다. 레비-스토로스는 친족체계를 연구하면서 교환을 문명발생의 근거로 본다. 부족의 여자를 타부족 여자와 교환함으로써 친족체계가 유지되었고, 근친상간 금지가 가능했던 것도 교환 때문으로 본다. 여자 교환은 부족한 노동력 확보를 위한 생존조건인데, 이러한 교환의 외부인 포틀래치의 선물 증여는 구조주의로는 설명이 안 되는 외부에 있는 것이다.

구조의 내부의 막힘에서 외부로 열리는 또 다른 예는 위에서 살펴본 애드가 알렌 포의 소설 〈도둑맞은 편지〉에서 편지가 구조의 내부에 틈을 내는 외부를 가능하게 한 데서 찾을 수 있다. 왕비는 중요한 내용이 담긴 편지를 보다가 왕이 방문하자 편지를 중요하지 않은 편지처럼 취급하여 탁자 위에 놓는다. 그때 당황하는 왕비의 표정을 눈치챈 대신이 왕비 몰래 편지를 훔친다. 왕비가 보는 앞에서 편지를 훔친 대신으로부터 편지를 찾아오라고 경호대장에게 시키지만 실패한다. 왕비는 뒤팽이라는 사립탐정을 고용한다. 뒤팽은 대신의 집에서 대신이 왕비처럼 중요한 편지가 아닌 편지인 듯 탁자에 놓인 편지를 발견하고 가지고 나온다.

이때 편지는 두 가지 계열로 분화되어 사람들을 배치시킨다. 첫 번째는 왕비–왕–대신이고, 두 번째는 대신–왕비–뒤팽이다. 이때 첫 번째 배치에서 두 번째 배치로 구조의 내부가 바뀐 것은 편지가 놓인 자리가 빈칸으로 구조에 존재하기 때문이다. 이 빈칸으로서의 편지가 외부로서 구조에 존재하기 때문에 구조가 고착화되지 않고 배치의 변화가 가능한 것이다.

따라서 히스테리 후발 브랜드 마케팅의 외부 마케팅이 내부 마케팅인 도착증 대표 브랜드 마케팅의 견고한 내부 구조를 변화시키는 것은 포틀래치와 편지라는 외부에 의해서이다. 따라서 히스테리 후발 브랜드 마케팅은 대표 브랜드의 도착증의 내부 마케팅을 변화시킬 외부인 포틀래치와 편지라는 외부 마케팅 요소를 찾아야 한다. 따라서 내부의 견고한 구조의 문을 열어젖히는 외부인 포틀래치와 편지를 찾는 것이 히스테리 후발 브랜드 마케팅 전략의 목표가 된다. 포틀래치와 편지를 찾아라!

〈매트릭스〉와 『코끼리를 생각하지 마』

이제 매트릭스의 진실을 알기 위해 가상세계의 외부인 빨간 약을 찾는 것이 외부 마케팅 전략의 사명이다. 영화 〈매트릭스〉의 주인공 네오는 선택을 하게 된다. 파란 약을 먹으면 침대에서 깨어나고, 빨간 약을 먹으면 이상한 나라에 남아 끝까지 가게 된다. 네오는 매트릭스의 진실을 알기 위해 빨간 약을 먹는다. 히스테리 후발 브랜드 마케팅은 고착화된 도착증의 대표 브랜드 마케팅의 내부를 열기 위해 네오에게 빨간 약을 받아와야 한다. "네오, 빨간 약을 부탁해!"

이제 본격적으로 빨간 약을 찾아 떠나보자. 기존의 브랜드 마케팅은 내부 마케팅으로, 이로부터 벗어날 것을 제안하는 마케팅은 외부 마케팅이라 명명하겠다. 내부 마케팅은 대표 브랜드와 그 내부에 있는 후

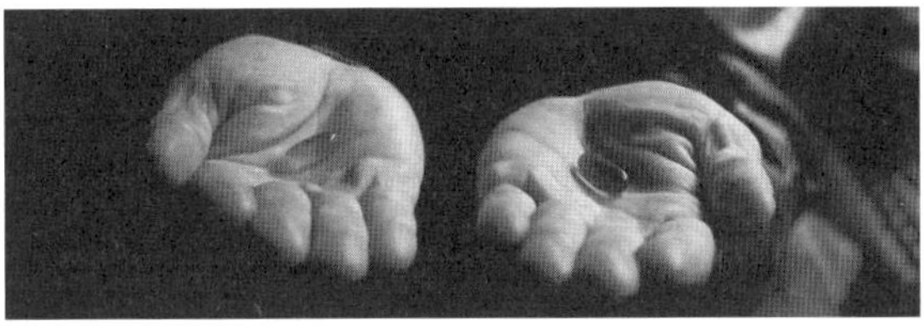

〈**매트릭스**(The Matrix)〉 감독/앤디 워쇼스키·래리 워쇼스키, 출연/키아누 리브스(네오/토마스 앤더슨), 로렌스 피쉬번(모피어스), 캐리 앤 모스 (트리니티), 휴고 위빙(스미스 요원)/1999/(미국)
(대사) 모피어스 : 파란 약을 먹으면 여기서 끝난다. 침대에서 깨어나. 네가 믿고 싶은 걸 믿게 돼.

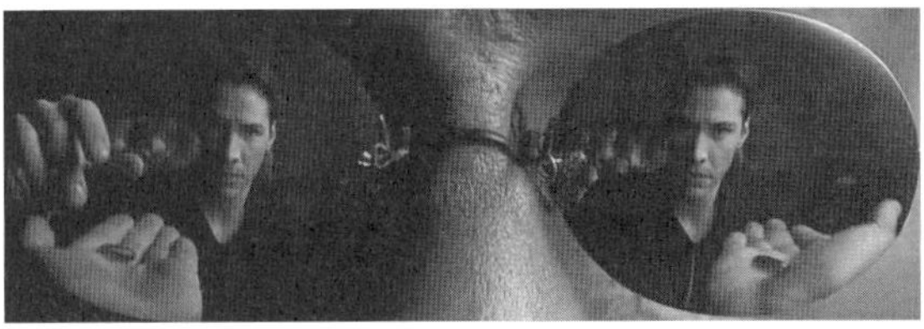

(대사) 모피어스 : 빨간 약을 먹으면 이상한 나라에 남아 끝까지 가게 된다. (빨간 약을 집는 네오.)
(대사) 모피어스 : 명심해! 난 진실만을 제안한다.

발 브랜드인 도착증 마케팅이고, 외부 마케팅은 내부 마케팅의 내부를 교란하는 히스테리 마케팅이다. 그러므로 외부 마케팅은 기존 브랜드 마케팅의 내부를 지탱했던 개념들을 차용하지 않고 새로운 외부의 개념들을 사용한다.

개념 변경의 중요성은 『코끼리를 생각하지 마』의 저자인 조지 레이코프가 깨우쳐 주었다. 여기서 코끼리는 공화당을 일컫는다. 그에 의하면, 공화당 보수층이 30년 간 사용해서 익숙해진 개념들을 민주당이 반복하면 보수의 프레임 내부를 벗어나지 못하고 그 틀 내부에 고착된다는 것이다. 하지만 지난 30년에 걸쳐 반복된 세뇌로 보수진영은 '세금'이라는 단어를 선점하기에 이르렀다. 그들은 대부분의 미국인에게 그

조지 레이코프(1941–). 미국 태생의 인지언어학자. 『프레임 전쟁』, 『코끼리를 생각하지 마』 등의 저서가 있다.

의미를 바꾸어 인식하게 만들었다. '세금'이라는 것은 '정부가 돈을 번 사람들의 주머니에서 빼내어 돈을 벌지 않고 받을 자격이 없는 사람들에게 주기 위한 수입'이라고 인식하게 만든 것이다.

이에 따라 '세금부담 경감'이라는 말은, 과세는 고쳐야 할 악행이며 '감세'는 대체로 좋은 것이라는 전제를 깔고 있다. 그래서 보수진영은 "세금인상은 있을 수 없다"는 주장을 하는 것이다. 보수진영의 슬로건은 세금에 대한 보수적인 관점을 강화한다. 이렇게 보수진영이 선점한 세금 개념으로 인해 "부자감세 절대 반대"라는 진보진영의 슬로건은 세금에 대한 보수진영의 관점을 강화시킨다! 진보진영은 보수진영을 도와주고 있는 것이다.

따라서 감세라는 말을 하는 순간에 보수층의 프레임 내부에 갇히는 것이다. 이미 보수진영은 세금은 나쁜 것이라는 부정적인 것으로 의미를 변질시키는 데 성공했기 때문에 감세라는 것 자체를 반대하는 슬로건으로, 이들과 싸우려 드는 것은 오히려 보수진영의 프레임에 갇혀 그들을 도와주는 결과만 초래한다고 레이코프는 비판한다.

레이코프는 진보진영은 보수진영의 프레임을 벗어나 독자적인 프레임과 독자적인 언어로 슬로건을 만들어서 보수진영에 대항해야 한다고 강조한다. 또한 공화당 외부로의 개념 변화가 유권자에게 받아들여지기 위해서는 장기적인 전략을 세워 꾸준하게 캠페인을 전개해야 한다고 제안한다.

따라서 기존의 개념을 그대로 마케팅에 사용하는 것은 대표 브랜드의 내부를 더욱 공고화하기 때문에 새로운 개념을 만들어서 마케팅의 전체 판을 흔듦으로써 외부로의 변화가 가능하다고 할 수 있다.

이런 문제의식에서 예를 들자면 기존 소비자 구분인 충성 고객을 도착 소비자로, 대표 브랜드를 도착 브랜드로, 후발 브랜드 중에서 대표 브랜드의 내부를 모방하는 브랜드를 신경증 브랜드로, 도착 브랜드나 신경증 브랜드인 대표 브랜드에서 내부에 고착되지 않고 외부를 지향하는 브랜드를 히스테리 브랜드로 명명한다. 또한 소비자를 도착 소비자, 신경증 소비자, 강박증 소비자, 히스테리 소비자로 분류한다.

따라서 신제품을 개발할 때 우선 고려사항은 제품에 도착적 요소는 있는가, 광고 컨셉 개발 시에도 소비자를 도착할 수 있는 컨셉인가로 변경할 것을 제안한다. 이 제품 요소는 신경증인가, 그래서 소비자로 하여금 우왕좌왕하게 하는 것은 아닌지 물어야 한다. 마찬가지로 이 제품이 강박증을 유발하지 않을까, 그래서 소비자로 하여금 제품에 고개를 갸우뚱하게 하지 않을까를 물어야 한다. 또한 이 제품이 히스테리를 유발하지 않을까, 그래서 우리 제품이 아닌 다른 제품으로 이동하지 않을까를 체크해야 한다.

데카르트는 의심증이 대단했는데, 확실한 판단을 위해서 지금 참이라고 믿는 것이 악마가 자신을 속이기 위한 술책이라고 가정하면서 명증한 진리가 무엇인지 물었다. 그래서 찾은 것이 생각하는 내가 존재한다는 것인데, 그것만은 누가 뭐래도 믿을 수 있는 진리라고 했다. 외부 마케팅은 의심하는 마케팅이다. 지금까지 확실하다고 믿어온 모든 것들을 괄호치고 판단중지하여 그것이 참으로 믿을 수 있는 것인지를 따져 묻고 그 물음을 통과한 것도 다시 묻는 마케팅이다. 모든 허위를 걷어내고 순수함을 찾기 위해 묻고 또 묻는 마케팅이다. 따라서 기존의 마케팅 내부의 관습에 고착화된 마케팅을 마케팅-론이라고 부르겠다. 그리고 기존의 틀에서 벗어나 외부로 향하는 문을 여는 마케팅을 외부 마케팅이라 명명하겠다.

반자 도지동(反者 道之動)

새로운 마케팅 혁명을 위해서는 개념부터 확 바꿔 새 술은 새 부대에 담아야 한다. 새로운 개념을 정신분석학에서 빌려온 것은 정신분석학이 문제 삼는 것이 의심하는 주체이기 때문이다. 병리적인 주체로 소비자를 규정하는 것에 비판이 제기될 수 있다. 그러나 정신분석학이 병리적으로 인간을 규정하는 것은 인간의 문제점을 찾아 해결하기 위한 것이지 인간의 본질을 부정적으로 보기 때문이 아니다.

긍정적 인간은 부정적 인간 탐구로부터 나온다. 마케팅이 정신분석학에서 얻을 수 있는 교훈은 것은 바로 이 점이다. 긍정적인 제품을 시장에 출시하기 위해서는 부정적인 제품요소는 없는지 끊임없이 물어야 한다. 스피노자는 모든 규정은 부정이라고 했다. 여기서 규정이란 긍정을 말한다. 헤겔은 순수존재와 무는 동일하다고 했다. 순수존재인 긍정은 무인 부정과 동일하다는 말이다.

노자 또한 "반자 도지동(反者 道之動)"이라고 해서 상식적으로 긍정된 것을 되묻는 반대의 길을 갈 것을 주문했다. 남들이 모두 참이라고 할 때 거짓을 주장하는 것은 끊임없이 묻고 그 상식이 정말 참인지를 확인하여 실패 가능성을 줄이자는 것이다. 모든 것을 전부 부정하고 회의하는 것은 긍정할 것 모두를 부정하는 것이 아니다. 자신을 최대한 낮추고 자신의 약점을 찾아 제품개발에 반영하는 것은 소비자로부터 자신을 높게 평가하도록 하는 최선의 방법이다.

따라서 자신을 낮추어 계속 부정적으로 묻는 것은 허무주의가 아니라 더 긍정적인 것이다. 이런 생각에서 정신분석학의 병리적 개념들은 소비자를 폄훼하기 위해 마케팅에 차용된 것이 아니라, 더 좋은 제품을 개발하여 소비자에게 이익을 돌려주겠다는 의미를 담은 긍정적인 개념들이다. 신제품을 개발하고 나면 제품 홍보활동이 중요하다. 브랜드명 개발부터 제품에는 이미지가 덧입혀진다.

아이가 태어나면 이름을 고심하듯이 제품에 이름을 붙이는 것은 제품의 성공을 좌우하므로 마케팅의 핵심 사항이다. 브랜드 이름을 짓는 것을 고려하는 사항도 이 이름이 소비자를 도착적 소비자로 만들 이름인지, 신경증적 소비자로 만들 이름인지, 강박적 소비자로 만들 이름인지, 히스테리 소비자로 만들 이름인지를 물어야 한다.

광고 컨셉 개발에도 물어야 할 것이 이 컨셉이 소비자를 도착적 소비자로 만들 컨셉인지, 신경증적 소비자로 만들 컨셉인지, 강박적 소비자로 만들 컨셉인지, 히스테리 소비자로 만들 컨셉인지에 준거해서 결정해야 한다. 내부에 위치한 대표 브랜드는 도착적 컨셉 개발을 한다. 자신의 브랜드 내부에 많은 소비자들이 도착되어 있기 때문이다. 그러나 그 내부에는 도착적 소비자 외에 우왕좌왕하는 신경증적 소비자와 이의를 제기하는 강박증적 소비자가 있다. 이들을 도착증적 소비자로 만들어 내부에 묶어두는 컨셉 개발이 중요한 과제라고 할 수 있다.

외부 마케팅의 브랜드 광고 컨셉

외부 마케팅의 브랜드 광고 컨셉은 기존의 내부 마케팅-론의 광고 컨셉과는 완전히 다르다. 기존의 내부 마케팅-론의 컨셉 표현은 직접적 표현과 우회적 표현으로 구분한다. 직접적 표현은 제품 정보를 직접적으로 표현하는 것이다. 제품 우위요소에 대한 데몬스트레이션(demonstration, 시연), 성능에 대한 실증적 자료를 제시하는 것이 직접적 표현의 예라고 할 수 있다. 또한 소비자가 가진 고정관념과 상식에 반한 역설 또한 수사적 기교를 사용하지 않는 직접적 표현에 속한다. 우회적 표현은 은유, 대비, 극단상황 표현, 유머 등을 말한다.

그러나 내부 마케팅-론이 구분하는 브랜드 표현 컨셉과 외부 마케팅의 브랜드 표현 컨셉은 완전히 다르다. 그렇다면 외부 마케팅에서 말하는 브랜드 표현 컨셉이 무엇인지 알아보자. 위에서 사슴이 귀를 쫑긋 세우고 관찰하는 것을 내부 마케팅-론에서는 직접적 표현과 우회적 표현에 한정할 것이다. 그렇다면 사슴이 귀를 쫑긋 세운 그 이미지를 직접적으로 표현하든지 우회적 표현 컨셉인 은유, 대비, 극단상황 표현, 유머로 표현할 것이다. 이 경우 모두 사슴은 내부로 고정되어 표현된다.

외부 마케팅은 사슴이 귀를 쫑긋 세우고 있는 이미지를 깨어 있음으로 포착한다. 내부 마케팅-론은 표상적 사고를 한다. 표상적 사고란 사물을 앞에 세워놓고 대상화하는 것을 말한다. 직접적 표현이든 우회적 표현이든 상품과 그것을 표현하는 컨셉 및 이미지는 앞에 대상으로 세워놓고 표현한다. 이 경우 상품과 컨셉 및 이미지는 내부로 고정된다. 이렇게 해서 제작된 상품과 컨셉 및 이미지는 외부의 깨어 있음이 사라진다.

외부의 깨어 있음은 사슴의 귀를 쫑긋 세우고 있는 이미지에서 생명을 건 탈주를 표현하는 것을 말한다. 도래할 적의 침입 사건에 대비하여 이미 깨어 있는 이미지를 포착하는 것이 외부 표현 컨셉이다. 반면에 표상적 사고는 논리를 따져 합리적인 계산에 의해 표현 컨셉을 창출한다. 이때 논리는 외양을 중시한다. 사슴의 쫑긋한 귀의 외양을 형상화하는 것이다. 그래서 감각되지 않는, 형상 없는 질료인 깨어 있음을 배제한다.

이러한 표상적 사고는 존재자, 즉 형상을 갖춰서 눈으로 확인할 수 있는 것만을 중시한다. 그래서 눈으로 볼 수 없는 추상성은 우회적 표현인 은유로 표현되는데, 이 은유 또한 존재자의 이미지인 대상을 앞에 세워놓고 표현한다. 이 모든 경우에서 사슴의 쫑긋한 귀의 형상인 존재자가 중심이 된다. 그래서 이런 표상적인 논리적 표현 컨셉에서는 깨어 있음을 표현할 수 없다. 사슴이 귀를 쫑긋 세우고 있는 것에는 질주의 이미지와 생사를 건 투쟁의 이미지, 고요히 풀을 뜯는 이미지 등등이 주름잡혀 있다.

깨어 있음은 사슴을 죽은 사물로 보는 표상적 사유인 내부 마케팅-론의 표현 컨셉을 넘어서 있다. 내부 마케팅-론의 표현 컨셉의 지평을

넘어 새로운 지평을 창조하는 것이 외부 마케팅의 표현 컨셉이다. 이것은 위에서 살펴본 여름날 나뭇가지에 매달린 복숭아 하나의 이미지는 열려 있기 때문에 대지와 봄비, 균류들, 햇빛, 온기, 물과 습기, 구름, 바람, 기압, 산, 비료, 손길, 노동자들, 쌀과 고등어, 우주 전체가 잴여져 있다.

또한 〈화엄학〉에서 말하는 一微塵中含十方/일미진중함시방 一切塵中亦如是/일체진중역여시(먼지 하나에도 시방세계가 담겨 있고 모든 먼지들 또한 그러하다) 역시 외부 표현 컨셉의 차원이다. 먼지 하나에서도 시방삼세의 우주가 쟁여져 있다. 〈화엄학〉이라는 이름으로 불리는 이 장대한 스케일의 사유는 외부에 의한 사유가 절대적 극한에서 펼쳐진 것이다. 하나의 먼지, 하나의 사물을 만들어낸 외부 전체가 그 먼지, 그 사물에 '내재되어' 있다는 것이다.이러한 외부 마케팅의 표현 컨셉은 에셔의 그림이

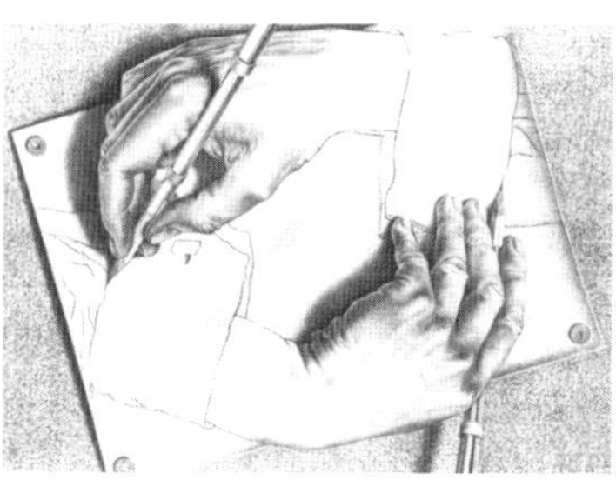

상징적으로 표현해 준다.

또한 외부 마케팅의 표현 컨셉은 외부와의 접속과 흐름을 표현한다. 깨어 있음과 열려 있음의 외부를 생명으로 하는 외부 마케팅의 핵심 아이디어는 바로 쟁여짐이다. 하나의 이미지는 그것 자체로 죽어 있는 것이 아니라, 그 안에는 수많은 이미지들의 지평을 넘어 우주 자체가 쟁여져 있다는 생생화육(生生化育)이 외부 마케팅의 차원이다.

에셔(M. C. Escher, 1898-1972). 네덜란드 태생의 화가. 수학적 개념과 기하학적 원리를 바탕으로 3차원적 구성을 표현했다.

굴뚝과 광고판이 접속하여 총이 태어난다. 이때 굴뚝과 광고판이라는 이질적인 것이 접속해서 총이라는 새로운 사물의 외부로 열려진다. 표상적 사고의 존재자 중심에서는 굴뚝은 굴뚝이고 광고판은 광고판으로 각기 존재하므로 이러한 두 사물이 접속해서 외부로 새롭게 열리는 것은 꿈에도 상상하기 어렵다.

이것은 외부 마케팅의 깨어 있는 표현 컨셉에서 가능하다고 할 수 있다. 외부 마케팅의 표현 컨셉에서 컵은 물과 접속할 때는 식수-기계이고, 꽃과 접속하면 화분-기계, 아이와 접속하면 놀이-기계이다. 또

한 바퀴는 놀이와 접속하면 놀이-기계인 인라인 스케이트가 되고, 비행기와 접속하면 운송-기계가 되고, 자전거와 접속하면 중국인 노동자-기계가 된다.

이처럼 외부 마케팅의 표현 컨셉은 접속과 흐름으로 외부에 항상 열려 있다. 〈어린 왕자〉에 보면 어린 아기였을 때 보아뱀 속에 코끼리가 있다고 상상한다. 그러나 어른들은 그 그림을 보고 '모자를 그렸구나' 하고 말한다. 어른들이 그 그림을 모자라는 존재자로 천편일률적으로 표상하

질 들뢰즈(1925-1995). 프랑스 태생의 철학자. 스피노자와 니체로부터 영감을 받아 차이에 천착했다. 동일성과 중심 환원주의와 대결했으며, 인격성(자아)과 개체성의 심층인 비인칭성과 전(前)개체성의 잠재성의 장을 사유했다. 따라서 전개체적인 기계들이 접속하고 절단하는 생성과 힘을 중시하고 노마드(유목민)라는 개념을 창조했다. 『니체와 철학』, 『차이와 반복』, 『스피노자와 표현의 문제』, 『앙띠 오이디푸스』, 『천 개의 고원』, 『철학이란 무엇인가』, 『들뢰즈가 만든 철학사』 등의 저서가 있다.

는 것이 내부 마케팅-론의 표현 컨셉이다. 반면에 보아뱀 속에 코끼리가 들어 있는 열려 있는 외부로 상상하는 것이 외부 마케팅의 표현 컨셉이다.

외부 마케팅의 표현 컨셉은 긍정을 그 역인 부정의 외설성을 통해 표현한다. 평화를 전쟁의 참상인 외설성으로 표현하고, 사랑을 기아의 외설성으로 표현한다. 규정은 부정이고 순수존재는 무라는 것은 내부 마케팅-론의 표현 컨셉의 하나인 은유와는 다른 표현 컨셉이다. 은유는 긍정성의 내부 표현 컨셉이라면 부정은 외설성의 외부 표현 컨셉이다

또한 외부 마케팅 표현 컨셉은 하나의 이미지에 운동 이미지가 공

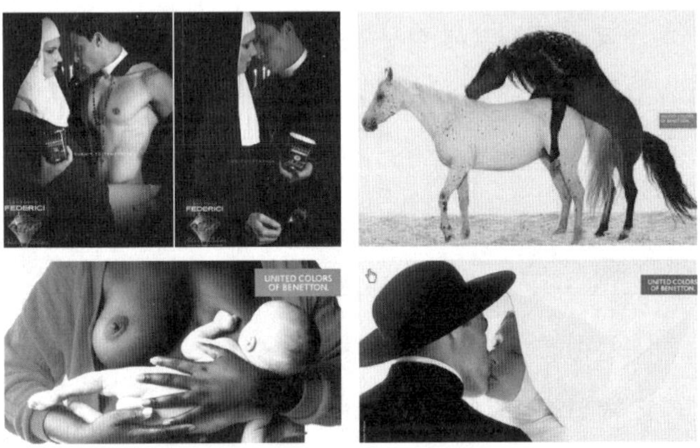

속(共屬)해 있음을 포착한다. 1초의 영화화면에는 24개의 운동 이미지가 쟁여져 있다. 우리의 눈은 24개의 이미지를 하나의 이미지로 지각한다. 꽃은 1초에 400조 번의 진동을 한다. 24개의 운동 이미지를 하나의 이미지로만 알고 보이는 것을 그대로 표상하는 것이 내부 마케팅-론의 표현 컨셉이다. 그러나 외부 마케팅은 24개의 열려 있는 외부를 보는 표현 컨셉이다. 꽃의 400조 번의 진동을 1초라는 하나의 표상으로 앞에 세워서 지각하여 고정시킨 표현 컨셉이 내부 마케팅-론이라면, 외부 마케팅은 400조 번의 떨림이 들려오는 존재의 열림의 목소리에 귀 기울여서 포착하려는 표현 컨셉이다.

그렇다면 외부 마케팅이 왜 필요하지 하고 반문할 것이다. 지금의 내부 마케팅-론으로 충분한데 굳이 골치 아프게 다른 이론이냐 하고 말이다. 그러나 여기서 분명히 짚고 넘어가야 할 것은 이 점이다. 외부 마케팅이 그동안 망각되어 온 영역을 밝힌다는 점이다. 우리는 알지도 못하면서 이 영역을 알고 있었다는 듯 해왔다는 것이다. 소비자의 욕망의 심층을 표현 컨셉으로 표현해 왔다. 그런데 표현했다고 하는 것이 실은 존재자의 표상적 표현 컨셉을 가지고 존재의 열려 있는 차원을 표현해 왔던 것이다. 존재의 열려 있음을 표현하려고 했지만 내부 마케팅-론의 프레임에 의해서인 한에서 내부와 외부는 상충했던 것이다.

마이브리지가 촬영한 〈움직이는 말〉

따라서 내부 마케팅-론이 외부 마케팅으로 변화해야 표현 컨셉의 외부 열림과 일치되어 모순이 발생하지 않는다. 현장에서 기획부서와 제작부서 사이의 갈등은, 기획부서는 표상적인 내부의 사고인 데 반해 제작부서는 열려 있는 외부의 사고를 함으로써 필연적인 갈등에 놓일 수밖에 없었다. 그런데 기획부서와 제작부서의 공속(共屬)이 외부 마케팅으로 가능하다는 것이다. 존재자 중심의 표상적 표현 컨셉은 소비자에게 소구하는 데 한계를 가질 수밖에 없다. 원초적으로 은폐된 부분인 존재의 열림을 표현 컨셉화함으로써 소비자의 존재의 깨어 있는 부분을 건드릴 수 있다. 그럼으로써 소비자로 하여금 브랜드에 대한 인지도를 제고할 수 있다.

강한 인상은 소비자의 존재의 열려 있음의 영역을 건드릴 때 가능하다. 존재의 열려 있는 부분은 소비자들에게 망각되었을 뿐 사라진 부분이 아니다. 그 열려 있는 외부의 부분을 자극함으로써 메시지는 강한 인상으로 소비자의 심층을 파고들 수 있다. 이것이 외부 마케팅이 필요한 이유다. 숨어 있는 소비자의 인식 부분은 숨어 있다고 해서 영향을 발휘하지 못하는 부분이 아니라, 더욱 영향력을 쥐고 있는 키가 되는 영역이다. 그 영역이 존재의 열려 있음의 차원이다. 이 존재의 열려 있음의 차원을 표현영역의 내부에 편입시키는 것이 외부 마케팅의 목적이고, 그럼으로써 효과적인 마케팅과 커뮤니케이션할 수 있기 때문이다.

따라서 외부 마케팅은 옥상옥(屋上屋)이 아니라, 그동안 잘못된 것이 합당한 것으로 받아들여져서 고정관념이 된 것에서 벗어나 본래의 위치로 돌아가자는 것이다. 이것이 외부 마케팅의 본질이다. 이 점을 잊지 말자.

〈인셉션〉은 마케팅이다

영화 〈인셉션〉의 마지막 장면에서 팽이는 쓰러질 듯 돌다 다시 돌아간다. 이것은 프로이트의 무의식이 종결되지 않았음을 말한다. 프로이트의 분석은 실패했다. 분석해도 증상은 사라지지 않고 남았기 때문이다. 〈인셉션〉에서 재벌 아버지가 아들에게 남겨주려고 한 빨간 약은 기업 사냥으로 성장한 탐욕이 아니라, 존재의 열려 있음인 어릴 때의 단란한 가족사진이었다. 그런데 심층의 무의식을 불러내면 증상은 사라져 치료되어야 하는데 증상은 계속 남는다. 그래서 영화의 마지막에서 팽이는 계속 돈다.

이 점을 외부 마케팅에 적용하면, 내부 마케팅-론을 외부 마케팅의 존재의 열려 있음으로 치료하면 마케팅은 문제가 없어야 하는데 그렇

〈**인셉션**(Inception)〉. 감독/크리스토퍼 놀란, 출연/레오나르도 디카프리오(코브 역) 등/2010(미국)

지 않고 문제는 계속 남는다는 것이다. 빨간 약을 구해도 증상은 계속 남는다는 것이다. 이것이 존재자와 존재의 간극, 즉 내부와 외부 사이의 간극인 존재론적 차이다. 이 차이로 인해 경쟁은 끝나지 않는다. 이것은 소비자의 인식을 누가 많이 점유하느냐 하는 헤게모니 다툼은 멈추지 않음을 뜻한다.

SINGULARITY

싱글라리티 컨셉 플래닝 3

따라서 빨간 약은 절대적인 것이 아니다. 인식의 지도에서 누가 더 많은 영토를 차지하느냐이지 일방으로의 완전한 흡수는 불가능하다. 외부 마케팅의 존재의 열려 있음은 이 점을 분명히 인식하고 있다. 그래서 외부는 닫혀서 내부로 고착되지 않는다. 샘의 물이 마르지 않듯이 외부 마케팅의 아이디어는 고갈되지 않는다.

외부는 언제나 열려 있기 때문이고, 이것이 외부 마케팅이 내부 마케팅-론이 갖지 못한 싱글라리티이다. 독특점은 존재의 열려 있음의 외부에 있는 독특한 점이다. 내부 마케팅-론은 차별점을 갖지만 외부 마케팅은 싱글라리티를 갖는다. 차별점은 경쟁 브랜드와 강점과 약점을 비교해서 우위에 있는 장점을 말한다. 속성을 비교해서 상대적 우위에 있는 제품요소를 주 소구점으로 해서 마케팅을 전개하는 것이 내부 마케팅-론이다. 제품범주의 내부로 한정해서 차별점을 찾는다.

반면 외부 마케팅의 싱글라리티는 제품범주의 내부에서 차별점을 찾는 것이 아니라 외부로 열려 있음에서 찾는다. 컵의 차별점을 찾는 내부 마케팅-론은 재질이나 디자인 및 색상을 비교해서 찾는다. 그러나 싱글라리티는 컵과 외부와의 접속하는 지점에 있다. 따라서 컵이 물과 접속하면 식수-기계라는 싱글라리티를 갖고, 꽃과 접속하면 화분-기계라는 싱글라리티를 갖고, 아이와 접속하면 놀이-기계라는 싱글라리티를 갖는다. 바퀴의 차별점은 재질이나 강도 및 내구성이 된다. 그러나 싱글라리티는 바퀴와 놀이가 접속하면 놀이-기계라는 싱글라리티를 갖고, 항공기와 접속하면 운송-기계라는 싱글라리티를 갖고, 자전거와 접속하면 중국 노동자-기계라는 싱글라리티를 갖는다.

존재의 열려 있음은 상품과 접속하는 외부와 연결되면서 끊임없이 싱글라리티를 확장해 나간다. 그래서 외부 마케팅이 존재의 열려 있음을 표현 컨셉으로 갖는다고 하는 것이다. 외부 마케팅이 차별점을 소구점으로 하는 내부 마케팅-론과 구별되는 것은 바로 이 싱글라리티 때문이다.

싱글라리티는 소비자들로 하여금 상품 본질의 목표에서 빗나가며 브랜드 자체를 즐기는 과정을 목적으로 한다. 상품의 본질인 차별점을 소비자에게 소구하는 것을 목표로 하는 것이 내부 마케팅-론이라면, 외부 마케팅은 그러한 목표에서 빗나가며 외부로 열려 있는 싱글라리티를 즐기는 것 자체가 목적이다. 차별점이 내부 마케팅-론이 소비자를 가시적으로 내부에 포획하는 전략이라면, 싱글라리티는 외부 마케팅이 소비자에게 외부로 작용함으로써 자유롭다고 느끼게 하면서 내부에 포획하는 전략이다.

예를 들면 은행의 특혜로 성장한 대기업에 대해 차라리 은행을 세우지 그래라고 시장 자유주의를 냉소하는 주체가 내부 마케팅-론에 입지하는 지점이라면, 외부 마케팅은 그 냉소하는 주체가 자유주의를 비판한다는 점에서 자유주의의 외부에 있는 것 같지만 시장 자유주의의 내부에 복종함으로써만 이미 자유롭게 느낀다는 점에 주목한다. 그런 식으로 개인은 외부에 있는 것이 곧 내부에 있는 것임을 모르면서 자기 자신에 대한 상상적 이미지를 정립한다. 그래서 노동은 자유를 구속하는 내부인데 자유롭게 노동력을 파는 자유주의 외부에 내가 있다는 상상적 착각이 일어난다.

외부 마케팅은 이처럼 소비자가 외부에 있다고 느끼는 순간 이미 내부임을 기획하는 마케팅이다. 존재의 열려 있음은 소비자로 하여금 브랜드 외부에 있다고 느끼는 순간 브랜드 내부가 되는 마케팅이다. 따라서 외부 마케팅은 단순히 억압적인 외적 강제력일 뿐만 아니라 소비자의 속살까지 침투해서 자기 규정에 대한 이미지, 극히 사적인 자존감마저 내부로 규정한다.

위에서 얘기한 영화 〈매트릭스〉를 떠올리는 것만으로도 충분할 것이다. 가상계의 내부를 벗어나기 위해 빨간 약을 먹고 외부로 탈출한 줄 알았지만 그것은 내부였음을 말이다. 외부 마케팅은 상상적 착각을 불러일으키는 오인의 체계다.

하지만 여기서 중요한 것은, 소비자는 이미 외부 마케팅의 공모자라는 점이고, 이는 단순한 멍청함이나 '사악한 음모'에서 비롯된 것이 아닌 구조적 필연성의 결과인 것이다. 외부 마케팅이 제대로 작동하고 표현 컨셉을 통해 '의미'가 제대로 교환되기 위해서는 항상 소비자의 상상적인 착각이 수반되어야 하는 것은 이 때문이다. 따라서 외부 마케팅의 상징계는 소비자의 상상계와 공모관계가 핵심임을 이해할 수 있을 것이다. 외부 마케팅의 외부에 있어서 그로부터 자유로워 외부에 있다고 생각하는 순간, 이러한 외부에 있어서 자유롭다는 소비자의 상상이 작동함으로써 이미 외부 마케팅의 내부에 포획된다. 따라서 외부에 있음이 곧 내부에 포획된다는 것이 외부 마케팅의 핵심이다.

외부 마케팅은 존재의 열려 있음의 외부는 이미 외부 마케팅의 내부에 소비자가 포획된다는 외밀성의 논리에 기대고 있다. 외밀성은 외부 마케팅의 외부가 곧 외부 마케팅의 내부라는 것을 의미한다. 외부 마케팅의 외부에 있다고 자신을 냉소적 주체로 확인하는 순간 이미 외부 마케팅의 내부에 포획되는 것이기 때문이다. 이러한 외부가 곧 내부인 외밀성은 외부 마케팅의 외부로서 소비자의 상상계가 존재하는 것 같지만, 이미 외부 마케팅이라는 상징계 내부에 소비자의 상상계가 포획되는 것임을 알 수 있다.

이처럼 외부 마케팅이 내부에 있으면서 외부가 있다고 소비자를 상상하게끔 하는 전략임을 살펴보았다. 그러나 이러한 외부 마케팅은 예외상태의 내부화와는 구별해야 한다. 예외상태의 내부화도 외부를 내부로 포섭한다는 점에서는 외부 마케팅의 내부화와 같지만 다른 점은 내부로 강제하는 것이 보이게 외부를 내부화한다는 점이다. 따라서 예외상태의 내부화는 내부 마케팅-론의 내부화하는 외부라고 할 수 있다.

조르조 아감벤은 "호모 사케르"라는 로마 시대에 죽어도 책임을 묻지 않고 희생 제의에도 사용할 수 없는 집단에 속하는 사람을 내부에 포함되지 않은 외부라고 본다. 근대 국가의 주권권력은 이처럼 예외상태를 이용하여 지배권력을 유지한다는 것인데, 외부에 의해 법 내부 질서를 유지한다는 것이다. 법은 법이 금지한 것을 위반하는 법 외부가 발생할 때, 법이 사용하는 폭력에 대해 근거를 묻지 않음으로써 권위가 확보되는 것이다.

조르조 아감벤(1942–). 이탈리아 로마 태생의 철학자. 『호모 사케르』, 『아우슈비츠에서 남은 것』, 『예외상태』, 『군림과 영광』 등의 저서가 있다.

그런데 이러한 법의 권위는 원래부터 법이 갖고 있는 자연적인 본성이 아니라 법제정적 폭력에 의해서임을 알 수 있다. 이것이 법정립적 폭력이다. 법을 지키지 않으면 폭력을 행사해서 지키도록 강제한 것이 법정립적 폭력이다. 따라서 이것이 당연하게 받아들여져서 법의 위반이라는 외부에 대해 법이 사용하는 법보존적 폭력의 정당성이 확보되는 것이다.

근대 주권권력도 예외상태라는 외부를 통해 권력의 내부 질서를 유지해 왔다. 예를 들면 수용소에 감금하는 것은 수감자를 주권의 외부에 가둠으로써 내부를 유지하는 것이다. 이때 수용소에 감금하여 행하는 국가폭력 앞에서 수감자들의 생명은 벌거벗은 상태로 폭력의 처분에 내맡겨진다. 이렇게 해서 길들여지면 수용소에 나와서 국가 내부의 시민이 되는 것이다. 따라서 국가 내부 질서를 유지하기 위해서는 외부에서 국가폭력에 의해 신체에 가해진 벌거벗은 생명이 있기 때문이다. 이러한 벌거벗은 생명의 외부에 의해 국가 내부의 질서가 유지될 수 있었던 것이다. 이처럼 주권권력의 내부는 바깥인 외부의 예외상태에 의해서 확보되었다.

이러한 외부를 존재-론적 외부라고 한다. 이러한 존재-론적 외부는 내부 마케팅-론의 외부다. 이러한 외부는 내부에 있는 것조차 모르게 작동하는 외부 마케팅의 외부와는 전혀 다른 외부라고 할 수 있다. 따라서 외부 마케팅의 외부는 존재-론적 외부인 내부 마케팅-론과 구별하여 존재적 외부라고 한다. 따라서 우리는 이제 내부 마케팅-론과 외부 마케팅의 차이를 확실하게 할 수 있다. 내부 마케팅-론의 존재-론은 외부를 내부에 강제적으로 포섭함으로써 외부가 다 알게 내부로 포섭하는 것이라면, 외부 마케팅의 존재적은 내부에 포섭하는 것조차 모르게 외부를 내부에 포섭하는 것이라는 사실을 말이다. 따라서 기존의 내부 마케팅-론은 마케팅 목표라는 내부 그 자체 달성을 위해 모든 마케팅력을 집중해 왔다. 그러나 목표 내부에 소비자를 가두려는 모든 전략은 양궁의 화살이 과녁이란 목표를 언제나 빗겨나가듯이 실패하고 만다.

이것은 언어가 합리적인 의사소통으로 합의가 가능하다는 것이 얼마나 어려운가를 알려준다. 기획부서와 제작부서가 함께하는 미팅에서 완벽한 합의도출은 언제나 미루어진다. 그래도 합의에 의해 최종적인 시안(試案)이 도출되는 것은 마감시한이 정해져 있어서이다. 그래서 의견은 서둘러 마치 합의가 가능하기라도 한 것처럼 마감시한에 맞춰져 그 의미가 고정된다. 마감시간이 임박해서야 작업이 종료되는 것은 이 때문이다. 그래서 언제나 아쉬움이 남는다. 따라서 의미의 고정은 언제나 잠정적인 합의에 불과하다. 그래서 언제나 더 잘할 수 있었는데 하는 아쉬움이 남는다. 이것은 언어가 근본적으로 모두의 의사가 반영된 합의가 애초에 불가능한 지점을 겨냥하고 있기 때문이다.

따라서 소비자에게 완전하게 소통하고자 하는 목표는 언제나 불가능하다. 그러나 내부 마케팅-론은 커뮤니케이션 목표의 내부라는 이상적인 합의상황을 정한다. 이것은 고정관념으로 굳어져서 그래왔기에 지켜야 하는 것으로 받아들여진 믿음에 불과하다. 따라서 외부 마케팅은 언어가 완전한 의사소통이라는 합의에 도달하는 것이 항상 미끄러져 불가능하게 되는 그 지점에 주목한다. 따라서 외부 마케팅은 애초에 소비자에게 완전한 의사소통이 불가능함을 전제하고 커뮤니케이션 목표를 정한다. 내부 목표에서 빗나가서 합의에 도달하지 못하는 것은 목표의 내부를 빗나가며 외부에 포물선 자체를 즐기는 외부 때문에 완전한 합의라는 내부가 아니더라도 내부화가 가능한 것이다.

그런데 내부 마케팅-론은 이 외부를 애초에 배제한 내부에 기대고 있으므로 그 목표 자체가 무의미한 목표라고 할 수 있다. 그래서 자신이 쳐놓은 덫에 스스로 빠져 거기에서 헤어나지 못하는 악순환을 반복하는 것이다. 완전한 소비자와의 합의라는 자신이 쳐놓은 덫에 빠져 내부의 균열에 갇히게 되는 것이다. 이것은 소비자와의 완전한 합의 불가능이란 외부인 즐기는 것 자체에 의해 잠정적 합의가 커뮤니케이션 최종 목적임을 배제하기 때문이다. 이 완전한 합의 불가능이란 외부가 존재하므로 소비자를 브랜드의 내부에 포섭하는 것이 가능한 것이다.

유명 모델 캐스팅

눈의 차원이 내부 마케팅-론이라면 시선의 차원은 외부 마케팅이 입지한 지점이다. 내부 마케팅-론은 브랜드를 알리기 위해 표적 고객의 눈을 붙잡아 두는 것을 목표로 설정한다. 이때 눈을 붙잡아 두기 위해 유명 모델을 캐스팅한다. 호의적인 브랜드 이미지를 창출하기 위해 유명 모델의 후광을 이용하는 것이다. 그런데 이 경우 브랜드와 유명 모델과 표적 고객과의 이상적인 완전한 의사소통이 커뮤니케이션 목표가 된다.

위에서 살펴본 대로 완전한 의사소통은 불가능함을 살펴보았다. 내부 마케팅-론은 불가능한 외부를 애초에 배제함으로써 브랜드와 유명 모델과 소비자를 커뮤니케이션 목표 내부인 완전한 소통이 가능하다고 믿는 것인데, 그것은 애초에 불가능하다. 외부 마케팅은 완전한 소통은 아니더라도 잠정적인 합의라는 내부의 목표를 즐기는 그 자체인 외부에 의해서 지지됨으로써 가능하다고 본다. 눈은 완전한 일치의 내부를 목표로 브랜드와 유명 모델과 표적집단을 묶으려 하는 내부 마케팅-론의 차원이다.

SINGULARITY

응시와 베네통

반면 시선은 잠정적 일치의 외부로 브랜드와 소비자를 묶으려는 외부 마케팅이다. 시선은 타자의 응시를 즐기는 것이다. 관음증자의 응시에 노출된 여자가 그 응시를 즐기는 것이 시선이다. 소비자는 브랜드를 사용함으로써 타인의 응시 그 자체를 즐기려고 한다. 이 응시를 즐기는 시선이라는 외부에 의해 잠정적인 커뮤니케이션 목표 달성의 내부가 가능한 것이다.

타인의 응시를 즐기는 시선을 표현하기 위해서 유명 모델이 필요한 것은 아니다. 유명 모델에 응시가 집중된다고 해서 타인의 응시를 즐기는 시선이 일어나지 않기 때문이다. 광고를 보는 소비자가 광고 속의 모델이 사용하는 브랜드를 보면서는 응시 즐기기가 일어나지 않는다. 광

고 속에 타자의 응시가 표현되어야 응시를 즐기는 시선이 발생한다. 타자가 브랜드를 사용하는 모델을 응시할 때 그 응시를 즐기는 시선이 일어난다. 이때 모델이 사용하는 브랜드에서 응시를 즐기는 시선이 일어나서 광고를 보는 소비자는 브랜드 사용 충동을 느끼게 되는 것이다. 광고 속 브랜드를 사용하면서 타인의 응시를 즐기는 자신을 상상하게 된다. 따라서 광고에서 응시 즐기기가 발생하기 위해서는 타자의 응시를 즐기는 시선이 표현되어야 한다. 타자의 응시에 의해 즐기기라는 시선이 일어나는 것이므로 유명 모델이 광고에 반드시 필요한 필수요소는 아니라는 것이다.

위의 베네통 광고에서 응시 즐기기를 발견할 수 있다. 금기를 깨는 외설적인 장면을 보면서 소비자들은 타자의 응시를 즐기는 묘한 쾌감을 느끼게 된다. 그래서 베네통을 입은 자신의 모습에서 타자의 응시를 즐기고 있는 자신을 상상하게 되는 것이다. 타자의 응시를 표현할 때 반드시 모델을 등장시킬 필요는 없다. 카메라 앵글로 타자의 응시를 만들 수 있기 때문이다.

그런데 타자의 응시를 광고 속에 표현하지 않는 것이 의도적이라고 반론을 제기할 수 있다. 유명 모델과 브랜드의 매치에 이미 타자의 응시를 즐기는 소비자를 상상할 수 있다는 것인데, 이것은 소비자들이 브랜드에 대해 친절하다고 믿는 것인데 소비자들은 브랜드에 대해 냉혹했으면 냉혹했지 호의적이지 않다. 언어 자체에서 이미 합의가 불가능함은 이미 살펴보았다. 언제나 브랜드와 소비자 사이에는 잠정적인 합의만 가능하다는 것을 잊어서는 안 된다. 언제나 동거관계가 깨질 수 있다는 것만이 사실임을 명심해야 한다.

따라서 브랜드 마케팅의 컨셉은 브랜드와 소비자의 균열을 내부화하기 위한 효과이므로 그 내부화는 언제나 깨질 수 있다는 점이다. 이것은 위에서 살펴본 주인기표의 작동이 기실 합의 불가능의 가림막 효과에 불과하다는 것을 반복하고 있음을 눈치 챌 수 있을 것이다.

이로부터 우리는 광고 한 방으로 대표 브랜드의 아성을 날려버릴 수 있는 가능성은 언제나 열려 있음을 알 수 있다. 그러나 그 한 방의 광고가 어떤 광고인가가 하는 것이 문제다. 우리는 지금 그 한 방의 브랜드 마케팅 전략을 위해 빨간 약을 찾고 있는 중이다.

회상과 재인

기존의 브랜드 평가요소인 회상(recall)과 재인(recognition)이란 커뮤니케이션 목표 달성이 브랜드와 소비자를 평가하는 절대적 평가요소인지에 대해서도 의문을 가질 필요가 있다.

사용하던 제품을 소비하고 재구매할 시점에서 제품범주 욕구가 생겼을 때 제일 먼저 머릿속에 떠올린 제품이 구매로 이어진다는 것이 비보조 인지율인 회상이다. 보조 인지율이란 제품범주 욕구상황이 발생했을 때 머릿속에 떠오르지 않고 매장에 가서 제품을 보고서야 기억이 떠오르는 재인을 말한다.

그런데 회상에 의해서 떠오르는 브랜드이건 재인에 의한 브랜드이건 떠오른다고 해서 구매와 연결되는지는 의문이다. 제품 사용 중에 이런저런 사용 기억이 있어서 나쁜 기억으로 회상되는 브랜드는 재구매되지 않을 소지가 다분하기 때문이다. 이는 브랜드가 이런저런 사용상황에서 소비자의 응시 즐기기에 지속적으로 노출된다는 것을 의미한다. 사용 세제가 면접상황과 연결될 때 흙탕물이 튀어 옷에 얼룩이 생겨 면접관에게 청결한 인상을 주지 못했을 때, 세제는 세제 자체의 문제가 아니었지만 사용 상황에서 고객의 응시 즐기기를 방해했다면 재구매시 이런 사용 기억이 떠올라 탈락될 수 있기 때문이다. 사용 치약이 치통상황과 연결될 때 치약의 영향이 직접적인 것은 아니더라도 소비자의 응시 즐기기에 사용 브랜드가 사용 상황이 나쁘게 작용하여 재구매에서 탈락할 수 있는 개연성은 언제나 열려 있기 때문이다.

따라서 사용 상황에서 브랜드가 소비자의 응시 즐기기를 만족했는가라는 평가요소가 정확하게 커뮤니케이션 효과를 측정하는 지표로 작용할 수 있다는 점이다. 이것은 언어와 불가분리하게 결합된 커뮤니케이션이 소비자와의 완전한 합의가 불가능하다는 점을 생각하면 회상과 재인보다 한층 설득력 있는 평가요소임을 알 수 있을 것이다. 그러므로 브랜드와 소비자 모두에게 타자의 응시 즐기기는 반드시 확보되어야 할 가치라고 할 수 있다. 브랜드에는 소비자의 사용 상황에서 소비자의 응시 즐기기가 일어나야 재구매로 이어질 수 있기 때문이고, 소비자에게는 자신이 브랜드를 사용하면서 타자의 응시 즐기기가 상상되었을 때 브랜드 사용으로부터 만족을 얻을 수 있기 때문이다.

그러므로 타자의 응시 즐기기는 저관여 제품과 고관여 제품, 합리적 제품 군이건 감성적 제품 군이건 모든 제품 군에 적용된다고 할 수 있다. 응시 즐기기 브랜드 마케팅에서는 이러한 제품 군의 구별이 불필요해진다. 어떤 제품이든 타자의 응시 즐기기로부터 자유로울 수 없기 때문이다. 타자의 응시 즐기기라는 응시가 일어나지 않는 제품은 초기 구매가 재구매로 이어지지 않는다는 점을 명심해야 한다. 이것이 우리가 발견하려던 빨간 약이다.

SINGULARITY

과시(誇示)와 응시(凝視)는 다르다

그런데 과시(誇示)가 응시(凝視)지 차이가 뭐 있느냐고 반문할지 모르겠다. 그러나 과시는 자신을 드러내놓고 자랑한다는 점에서 타자의 응시를 은밀히 즐기기와는 다른 개념이다. 과시에는 응시 즐기기가 결여되어 있다. 과시는 타자의 응시가 중심이 아니고 자기의 눈이 중심이라는 점에서 다르다고 할 수 있다. 따라서 베블렌이 말하는 과시적 소비와 우리가 말하는 응시 즐기기 소비는 구분되어야 한다. 응시 즐기기에서 타자의 은밀한 응시를 즐기는 것은 이상적인 브랜드와 소비자와의 합일 상태를 상상하는 것이기 때문이다.

베네통 광고에서의 백의 내부와 흑의 외부의 합일은 언제나 현실에서 빗겨나간다. 베네통 광고에서 이러한 이상적인 합의라는 상상적 상황이 베네통과 소비자의 관계로 이어지기를 상상한다는 점에서 타자의 응시를 은밀히 즐기기가 작동한다고 할 수 있다. 따라서 타자의 은밀한 응시를 즐긴다는 의미는 브랜드와 소비자를 낯설게 하는 소외를 의미하는 과시가 아니라 브랜드와 소비자를 일체화하는 것임을 놓쳐서는 안 될 것이다.

이처럼 응시는 브랜드의 내부와 외부를 구분하여 외부를 내부로부터 소외시키는 과시가 아니라, 브랜드 내부와 외부를 일체화시키는 경계 허물기이다. 타자의 은밀한 응시를 즐기는 것에서 타자는 브랜드에서 소외된 외부가 아니라 브랜드 내부에 포함된 타자다. 그 타자는 이미 브랜드 소비자의 내부로서 외부인 내가 그 타자의 응시에 브랜드를 사용함으로써 나도 그 내부에 포함되어 타자의 응시 대상이 된 동일집단에 속해 있는 것이다. 여기서 브랜드의 외부는 존재하지 않는다. 모두 내부에 포함된다.

과시는 브랜드의 외부를 내부에 소외시키는 것과는 전혀 다른 브랜드 마케팅 전략이다. 브랜드를 선망의 숭고한 대상으로 만드는 명품 브랜드 마케팅과 응시 마케팅은 전혀 관계가 없다. 오히려 응시 브랜드 마케팅은 명품 브랜드 마케팅을 포함한다. 외부 마케팅에서 타자의 은밀한 응시를 즐긴다는 응시에서 타자는 이미 브랜드 소비자이다. 따라서 브랜드 출시 전략과 성장기 및 성숙기 전략에도 응시 마케팅은 유효하다. 출시기에 타자 또한 브랜드를 구매한 브랜드 사용자이고, 성숙기에도 타자는 사용자이며, 나는 타자보다 더 늦게 구매했고 이미 사용하고 있는 타자의 은밀한 응시를 즐기는 사용자이기 때문이다. 이것이 우리가 찾고자 했던 빨간 약이다.

여기서 요점은 타자는 광고 속 모델을 선망해 광고 브랜드를 구매하기 위해 뛰쳐나가는 미사용자가 아니라는 점이다. 달려가는 것은 광고 바깥의 광고를 보고 있는 소비자란 점이다. 흔히 광고 모델과 나를 동일시하기 쉽다. 그래서 광고 모델이 사용하는 브랜드를 사용하는 내가 선망의 대상이 되어 타자의 은밀한 응시를 즐기는 것으로 해석하기 쉽다. 그러나 이 경우 타자는 화면 바깥에 있는 타자이지 화면 속에 있는 타자가 아니다. 카메라 앵글로 포착되지 않은 소비자인 우리가 타자이지 광고 속의 메인 모델을 부러움으로 응시하는 타자를 말하는 것이 아니다.

SINGULARITY

〈바르샤바에 있는 레닌〉

프로이트는 타자를 대리표상으로 개념화했는데, 꿈은 현실을 그대로 나타내지 않고 현실과 다른 타자로 나타난다는 것이다. 대리표상은 '싫다'는 뜻이 자기가 싫어하는 동물인 뱀이라는 다른 것(타자)으로 나타나거나 '소원감'이 멀리 떨어져 앉아야 하는 커다란 테이블(타자)로 나타나거나 하는 것 등을 예로 들 수 있다.

모스크바에서 열린 한 미술 전시회에 레닌의 부인인 나데츠다 프룹스카야가 청년 단원과 침대에 함께 있는 〈바르샤바에 있는 레닌〉이라는 그림이 전시되었다. 그런데 그림 관람객이 제목에 있는 레닌이 그림에 표상되지 않아서 레닌이 어디 있느냐고 안내원에게 물었다고 한다. 그때 안내원은 바르샤바에 있다고 대답했다고 한다. 이때 관람객은 레

지그문트 프로이트(1856–1939). 체코 태생의 유대계 정신분석학자. 쾌락원칙에서 죽음충동으로 전회한 것은 분석 후에도 억압된 것이 회귀하는 반복강박 때문이었다. 불쾌한 억압된 무의식을 반복하는 자아 내부의 자아보다 더한 자아인 전개체적인 충동의 발견은 현대 철학에 많은 영감을 주었다. 『히스테리 연구』, 『꿈의 해석』, 『성욕에 관한 세 편의 에세이』, 『농담과 무의식의 관계』, 『토템과 터부』, 『정신분석 강의』, 『쾌락원리의 저편』, 『문명 속의 불만/문화에서의 불안』, 『새로운 정신분석 강의』, 『정신분석학 개요』 등의 저서를 남겼다.

닌이라는 낱말(기표)은 그림의 내용을 지시하므로 레닌이 표상되지 않은 그림의 제목을 왜 레닌으로 했는지 이해할 수 없었다.

이러한 오해가 발생한 이유는 레닌이 모스크바에 있지 않아서 부인이 외도할 수 있다는 것을 관람객이 그림으로부터 끌어내지 못했기 때문이다. 레닌이 그림 바깥에 있어야 그림 속의 부인이 청년단원과 외도하는 것으로 그림이 이해된다. 그러나 관람객은 그림에서 레닌을 찾았지만 없어서 의아해서 안내원에게 물었던 것이다.

이러한 오해는 언제든지 발생할 수 있음을 기획부서와 제작부서 간 회의의 예를 통해 살펴보았다. 관람객에게 미스 커뮤니케이션인 오해가 발생한 것은 표제인 〈바르샤바에 있는 레닌〉과 그림 표상인 부인과 청년당원 사이의 관계가 일치하지 않았기 때문이다. 관람객이 표제를 이해하지 못했던 것은 표제에 레닌이 없으면 그림 속 부인이 레닌 부인인지 알 수 없다는 점이다.

그림 제목에 레닌을 붙임으로써 레닌이란 타자가 그림 속으로 깊숙이 침투해 들어감으로써 예사롭지 않은 내용이 된다. 타자로 인해 꿈 작업이란 상상이 일어나듯이 마찬가지로 레닌이란 타자가 그림 속으로 깊숙하게 침투해 들어감으로써 그림 속의 레닌 부인과 공산청년동맹 단원 사이에 모종의 섹스 스캔들이 일어났음을 상상하게 된다. 이것을 관람객은 표제에서 끌어내지 못했던 것이다.

여기서 레닌이란 주인기표—마케팅에서는 브랜드 컨셉—와 그림의 내용인 부인과 청년 단원과 대응하지 않음을 알 수 있다. 이로부터 표제인 언어(상징계)의 주인기표의 곤궁성을 확인할 수 있는데, 이는 곧 완벽한 의사소통이란 애초에 불가능하다는 점이다. 이와 같은 의사소통의 불가능성을 간파했던 철학자가 칸트다.

> 인간의 이성은 자신이 하는 어떤 종류의 인식에 대해서는 특수한 운명을 지니고 있다. 즉 인간의 이성은 자신이 거부할 수도 없고 그렇다고 해서 대답할 수도 없는 문제로 괴로워할 운명이다. 거부할 수 없음은 문제가 이성 자체의 본성에 의해서 이성에 부여되어 있기 때문이요, 대답할 수 없음은 그 문제가 인간 이성의 모든 능력 바깥에 있기 때문이다.(칸트, 『순수이성비판』, 「1판 서문」.) 이로 인해 이성은 궤변에 빠지게 된다. 가령 물질은 무한히 분할될 수 있다는 명제와 무한히 분할될 수 없다는 명제가 동시에 성립된다. 시간은 시작을, 공간은 끝을 가진다는 명제와 그렇지 않다는 명제, 모든 것은 인과법칙에 따른다는 명제와 거기서 벗어난 자유로운 존재(신!)가 있다는 명제, 세계의 원인인 필연적 존재가 있다는 명제와 그런 존재가 없다는 명제 역시 그렇다. 이처럼 상반되는 명제가 동시에 성립되는 것을 '이율배반'이라고 부른다.(『외부, 사유의 정치학』, 이진경 지음, 그린비, 2009, 46-47쪽.)

그렇다면 〈바르샤바로 간 레닌〉에서 관람객처럼 커뮤니케이션이 언제나 오해의 가능성에 열려 있다면 합의라는 내부는 불가능하고 언제나 의견충돌의 외부만이 존재하는가? 기획부서와 제작부서 간의 의견이 조율되어 하나로 모아지는 것은 마감시한이 정해져 있어서라고 했다. 따라서 의견충돌의 외부는 하나의 의견이라는 내부로 모아진다. 이러한 외부가 내부화됨으로써 그럭저럭 사회는 굴러가는 것이다.

이 점을 〈바르샤바에 있는 레닌〉을 통해 살펴보자. 〈바르샤바에 있는 레닌〉의 그림에서 레닌은 위에서 살펴본 성차공식의 남성 공식에 해당하고 그림 속 부인은 여성 공식에 해당한다. 따라서 주인기표인 남성 공식의 레닌이란 내부는 여성 공식인 부인의 외부에 의해 열려 있음을 알 수 있다. 그런데 주인기표는 그림의 바깥에 스스로 부인의 대상이 됨으로써 내부의 결속을 유지한다.

이때 타자의 은밀한 응시 즐기기가 발생한다. 이 응시는 부인이 타자인 레닌이 그림 밖에서 자신들을 엿보고 있는 것을 부인이 목격하는 순간 일어난다. 부인은 모른체 하며 그 상황을 즐기는 것이다. 그런데 이때 레닌이란 주인기표는 스스로 주체인 부인의 즐거움을 위한 대상이 됨으로써 외부인 부인을 내부로 포획하는 것이다.

따라서 부인 자신이 레닌의 응시를 즐기는 외부가 발생하는 순간 이미 레닌이란 주인기표 내부에 포획된다는 점이다. 브랜드 컨셉과 표현 컨셉의 내부에 소비자를 위치시키기 위해서는 타자의 은밀한 응시 즐기기의 외부가 작동해야 함을 알 수 있다. 응시는 브랜드 컨셉의 외부라고 하는 순간 이미 내부이기 때문이다. 즉 브랜드 내부에 포획되는 것은 소비자가 자신을 은밀히 지켜보는 응시가 있음을 느끼고 그것을 즐길 때 발생한다. 이때 소비자가 자신을 지켜보는 타자의 응시에 들키면 즐기기는 사라진다.

응시 즐기기는 소비자에게 공주병이 일어나는 순간 발생한다. 그때 브랜드 내부에 포획되는 도착증 소비자가 된다. 소비자가 브랜드가 타자이며 그 타자가 자신을 지켜보는 것을 은밀하게 즐기는 주체라고 느끼는 순간에 바로 브랜드 내부로의 포획이란 마술 같은 환상이 일어난다. 이러한 환상을 가능케 하는 것이 응시다. 이 응시에 의해 도착적 소비자가 된다.

그러나 이러한 응시는 언제나 일어나지 않는다. 스스로 외부라고 느끼면서 내부인 응시가 이상적인 완전한 의사소통인데, 이 브랜드와 소비자라는 이자(二者) 사이에 언제나 삼자인 전체 시장을 지배하는 주인기표가 끼어들기 때문이다.

이때 주인기표는 MP3 경쟁 대상은 루이뷔통이라는 말에서 알 수 있듯이 동일 제품범주의 경쟁 브랜드만이 아니라 전체 브랜드가 경쟁하는 자유시장이다. 국내와 국외 모두를 망라한 전체 시장을 지배하는 브랜드가 주인기표가 된다.

이로부터 응시라는 이자적 환상에 의한 브랜드와 소비자 사이의 완전한 지속적 관계는 애초에 불가능함을 알 수 있다. 언제나 불완전함이 응시에 의해 꿰매지면서 의미로 고정됨을 〈바르샤바로 간 레닌〉에서 확인할 수 있다. 이와 마찬가지로 상상이 일어나 소비자를 브랜드 매장으로 달려나가게 하려면 타자의 은밀한 응시 즐기기가 이루어져야 한다. 이 응시야말로 브랜드와 합일하여 구매가 일어나는 도착적 소비자를 만드는 원동력인 셈이다.

따라서 브랜드와 소비자와 응시의 관계가 어긋나면 도착적 소비는 일어나지 않는다. 대신에 신경적 소비와 강박적 소비상황이 발생한다. 그동안 내부 마케팅이 브랜드와 소비자의 이자관계에서 배제한 타자의 은밀한 응시 즐기기를 브랜드 마케팅에 포함해야 브랜드 마케팅이 일이관지하게 꿰어질 수 있다.

앞에서 우리는 레닌이란 주인기표가 부인이란 주체의 즐기는 대상이 됨으로써 부인이 레닌이란 주인기표 내부에 스스로 포획되는 것을 보았다. 이렇게 주인기표인 레닌이 스스로를 외부에 위치시킴으로써 부인을 주인기표 내부에 스스로 포획되는 것을 시차(視差)라고 한다. 내부에 포획되는 줄도 모르게 외부가 작동하는 것은 내부인 외부의 겹침인 착시라고 할 수 있다. 내부와 외부가 겹쳐져서 내부와 외부가 두 겹으로 상이 겹쳐 보이는 것이 시차다. 눈꺼풀을 잡아당겨 사물을 보면 여러 겹으로 보인다. 이렇게 내부에 있는 것을 외부라고 착각하는 것이라는 의미에서 여러 상의 겹침의 착시에서 오는 차이란 점에서 시차라고 할 수 있다.

왼쪽 그림은 어떻게 보는가에 따라서 오리로 볼 수도 있고 토끼로 볼 수도 있다. 오른쪽 그림도 어떻게 보는가에 따라 할머니로 볼 수도 있고 소녀로 볼 수도 있다는 점에서 시차의 예라고 할 수 있다.

이 시차에 의해 레닌 부인이 자신을 스스로 레닌의 외부에 있다고 하면서 레닌의 내부에 포획되는 것과 같이 소비자가 자신을 스스로 브랜드의 외부에 있다고 하면서 브랜드의 내부에 포획되는 것이다. 이러한 시차에 의해 도착적 소비자가 된다. 이 시차에 실패할 때 브랜드와 소비자 사이에 분리가 발생하여 신경증 소비자와 강박증 소비자, 그리고 히스테리 소비자가 된다.

본질은 외양의 외양

이를 브랜드 마케팅에 적용하면, 브랜드 마케팅이란 브랜드가 소비자에게 즐기는 대상이 됨으로써 소비자를 스스로 브랜드 내부에 포획하는 것이라고 할 수 있다. 이를 통해 알 수 있듯이 소비자는 브랜드 사용과정 그 자체를 즐기면서 브랜드 내부에 포획되는 것이다. 따라서 소비자는 브랜드의 사용과정 자체를 즐긴다는 점에서 브랜드를 깨어 있는 생명처럼 대한다. 헤겔은 '본질은 외양의 외양이다'라고 했는데, 이를 상품에 적용하면 상품의 본질은 외양의 외양임을 알 수 있다. 상품은 브랜드라는 기호가 본질이고 또 기호는 그 자체가 외양의 외양이 된다.

그래서 브랜드 이름이란 기호인 외양이 원본 자체 없이 가치를 갖게 된다. 디자인이란 외양 자체가 구매를 결정하는 가장 중요한 요인인 점에서도 이를 확인할 수 있다. 요즘 소비자들은 브랜드와 디자인이라는 외양을 소비한다. 따라서 브랜드와 디자인인 외양이 물리적 상품의 내용보다 중시된다. 소비자 인터페이스는 디자인을 최우선 요소로 고려한다. "보는 것이 믿는 것이다(To see is to believe)." 겉모습이 좋은 것이 진리라는 것인데, 이를 통해 시각을 얼마나 중시하는지 알 수 있다. 또한 시각을 즐겁게 해주는 대상에게 눈길이 간다는 것인데, 보기 좋은 떡이 먹기도 좋다는 우리 속담도 외양의 중요성을 말하고 있다.

오르테가 이 가세트(Jose Ortega y Gasset, 1883-1955). 스페인 태생의 철학자. 『척추 없는 스페인』, 『예술의 비인간화』, 『대중의 반역』 등의 저서가 있다.

> 그러나 세계의 시공간적 확장은 그 자체로는 아무 의미가 없다. 물리적 시간과 공간은 그야말로 어리석은 것들이다. 그래서 일시적인 것이긴 하지만 속도를 숭배하는 현대인들이 생각보다 더 정당한 것처럼 보인다. 시간과 공간에 의해 결정되는 속도가 시간과 공간보다 덜 어리석은 것은 아니다. 하지만 속도는 그것을 무화시키는 기능을 갖고 있다. 하나의 어리석음은 또 다른 어리석음과 함께할 때 비로소 극복되는 법이다. 아무 의미도 없는 이 우주적인 시간과 공간을 정복하는 일이 인간에게는 명예가 걸린 문제였다.(인간의 생명이 유한하고 반드시 죽기 때문에 시간과 거리를 정복하는 일이 필요하다. 불멸의 존재인 신에게는

자동차가 별 의미가 없을 것이다.) 그러니 단순한 속도가 시간의 목을 베고 공간을 죽이는 것이 우리에게 어린아이 같은 희열을 가져다 준다고 해서 놀랄 이유는 전혀 없다. 우리는 시간과 공간을 무화시킴으로써 오히려 시간과 공간에 활력을 불어넣어 생활에 유용하도록 만들 수 있다. 또한 우리는 예전보다 더 많은 장소에 존재할 수 있고, 보다 빈번한 왕래를 즐길 수 있으며, 더 적은 삶의 시간에 더 많은 우주의 시간을 소비할 수 있다. (『대중의 반역』, 오르테가 이 가세트 지음, 황보영조 옮김, 역사비평사, 2005, 54-55쪽.)

SINGULARITY

스타벅스는 커피숍을 커피 마시는 곳에서 문화를 마시는 곳으로 재정의했다.
제품이 아닌 문화를 재단장하면서 사람들은 비싼 가격에 늦은 서비스도 참고
어려운 주문표에도 짜증을 내지 않는다.
에비앙은 흔해빠진 물도 고급스럽다고 재정의했다.
에비앙은 물병을 갖고 다니는
풍속을 만들었다. 닌텐도는 게임을 부모 몰래 하는 게 아니라
부모와 함께하는 것으로 재정의했다.
게임기를 당당히 거실로 나오게 만들었다.

사과 주스는 사과라는 자연의 존재인 원본을 가공해서 만든 존재품이다. 그런데 인터넷의 상품은 인간의 상상력과 생각으로 창조된 자연적 존재인 원본이 없다는 점에서 사유품이다. 사과 주스는 사과가 없으면 생산하여 판매할 수 없지만, 인터넷은 사과 없이도 문자나 이미지로 만든 가상의 사과인 이모티콘을 소비한다.

PART 04

존재품에서 사유품으로

존재품과 사유품

맥킨토시라는 디지털 기계가 도입되기 이전에는 광고 시안을 직접 손으로 그렸다. 손과 붓 그리고 종이는 실제 존재하는 사물이다. 우리는 이러한 사물이 중심으로 작동하는 방식을 일컬어 아날로그라고 한다. 사물 중심의 아날로그에서 상상력은 존재의 전 영역을 풍요롭게 넘나들면서 표현했다.

그런데 맥킨토시라는 디지털 표현 도구가 들어오면서 손이나 붓 대신에 마우스가, 종이를 모니터가 대체했다. 이것은 사물 존재의 자연적 상상력이 디지털이란 인공적이고 조작적인 상상력으로 대체된 것을 의미한다. 그렇다면 이는 자연적 상상력의 풍요를 조작적인 상상력으로 제한할 수 있다는 것이고, 조작적 상상력으로 표현 가능한 것으로만 상상력이 제한된다는 의미다.

광고분야에서 손–붓–종이로부터 손–마우스–모니터로의 이동은 자본주의가 노동사회에서 소비사회로 전환되었음을 의미한다. 노동은 자연적인 존재의 사태이고, 소비는 인위적이고 조작적인 사유의 사태다. 직접 그린 광고 시안은 시간을 들여 그리고 이미지를 직접 찾는 노동이 개입되어 완성한 단 하나의 작품이다.

그러나 디지털 시안(試案)은 컴퓨터에 저장된 이미지를 소비하고 그것을 무한히 재생산할 수 있는 복제품이다. 따라서 플라톤의 이데아가 표현을 제약한다는 이유로 사라진 시대라고 말하는 측은 다름 아닌 인위적이고 조작적인 시뮬라크르를 생산하는 측이고, 그것은 그들의 입맛에 이데아가 맞지 않아서다.

왜냐하면 플라톤의 이데아를 구현하기 위해서는 필연적으로 노동이 개입되어야 하고, 많은 시간을 필요로 하기 때문이다. 이러한 노동이 개입된 재현방법을 유사성(類似性)이라고 한다. 왜냐하면 자연적 존재를 최대한 유사하게 재현하기 위해 상상한 이미지를 손으로 직접 그려 표현해야 하기 때문이다. 달리 말해 유사성에서 자연적 존재가 원본에 해당하고, 이러한 원본을 모방하는 것을 의미한다. 따라서 유사성은 상상력과 노동이 결합된 아날로그 환경의 제작방식이다.

반면에 이미 제작된 인위적이고 조작적인 이미지 표현물을 소비하는 표현방식을 상사성(相似性)이라 한다. 이미 제작된 이미지들은 그 출처가 불분명한, 달리 말해 원본이 존재하지 않는 방식에 의해 표현되었을 것이고, 그것을 컴퓨터에 내장해서 끌어다 소비하는 방식이기 때문이다. 상사성은 먼저 상상하고 그 이후에 이미지를 표현하는 유사성이 아니라, 원본이 존재하지 않는 컴퓨터에 내장된 이미지 목록을 열람한다. 저장된 이미지들은 누구나 소비할 수 있고, 소비된 것은 변형되어 재생산된다. 변형되어 복제된 이미지는 다시 컴퓨터에 내장된다. 내장된 이미지는 다시 소비되고 변형되면서 재생산된다. 이러한 재생산과정은 무한히 반복된다. 이 반복이 소비이고 우리가 업그레이드라고 하는 것이다. 그 저장된 이미지에 따라 상상력을 꿰어맞춘다.

그래서 조작된 이미지의 컴퓨터에 내장된 복제품의 일방향으로만 상상화된다. 이 일방향의 상상력의 사태는 인간의 폭넓은 상상력을 제한한다. 우리는 이미 그 우려 사태의 정점인 후산업 소비사회에 살고 있으며, 노동이라는 말보다는 소비라는 말에 더 익숙해져 있다.

자연적 존재의 원본을 대조하는 유사성의 조건에서 생산된 상품은 존재품(存在品)이라 명명할 수 있다. 예를 들어 oo 사과 주스는 사과라는 자연적 존재의 원본이 존재한다. 따라서 oo 사과 주스는 존재품에 해당한다. 반면에 자연적 존재의 원본과 대조가 불가능한 상품은 사유품(思惟品)이라고 칭할 수 있다. 예를 들어 oo 컴퓨터는 자연적 존재의 원본을 확인할 수 없다. 금속 합성 재질이 oo 컴퓨터의 원본이 아니기 때문이다. 후산업 소비사회에서는 존재품이 사유품화되어 간다. 알코올 없는 맥주는 알코올이란 자연적 존재의 원본이 없다는 점에서 그렇다. 카페인 없는 커피 또한 카페인이란 자연적 존재의 원본이 존재하지 않는다.

네트크래트와 컨슘타리아트

알렉산더 바드와 잔소더비스트는 『네트사회』에서 후산업 소비사회에서는 자본가와 프롤레타리아트의 계급적대에서 '네트크래트(정보 독점 엘리트)'와 '컨슘타리아트(소비계급)'의 계급적대로 대체되었다고 주장한다.

예를 들면 네트크래트는 컴퓨터에 내장된 복제된 이미지, 즉 정보를 소유한 엘리트를 말한다. 네이버의 NHN—다음의 다음커뮤니케이션—이글루와 네이트의 SK 커뮤니케이션즈와 같은 인터넷 포털 사이트를 말한다. 쇼(SHOW)와 생각대로 티(T)와 같은 무선 모바일 서비스 제공자도 네트크래트에 속한다. TV와 신문이 산업자본주의 시대의 주류 정보매체였다면 후산업 소비사회의 현대는 인터넷 기반의 정보 크래트가 중심 정보 매체로 자리 잡은 시대라고 할 수 있다.

온라인 정보 크래트가 제공하는 정보 서비스 분야는 다음과 같다: 오픈마켓(유통), 미니홈피, 마이크로블로그, 통합검색(뉴스캐스트), 동영상 서비스, 웹 보안 서비스, 금융 서비스, 파일 업로드, 모바일 인터넷(스마트 폰), 파워블로그(카페). 파워블로그의 성장으로 인해 그동안 비상업적 성격이 짙던 블로그가 광고 마케팅의 수단이 되었다는 점이 주목할 만하다. 파워블로그는 인터넷 포털의 정보 크래트의 정보를 소비하는 소비자에서 소비자에게 정보를 제공하는 정보 크래트로 자리바꿈한다는 점에서, 본래의 정보 크래트인 인터넷 포털에서 파생된 2차 정보 크래트로써 인터넷이 진화하는 현상을 보여주는 사례라고 할 수 있다. 파워블로그의 수익 모델은 포털이 유치한 문자 검색 광고를 클릭한 횟수에 따라 포털과 분배하는 방식이다. 그러나 검색 횟수를 늘리기 위해 경쟁업체나 블로거 자신이 광고를 클릭하는 부정 사례가 늘어남에 따라 문맥광고 자체에 대한 광고주의 불신도 이와 비례해서 증가하고 있다. 광고 효과가 없으면 광고주가 블로그 문맥 광고에 광고 집행을 꺼려할 것이다.

오픈마켓(유통)은 이베이의 옥션과 G마켓, 11번가가 3강을 유지한다. 미니홈피의 대명사인 싸이월드는 메인페이지가 네이트로 통합되었다. 마이크로블로그는 미투데이와 트위터가 대표적이다. 통합검색의 순위는 네이버, 다음, 네이트, 야후 순이다. 모바일 인터넷은 무선 인터넷 환경인 풀 브라우징 인터넷(WEB)에서는 네이버〉네이트〉다음이고 WAP(Wireless Application Protocol)에서는 네이트〉네이버〉다음 순으로 나타났다.

소비계급('컨슘타리아트')은 그 정보를 소비하는 이용자들이다. 그러나

알렉산더 바드와 잔소더비스트에서 더 나아가야 한다. 컨슈타리아트는 소비할 뿐만 아니라, 그 소비가 네트크래트의 정보 독점을 유지하는 재생산의 창구 역할을 담당한다. 즉 컨슈타리아트는 네트크래트가 조작한 정보를 소비할 뿐만 아니라, 그들이 정보 독점을 할 수 있도록 확대 재생산의 창구로 이용된다. 이는 컨슈타리아트가 정보를 소비하면서 재생산한다는 것을 뜻한다.

카페인 없는 커피와 광고

앞에서 살펴보았듯이 노동의 시대에는 자연적 존재의 원본을 모방한 존재품(存在品)이 주류였다면, 후산업 소비사회에서 소비자는 기호(記號)라는 사유품(思惟品)을 소비한다. 사유품으로서 상품 자체인 기호(記號)의 소비가 후산업 소비사회의 특징이다. 이러한 기호의 소비라는 후산업 소비사회의 특징은 앞에서 살펴본 광고의 변화가 잘 보여준다.

아날로그 광고 제작 환경에서 상품은 자연적 존재의 모방인 존재품(存在品)이었던 데 반해 저장된 이미지를 복제하여 사용하는 디지털 제작 환경에서 상품은 추상적인 사유품(思惟品), 즉 기호의 소비품(消費品)에 다름 아니기 때문이다. 카페인 없는 커피, 무설탕 저칼로리 음료, 저지방 우유, 화학 조미료와 색조 없는 식품 등이 등장한 것은 우연이 아니다.

왜냐하면 이러한 상품들은 소비자의 기호(嗜好)에 맞추기 위해 상품에 반드시 있어야 그 상품으로 존재하는 필수요소 없는 기호품(記號品), 달리 말해 사유품(思惟品)이기 때문이다.

인터넷 가상공간의 상호작용이 현실세계가 되고 현실세계의 상호작용이 가상세계가 되는 것이 진실로 두려운 것이라고 진단하는 슬라보예 지젝처럼 인터넷은 판타지와 환상 그리고 기호로 구성되는 사유품의 세계다. 사과 주스는 사과라는 자연의 존재인 원본을 가공해서 만든 존재품이다. 그런데 인터넷의 상품은 인간의 상상력과 생각으로 창조된 자연적 존재인 원본이 없다는 점에서 사유품이다. 사과라는 존재로부터 만들어진 상품이 아니라 생각과 상상력의 표현 자체가 상품이다. 사과 주스는 사과가 없으면 생산하여 판매할 수 없지만 인터넷은 사과 없이도 문자나 이미지로 만든 가상의 사과인 이모티콘을 소비한다. 공장에서 일하는 노동자는 철을 재료로 해서 생산된 스텐 주전자를 소비한다. 반면 인터넷에서 일하는 정보 크래트는 철을 생전 만져보지도 않고 철강·금융주식 정보를 생산하고, 이렇게 생산된 금융상품을 주식거래자는 소비한다.

그렇다면 여기에서 존재품과 사유품의 런칭 시점의 광고와 그 이후의 광고방법에 대해 살펴보자. 런칭 브랜드 인지도를 높이기 위해 다양한 광고기법이 활용된다. 예를 들어 티저 광고는 런칭 브랜드의 인지도를 신비주의를 활용하여 극대화하는 기법이다. 소비자로 하여금 브랜드에 대해 점증하는 호기심을 유발하기 위해 광고를 시리즈로 제작한다. 강점도 있지만 약점도 만만찮다. 왜냐하면 전편을 보지 않으면 후편의 효과가 높지 않을 뿐만 아니라 광고의 홍수 속에, 소비자의 무관심

퍼스(Charles Sanders Peirce, 1839~1914). 미국 태생의 기호학의 창시자. 기호를 대상체, 표상체, 해석체 3요소로 파악했으며, 그 가운데 해석체(Interpretant)가 기호와 기호를 중재하면서 무한한 연상작용을 가능케 한다고 했다. 기호를 아이콘, 인덱스, 심벌로 구분했다.

에 묻힐 수 있기 때문이다.

그렇다면 어떤 방법이 있을까? 컴컴한 장소에 들어간다고 상상해 보자. 앞에 무엇이 나타날까 두려워하며 조심조심 발걸음을 옮기는데 희미한 인기척 소리에 놀라 "누가 있습니까?"라고 묻는다. 이때 상대방의 겁먹은 목소리가 들려온다. '여기 아무도 없어요….' 여기서 요점은 '여기 아무도 없어요'라는 답변은 어둠 속에 감춰진 존재의 있음을 가리키는 지표(指標, index)라는 점이다.

자기 존재를 가리키기 위해서는 "쿨럭 쿨럭" 하는 기침 소리도 "저는 영희예요"라는 이름도 상관없다. 모두가 자신의 존재를 가리키는 지표이기 때문이다. 여기서 우리는 자기라는 정체성을 확인하는 개체성의 비밀이 무엇인지 알 수 있다.

이것을 브랜드에 적용하면 "누가 있습니까?"라는 물음에 "전 ㅇㅇ 브랜드예요"라고 답함으로써 세상에 자신의 존재를 드러낸다. 이것이 브랜드의 탄생과 원초적으로 조우하는 사태이다. 이로부터 우리는 중요한 사실을 확인할 수 있는데, 브랜드 런칭 광고에서 "누가 있습니까?"라는 물음이 선행한다는 점이다.

그러나 기존의 런칭 광고는 반드시 선행해야 하는 이 물음을 묻지 않는다. 런칭 브랜드는 "누가 있습니까"라는 전체 상황에 의존함으로써 개체성을 확보한다. 아이가 자기 스스로 이름을 짓지 않고 가족이라는 전체 상황에 의해 이름을 부여받아 ooo라는 개체성을 확보하듯이 말이다. 아이가 성장하여 독립함으로써 자기 이름을 스스로 알려 자기 개체성을 확보하듯이 브랜드도 성공적인 전체 상황에 의존하는 런칭기를 지나야 브랜드 단독의 개체성을 확보한다.

이러한 단계의 개체화를 상징이라고 한다. 상징으로 고양된 브랜드는 브랜드에 대한 구체적인 상황 대조 작업인 "누가 있습니까?"라는 지원 없이도 브랜드를 인지하게 된다. 상징 브랜드란 개개의 소비자들에게 각인되어 이미 완전히 개체화(individuation)된 세계의 기호이다.

그러나 요점은 상징 브랜드의 완전히 개체화된 수면 아래에는 개체화 이전의 세계가 상징 이전의 기호와 엉켜 있다는 것이다. 그래서 브랜드 간에 치열하게 경쟁하는 역동적인 각축장이 전개될 수 있는 것이다. 하루아침에 상징 브랜드가 그 지위를 잃고 추락할 수 있고 신규 브랜드가 혜성처럼 등장하여 상징 브랜드가 될 수 있는 역전의 가능성이 언제나 열려 있는 것이다.

몸과 생체정보

SINGULARITY

플라톤이 가장 존재가치가 없다고 했던 가상(시뮬라크르)이 가장 가치 있게 된 것이 후산업 소비사회의 가장 큰 특징이다. 감정과 느낌은 변하기 때문에 가치가 없다고 제쳐두었는데 현대는 그것이 바뀌어 소비자의 감성과 느낌이 가장 중요한 요인이다. 몸은 배고프면 먹어야 하고, 소화가 되면 배설해야 하고, 아프면 열이 나고, 늙으면 죽어야 하는 것처럼 때때로 변하는 것이므로 가치가 없다고 폄하되던 것이 현대는 아름답게 가꿔야 하는 소중한 대상이 되었다.

과거에 몸을 가치 없다고 한 의도가 지배자가 노예의 노동력을 은밀하게 지배하기 위함이었다고 한다면, 현대는 몸의 아름다움이 선망의 대상이 되게 함으로써 몸에 소비하도록 한다. 왕의 몸은 귀한 몸이고 노예의 몸은 지배자에게 복종해야 하는 몸, 즉 몸종이었다. 몸 하나만 가진 날 것 그대로의 생명인 셈이다. 로마시대에는 이러한 사람들을 호모 사케르라고 했다. 몸종의 몸과 왕이 몸을 구분하기 위해 왕의 몸에 치장한 홀이나 왕관, 의복 자체는 권력의 상징이다.

자본주의에서 몸은 노동력을 제공하는 생산하는 몸이다. 그렇다면 몸은 관리되어야 한다. 그러나 왕이 몸종을 직접 관리해서는 필요한 노동력을 제때에 공급하지 못한다. 그래서 몸종의 가족에게 노동력을 공급할 수 있는 몸을 생산하도록 위탁된다. 따라서 그동안 관리의 대상이 아니었던 성(性)은 가족 안에 은밀하게 갇히게 되고 그동안 관심 밖이었던 아이의 몸은 노동력의 공급원으로 관리된다.

그런데 후산업 소비사회에서 노동력을 제공하는 몸은 생산한 상품을 소비하는 소비의 몸으로 변화한다. 자신이 몸으로 생산하여 얻은 임금을 몸에 소비하는 것이다. 노동력을 공급하기 위해 생식의 목적으로만 사용되던 성(性)은 비아그라와 같은 약물로 강화해야 하는 쾌락 제공 상품으로 변했다.

노동하기 위해 몸을 가꾸는 것이 아니라, 인생을 아름답게라는 자기 배려를 위한다는 환상을 심어줌으로써 아낌없이 빼앗아간다. 텔레비전의 홈쇼핑 채널은 약품, 건강보조식품, 운동기구, 기능성 의류 같은 몸 관련 상품으로 넘쳐난다. 아름다움의 척도가 과거에는 숙고하는 정신과 품위 있는 교양이었다면, 현대는 S라인과 같은 매력적인(외적인) 몸매인 외모 가꾸기와 처세술에 필요한 환한 미소다.

몸에 소비하는 것은 소득을 높이기 위한 것이고, 그렇게 얻은 소득은 다시 외모의 아름다움이라는 몸을 가꾸기 위해 소비되는 순환구조가후산업 소비사회의 특징이다. 외모라는 몸 가꾸기를 중심으로 구성되는 소비는 인간의 생명을 구성하는 몸의 일부분인 장기, 혈액, 정자, 난자, 유전자, 희귀세포 자체를 상품화하는 방향으로 나아간다. 이것은 인간의 몸이 외모를 가꾸어서 아름다움을 소비하는 상품의 대상이면서 동시에 몸 자체를 구성하는 요소 자체가 상품화된다는 것을 의미한다.

생체로부터 얻은 정보를 독점하는 정보 크래트는 권력을 소유한다. 생체정보 중에서 우수한 두뇌를 소유한 유전자는 가치 있는 상품이 된다. 국가의 국민 통계는 우수한 생체정보를 가진 국민과 그렇지 못한 국민으로 분류된다. 기업의 채용도 우수한 유전자를 가진 구직자와 그렇지 못한 구직자로 구분되어 관리된다. 신용정보기관에서 신용을 매겨 등급을 분류하듯이 생체정보기관에서 생체가 등급이 매겨져서 관리된다. 인종 간 순위를 매겨서 우수한 인종의 유전자는 고가에 팔린다. 위와 같이 사유재산이 되어버린 생명형태들을 '생명재산(bioproperty)'이라고 한다. 사과 주스는 사유재산이지만 사과나무라는 식물은 누구나 소유할 수 있는 자연물이다. 그런데 사과나무 자체가 재산으로 관리된다.

생명이라는 공적 영역이 특허를 취득하여 사적 소유가 되는 상징적인 상품이 생쥐에 인간의 발암 유전자를 이식시켜서 만든 온코마우스(Onco Mouse, 종양생쥐)다. 이때 특허권은 특정한 온코마우스가 아니라 사과나무라는 종 전체에 대한 것처럼 온코마우스 종 전체라는 점이다. 온코마우스란 생명체에 대한 사적 소유권 인정은 생명이라는 공적 영역에 사유재산권을 인정한 최초의 사례다.

이것은 생명이 어디까지 자연의 산물이고 인간 노동의 산물이며 발명품인지에 대한 문제를 제기했다. 인도의 농민들은 님 나무(neem tree)

에서 추출한 가루를 사용해 병충해를 예방하는 민간요법을 가지고 있었다. 그런데 다국적 화학기업인 그레이스 컴퍼니가 님 나무에서 채취한 원료로 농약을 만들어 특허권을 소유하게 되자 농민들은 민간요법으로 병충해를 예방할 수 없게 되었다. 40여 개의 특허권이 님 나무로부터 취득되었고, 이에 대한 무효 소송을 제기했으나 일부는 승소하고 일부는 패소했다. 이것은 생명재산의 상품화에 대한 소유권을 어디까지 인정할 것인지에 대한 법리논쟁이 치열하게 전개될 것을 예고하고 있다.

직접적인 노동의 산물인 집은 집을 지은 사람이 소유한다. 그런데 유전자 코드의 정보나 식물의 유익한 의학적 활용법에 대한 지식은 개인의 연구가 아니라 지식을 공유한 사람들이 협력이 있어야 가능하다. 이것은 생명재산은 기존의 상품생산의 체계를 벗어나 새로운 구조를 요청한다는 것이다.

서울 스노우잼 2009와 독일 베를린 장벽 붕괴 20주년 기념 축제

서울 관광 소비를 늘리기 위해 광화문 광장은 '서울 스노우잼 2009' 라는 스노보드 대회가 열리는 문화 마케팅의 장이 되었다. 도심 광장에서 대규모로 스노보드 월드컵 경기가 열리는 것은 광화문 광장이 처음이었다.

광화문 광장은 찡그린 표정으로 머리에 빨간 띠를 두르고 투석하는 노동자와 최루탄을 쏘는 전경들이 대치하는 전통적인 부정적 공간이라는 이미지에서 스노보드 선수들의 묘기를 보고 환하게 웃고 즐기는 판타지를 제공하는 이벤트의 공간으로 변한다. 여기에는 현직 서울 시장이 차기 시장 선거를 위해 스노보드 경기의 환하게 웃는 이미지와 자신을 동일시하여 호의적인 이미지를 창출하려는 선거 캠페인의 목적도 포함되어 있다.

스포츠는 건강과 레저라는 긍정적인 이미지를 선전하고자 하는 상품이나 인물로 동일시할 수 있는 문화 마케팅의 중요한 수단이다. 정치가는 등산을 정견발표의 수단으로 이용한다. 등산은 정상정복 이미지를 연상하고, 지지자들과 함께 산을 오름으로써 조직의 결속력을 과시할 수 있다.

독일 베를린 장벽 붕괴 20주년 기념 축제 'German Berlin Wall Anniversary'에서 베를린의 옛 장벽이 있던 자리 1.5km에 걸쳐 높이 2.3m에 달하는 거대한 플라스틱 폼 도미노 1000개가 설치됐다. 도미노는 공산주의 이념의 붕괴라는 컨셉트의 표현물이다. 도미노는 허물어진 벽의 조각이자 레닌의 프롤레타리아 독재의 상징인 망치를 공산주의 이념을 부수는 망치로 패러디하고 있다. 바웬사는 공산주의 이념을 평화의 망치로 깨부순 상징으로 도미노의 의미를 극대화한다.

대부분 마케팅은 날씨, 공짜, 향기, 숫자, 건강, 싱글족, 축제, 고객관리, 체험, 아줌마, 데이, 컬러, 고객감동(음악), 입소문(버즈/구전) 등 하위 범주들을 대상으로 한다. 그러다 보니 마케팅이 직접적 상품판매 테크닉을 나열하는 마케팅 기획으로 축소되고, 이러한 테크닉에 관련된 지식만이 마케팅에 활용된다.

동서 베를린 장벽 붕괴 20주년 기념일에 독일 브란덴부르크 문 앞에서 열린 기념행사 광경(2009년 11월 9일)

일방향의 편향된 하위 범주화로의 테크닉 마케팅은 삶

의 전 영역을 통찰하는 상향적인 마케팅의 길을 원천적으로 봉쇄하는 결과를 낳는다. 이러한 테크닉 마케팅에 익숙해질 대로 익숙해지면 마케터는 하위 범주의 마케팅을 공식화하게 된다. 날씨 마케팅은 아무런 고민 없이 관성적으로 채택된다. 묻지도 따지지도 않는 습관적인 테크닉 마케팅은 그것을 도입해서 성공한 사례를 벤치마킹하는 것이다.

그런데 최초로 도입해서 성공한 사례와 도입하여 적용하려는 상황은 상이하다. 이때 초기의 미세한 차이가 결과에 엄청난 영향을 미친다는 과학적으로 증명된 나비효과는 무시된다.

이것은 베를린 장벽 붕괴 20주년의 브란덴부르크 문 앞 광장의 도미노와 서울을 홍보하기 위한 광화문 광장의 스노보드의 차이다. 브란덴부르크 광장의 도미노에 그려진 상징 표현물과 광화문 광장의 출발대기 문과 펜스와 시상대, 그리고 스노우잼 문의 광고물 간 컨셉 플래닝의 차이는 하위 범주의 테크닉 마케팅과 상향 마케팅의 실체가 무엇인지를 실증적으로 보여준다.

컨셉(Concept)에서 '-cept'는 '잡다'를 의미한다. 축구에서 인터셉트(intercept)하다는 상대가 가진 공을 잡아채다라는 뜻인데, 여기에서도 '-cept'가 사용된다. 따라서 '잡다'라는 것은 '캐내다', '뽑아내다', '추출하다'를 뜻한다. 빨리 달린다, 귀가 크다, 네 발을 가졌다, 눈이 빨갛다, 풀을 먹는다 …. 이것은 무엇인가에 대해 경험하는 잡다한 것들이다. 그러나 이러한 잡다한 경험들은 사람마다 갖게 되는 경험적인 특징들이므로 사람들마다 다르다. 따라서 이러한 경험들을 통일된 것으로 붙잡아 주지 않으면 혼란이 생겨 의사소통에 어려움이 따른다. 빨리 달린다, 귀가 크다, 네 발을 가졌다, 눈이 빨갛다, 풀을 먹는다 … 등의 잡다한 경험을 '토끼'로 통일시켜 붙잡아 매주는 것이 개념이다. 이러한 고유한 개념의 의미를 마케팅에서 차용하여 사용하는 것이 컨셉이다. 그리고 'Con-'은 뽑아낸 것들을 목적에 부합하도록 "두루 쓰이는"이라는 의미다.

서울을 홍보하는 데 적합한 상징물로 광화문 광장을 캐냈다. 그러면 이 캐낸 상징물이 서울 홍보라는 두루 쓰이는 목적에 맞는 표현물인가 하는 점이 무엇보다도 중요하다. 따라서 스노보드가 두루 쓰이는 목적이라는 관점에서 보면 난센스다. 왜냐하면 광화문 광장은 서울의 존재품이지만 스노보드는 그렇지 않는 이벤트물이기 때문이다. 따라서 진정으로 고심한 서울 홍보였다면 광화문 광장과 시청 앞 광장을 연계하는 민주화 운동을 컨셉으로 해야 한다. 민주화 성지의 숨결이 광화문 광장과 시청 앞 광장에서 느껴지기 때문이다. 스노보드와 광화문 광장을 결합하면 주가 되는 것은 광화문 광장이 아니라 스노보드라는 이벤트다. 따라서 기억되는 것은 스노보드이지 광화문 광장이라는 서울을 대표하는 상징물이 아니다.

브란덴부르크 문 광장의 도미노 쓰러뜨리기는 벽이 붕괴하는 역사적 사건과 연상되기 때문에 베를린 장벽 붕괴 20주년이라는 역사적 사건의 두루 쓰이는 목적에 부합되는 컨셉 표현물이 된다.

베를린 장벽 붕괴 20주년 축제가 열린 브란덴부르크 문 앞 광장과 환호하는 군중

'서울 스노우잼 2009'가 열린 광화문 광장과 스노보드 슈퍼빅매치 경기에 참석한 선수들과 참여 군중

그리고 도미노에 그려진 그림은 상업적 광고물이 아니라 행사의 기획의도를 살려서 제작되었다. 이는 광화문 광장의 스노보드가 광고물로 도배된 하위 범주적 매뉴얼화된 테크닉 홍보와는 차원이 다른 홍보방법이다.

지방자치단체를 홍보하는 전형적인 방법이 ㅇㅇ 아가씨 선발대회다. ㅇㅇ에는 지방의 특산물이 들어간다. 그런데 이런 홍보방법이 지역 특산물 홍보라는 본래의 목적보다는 자치단체장의 홍보수단으로 활용된다. 지역민들을 위한 축제의 장이라는 공익적 목적을 위해 써야 할 혈세가 지자체 장이 사익을 채우는 쌈짓돈으로 사용한다는 비판의 목소리가 높다.

지역을 알리기 위한 홍보 하면 ㅇㅇ 아가씨대회를 기획하면 되겠지 하는 생각에서 고민 없이 차용된다. 누구나 하고 있기 때문에 누구나에게 ㅇㅇ 아가씨 선발대회는 성공적인 홍보방법이라고 생각하는 것은 환상이다. 그런데도 여전히 ㅇㅇ 아가씨 선발대회는 같은 치수의 옷을 대량생산하기 위한 패턴처럼 지방홍보 하면 아무런 고민 없이 기계적으로 활용됨으로써 지자체 하면 떠오르는 홍보수단이 된다. ㅇㅇ 아가씨만 기억되고 정작 기억되어야 할 지자체는 기억되지 못하는 결과를 낳기에 이런 부정적인 홍보를 전통 마케팅이라고 하는 것이다.

홍보는 기호를 매개로 한다. ㅇㅇ아가씨 대회는 기호다. 기호는 반복함으로써 인식된다. ㅇㅇ아가씨 대회 하면 떠오르는 ㅇㅇ가 있다면 이 지자체는 ㅇㅇ 아가씨 선발대회라는 홍보기법을 활용하여 성공했다고 할 수 있다. 반면에 기억되지 않은 ㅇㅇ를 홍보한 지자체는 ㅇㅇ 아가씨의 ㅇㅇ도 기억되지 않고 지자체도 기억되지 않는 전통 마케팅 중에서도 최악의 경우라고 할 수 있다. 이것은 ㅇㅇ는 기억하고 지자체는 기억하지 못하는 전통 마케팅에는 ㅇㅇ는 기억한다는 다소간의 긍정적 효과가 있음에 비해 이것조차도 없기에 예산만 낭비한 마케팅이다.

따라서 광화문 광장에서 스노보드 대회를 통해 서울을 홍보하겠다는 발상은 전통 마케팅의 전형적인 사례라고 할 수 있다. 왜냐하면 스노보드라는 일회성 이벤트만 기억되고 광화문 광장은 기억되지 않을 뿐더러, 더구나 목표로 하는 서울은 기억되지 않는다. 광화문의 전통의 숨결과 스노보드라는 현대 스포츠 상품의 결합은 서울에 대한 긍정적 이미지를 창출하기보다는 서울이 전통이 없는 짧은 역사를 갖는 현대식 도시라는 이미지를 심어주기 때문이다.

원인을 제한함으로써 야기되는 악무한의 문제점은 경제학의 한계효용의 법칙에서도 볼 수 있다. 한계효용이란 욕구를 충족시키면 효용이 한계에 이른다는 것인데, 경쟁제품에 비해 욕구충족의 쾌가 없는데도 불쾌를 추구하는 것을 한계효용은 설명하지 못한다. 아이폰 4는 수신불량이라는 제품의 결함에도 불구하고 쾌의 효용을 충족시킨다는 점에서 한계효용의 법칙으로는 설명이 되지 않는다.

PART 05

전통 마케팅
VS
싱글라리티 마케팅

SINGULARITY

인문학적 상상력과 마케팅

백이면 백 자신은 성공할 수 있다는 꿈을 가지고 창업과 마케팅에 도전한다. 그런데 꿈을 꾼다는 것만으로 꿈을 이룰 수 있는 것은 아니다. 꿈을 현실로 만들기 위한 작업이 상상력이다. 이때의 상상력은 시장 기회를 포착하고 포착한 시장에 성공적으로 진입하는 데 필수적인 통찰력을 말한다.

이러한 마케팅에 필요한 통찰적 상상력은 삶 전체를 고민하고 문제를 제기함으로써 구비할 수 있는 능력이다. 마케팅 능력 향상은 협소한 자기 계발이나 실용적 지식으로부터 창출되지 않는다. 그것은 마케팅 영역 내부가 아니라 인문학적 상상력이란 외부에서 비롯된다. 이 인문학적 상상력을 마케팅에 접목하는 것이 마케팅 없는 마케팅이다. 마케팅이 없는 마케팅이 아니라 마케팅을 마케팅하는 것, 즉 마케팅다운 마케팅을 하는 것이다.

무알콜 맥주. 소비자는 알콜 없는 맥주를 즐긴다는 점에서 무(Nothingness)를 원한다. 마케팅 없는 마케팅은 무를 원하는 소비자를 알지 못한다는 점에서 기만적이다. 메타 마케팅은 소비자의 잉여쾌락 구매심리에 주목한다.

전통 마케팅은 무알코올 맥주의 잉여쾌락을 소비자가 왜 원하는지를 모른다. 따라서 알코올 없는 맥주를 마시는 소비자의 구매심리가 무엇인지 모를 뿐만 아니라 알려고도 하지 않는다.

그렇다면 전통 마케팅이 어떤 문제를 발생시키는지 살펴보자. 논리 퍼즐을 예로 들어 보겠다.

기차 안의 사람은 김 씨, 이 씨, 박 씨인데 그들은 안내원, 검표원, 기관사다. (그러나 이 순서대로 있는 것은 아니다.) 한편 기차를 타려고 하는 사람은 3명의 회사원들로, 이들 또한 위와 같은 성을 가진 김 과장 이 과장 박 과장이다. 이들이 다음과 같은 조건들을 만족할 때 과연 기관사의 성은 무엇일까?

1. 박 과장은 대전에 산다.
2. 검표원은 서울과 대전의 중간에 산다.
3. 이 과장은 정확히 1년에 2000만 원을 벌고 있다.
4. 승객 중 검표원과 가장 가까이 사는 사람의 수입은 정확히 검표원의 3배이다.

5. 김씨는 탁구시합에서 안내원을 이긴다.

6. 검표원과 같은 성을 가진 승객은 서울에 산다.

정답 : 기관사 : 김씨, 검표원 : 이씨, 안내원 : 박씨

1번 힌트에서 박 과장은 대전에 산다. 6번 힌트에서 검표원은 박 씨가 아니며 김 과장이나 이 과장은 서울에 산다. 5번 힌트에서 안내원은 김 씨가 아니다.(같은 사람끼리 탁구를 할 수 없음.) 3번과 4번 힌트에서 2000은 3배수가 아니므로 이 과장이 서울에 사는 것을 알 수 있다. 고로 검표원은 이 씨다. 고로 안내원은 박 씨이고 기관사는 김 씨다.

위의 논리 퍼즐에서 기관사가 김 씨라는 해답이 바로 드러나지 않는다. 먼저 검표원이 이 씨라는 사실이 드러나고 다음에 안내원이 박 씨라는 사실이 밝혀진다. 이러한 우회라는 추론과정을 거쳐 최후에 가서야 기관사는 김 씨다라는 답이 드러나게 된다. 이것은 달리 말해서 두 번 우회 끝에 답을 찾는 부정의 부정에 의한 추론이라고 할 수 있다. 검표원이 이 씨라는 부정과 안내원이 박 씨라는 부정에 의해 기관사 김 씨라는 답을 찾은 것이다.

이러한 추론과정에서 답을 찾는 과정과 "다 안다. 그럼에도 불구하고…"라는 냉소적 페티시 소비자의 구매심리의 이중성은 서로 닮아 있다. 이런 냉소적 페티시 소비자의 마음을 읽어야 마케터는 곤경에 처하지 않는다.

우리 상품은 이렇게 많은 장점이 있다. 따라서 우리 브랜드를 구입하면 소비자는 이익이다. 그러나 양면성의 냉소적 페티시 소비자는 바

로 그 자신 있게 말하는 전통 마케터가 외치는 장점에 귀 기울이는 척하다가 다른 브랜드로 눈을 돌린다.

따라서 전통 마케팅은 벌거벗은 임금님이 자신만 벌거벗고 있음을 모르는 것처럼 자신의 상품의 장점만이 소비자의 마음을 사로잡고 있다고 착각한다. 이때 임금님에게 있어서 진실은 임금님이 벌거벗었다고 말해도 임금님은 이 말을 받아들이지 않고 자신이 최고의 옷을 입고 있음을 진실로 받아들인다는 데 있다. 이는 달리 말해서 벌거벗었다는 데서 벗어나기를 두려워하면서 옷을 입는 것을 회피한다는 것이다. 시장 참여자 입장에서는 페티시적 고착은 마케팅의 대상인 소비자에게 긍정적인 것이다. 즉 시장 참여자가 경계의 대상으로 삼아야 할 페티시적 향유가 상품을 소비하는 소비자에게는 반드시 갖게 해야 할 마케팅 목표이다.

마케터는 자신의 상품이 최고라는 환상에 빠지지 않아야 하면서 이와 동시에 소비자에게는 자신의 상품이 최고라는 환상을 갖게 해야 한다. 이 말은 곧 자신의 상품에 스스로 매혹당해서 냉정하게 시장 흐름을 읽지 못할 때 반드시 실패한다는 것을 말한다. 시장은 냉정하기 때문에 자신의 상품이 최고라는 마술에 걸릴 경우 그것은 자기 상품만이 최고라는 착각에 빠지는 우를 범하기 때문이다.

이것은 진실한 사람에게만 임금님이 벌거벗은 것이 아니라 옷을 입고 있다고 스스로에게 최면을 거는 것과 같다. 시장에서는 그 상품의 실체가 다 벗겨져서 벌거숭이라는 것을 아는데 자신만이 자신의 상품이 최고의 옷을 입고 있다는 환상에 빠져 있기 때문이다.

영화 〈핸드폰〉은 마케팅 없는 마케팅에 대한 교훈을 준다. 쇼핑센

〈핸드폰〉 감독/김한민, 출연/박용우·엄태웅/2009.

터 팀장으로 분한 박용우는 고객의 불만에 언제나 환한 미소와 상냥한 말투로 응대한다. 여점원이 남성 고객이 엉덩이를 추행했다고 싸움을 하자 고객을 향해 환하게 웃는다. 이와 반대로 연예기획사 대표로 분(分)한 엄태웅은 과도하게 화를 내는 캐릭터다.

분실한 엄태웅의 핸드폰을 습득한 박용우는 엄태웅과 통화하면서 자신이 고객의 입장이 되면서 묘한 쾌감을 느낀다. 고객에게 당했던 스트레스를 엄태웅에게 쏟아부을 수 있어서다. 핸드폰 안에 소속사 여배우의 섹스 동영상이 들어 있어서 유출되는 것을 막기 위해 핸드폰을 찾아야 하는 엄태웅은 박용우에게 화를 낼 처지가 아닌데도 심하게 욕설을 해댄다. 쇼핑센터 고객 서비스 팀장으로 분한 박용우를 통해 후산업 소비사회의 일단을 들여다 볼 수 있다. 쇼핑센터의 고객에게 걸려온 전화에는 고객의 불만에 찬 고성에도 친절하게 응대하지만 그렇지 않은 전화는 험악하게 받는다. 환하게 응대하는 이면에는 스트레스와 증오가 도사리고 있다.

후산업 소비사회에서는 스트레스 받는다고 고객에게 짜증을 내거나 퉁명스러워서는 안 된다. 고객이 아니라도 언제나 상냥하고 환하게 웃어야 한다. 그래야 성공한다. 표정이 밝아야 사람이 모이고, 그래야 더 많이 팔 수 있다. 항상 불만에 차서 큰 소리만 치는 엄태웅은 후산업 소비사회에 맞지 않는다. 그래서 그의 사업은 망한다.

마케팅 없는 마케팅

전통 마케팅 이후의 마케팅, 즉 마케팅 없는 마케팅을 하기 위해서는 후산업 소비사회의 삶 전반에 대한 통찰이 요구된다. 구체적인 존재품이 상품이었던 시대는 이성에만 소구하면 먹혔다. '이 상품은 타상품과 비교했을 때 이런 장점이 있습니다. 따라서 이 상품의 장점을 이성적으로 따져보고 구매하기 바랍니다'면 족했다. '선악과를 따먹지 마라' 식이다. 선악과를 따먹기 전에 이성적으로 판단하라는 것이다. 그 이성적인 판단이 도덕법칙이다. 이성적으로 판단했을 때, 결론은 하지 말라고 하는 선을 넘으면 이성이 아니고 그것은 도덕법칙에서 벗어나는 것이기 때문이다.

그러나 이미지라는 느낌에 호소하는 후산업 소비사회에서는 이런 이성적 판단은 먹혀들지 않는다. '이것을 소비해라. 왜냐하면 … 때문이다'는 상품이 존재품일 때나 먹혀들던 전략이다. 그래서 '선악과를 따 먹지 마라' 대신 '이 사과는 농약을 함유하고 있으니 조심하시기 바랍니다'라는 권유의 판단 형식으로 이성은 왜소화된다. 이것은 왜소화된 이성의 자리를 정서가 대신 차지하는 후산업 소비사회의 특징을 상징적으로 보여주는 대목이다. 이성의 판단은 '흡연은 폐암을 유발할 위험이 있으니 삼가시기 바랍니다'로 왜소화된다. 그 대신 담배는 꿈을 실현한다는 환상의 이미지가 가슴 안에 마술적 느낌으로 파고들어 영혼을 적신다. 이제 상품은 머리로 판단해서 있는 것이 아니라, 내 영혼 깊숙이 들어와 있는 가족보다 더한 영혼의 가족이기에 또 하나의 가족이다.

후산업 소비사회에서 사유품으로 존재하는 환상으로서 브랜드는 가족보다 더한 가족, 나보다 더한 내가 되어야 한다. 따라서 환상은 이성으로 아니라고 판단해서 배제시킬 수 있는 의미로서의 이성보다 왜소한 환상이 아니다. 환상은 그 환상이 영혼의 느낌까지 완전히 장악했다는 의미에서의 환상이다.

그것은 환상 외부로의 통로가 완전히 차단된 매트릭스의 세계다. 이성으로 통로가 막히고 다시 그 통로를 환상이 막는, 이중으로 그 퇴로가 차단된 세계다. 인터넷 가상공간이 두려운 것은 그것이 실재(현실)를 대신하는 것이 아니라 그 가상공간이 실재가 되는 데 있다. 가상공간이 실재처럼 존재하기 때문이다.

항공기 모의 조종 시뮬레이션 훈련은 실재의 하늘에서 훈련하는 것보다 더 실재적이다. 또한 교통사고 현장을 구현한 시뮬레이션은 실재(현실)의 사고 원인을 규명하는 데 실재보다 더 실재적이다. 이러한 실재

(현실)보다 더 실재(현실)적인 존재양식을 하이퍼 리얼리티(hyper-reality)라고 한다. 텔레비전과 같은 대중매체는 하이퍼 리얼리티 자체인 스펙터클(spectacle, 구경거리)이다.

유명 스포츠 스타가 국내에 입국하는 순간의 영상은 이미 그 자체로 사전 시나리오에 따라 극적인 드라마로 풍부한 스펙터클을 제공하는 이벤트다. 야구 스타의 스펙터클은 야구 스타의 성공기로, 예능 프로로, 팬 사인회라는 이벤트로 스펙터클을 만들면서 복제된다. 이로 인해 TV 속 야구 선수가 진짜 그 선수가 되며, 현실 속의 야구 선수는 사라진다. 이러한 스펙터클은 끊임없이 만들어지고 사라진다. 영상화면은 다시 편집되어 복제된 영상으로 패러디되어 사용된다.

디즈니랜드는 세상의 낙원(Land)은 이곳(Dis)이다는 하이퍼 리얼리티의 공간이며, 미국 밖의 외국인들에게 실재(현실)의 모든 미국 국민들의 삶도 디즈니랜드처럼 낙원에서 사는 것처럼 환상을 심어주는 역할을 한다. 디즈니랜드라는 시뮬레이션 공간은 마치 실재의 삶의 공간도 디즈니랜드의 공간인 것처럼 인식하게 함으로써 외국인의 일상의 삶과는 다른 삶이 미국에는 있는 것처럼 환상을 갖게 한다. 삶은 어디나 똑같은데 마치 미국에는 뭔가 다른 삶이 있을 것이라는 유치한 기대감을 불러일으켜 동경심을 유발하게끔 한다.

CNN이 생중계한 이라크 전쟁은 마치 컴퓨터 게임처럼 실재의 전쟁을 시뮬레이션이라는 하이퍼 리얼리티의 가상공간의 전쟁 게임으로 착각하게 한다. 현실의 참혹한 전쟁은 사라지고 컴퓨터 게임처럼 버튼을 누르면 무기가 발사되는 가상의 시뮬레이션 전쟁 게임이 더 실재처럼 보인다. 이처럼 하이퍼 리얼리티는 현실보다 더 현실처럼 된 가상의 세계를 말한다.

존재품이 현실의 사과를 가공해서 사과 주스를 생산한다면, 극단적인 사유품은 가상의 사과를 가공해서 현실의 사과를 먹는 것과 같은 효과를 주는 상품이다. 현실의 루브르 박물관을 가지 않고도 시뮬레이션의 입체영상을 보면서 현실의 파리를 체험한다. 현실의 연인과의 키스와 똑같이 느낄 수 있는 시뮬레이션의 여자와 키스를 하는 시대가 하이퍼 리얼리티의 세계다. 마케팅 없는 마케팅은 환상을 판다. 그래서 소비자의 영혼을 훔친다.

문화읽기는 마케팅이다

마케팅 없는 마케팅은 후산업 소비사회의 문화읽기를 필요로 한다. 문화(文化)에는 의도가 숨어 있다. 채집과 수렵의 단계는 자연물로부터 직접적인 식량자원을 공급받았다. 그러나 땅을 개간하여 씨를 뿌려서 생산하는 데는 언제 씨를 뿌려야 하고 언제 물을 줘야 하는지, 언제 수확해야 하고 필요로 하는 도구가 무엇인지 하는 의도가 개입된다.

이것은 자연을 이용해서 어떻게 하면 실패 없이 수확하는가 하는 것처럼 자연을 부리기 위해 궁리한다는 의미다. 이 궁리한다가 바로 문화다. 따라서 문화는 부림과 부림당함의 구조로 존재한다. 이 말을 좀 더 추상화하면 자연상태에서 문화상태로의 이행에서 지배계급이 관심을 갖는 것은 존재사태 전체가 아니라 지배를 당하는 인간이다.

이때 도덕이 출현한다. 지배를 당하는 인간이 해야 할 일이 무엇이고 해서는 안 될 일이 무엇인지를 정하는 것이 도덕이다. 말이 먹히지 않을 때 폭력을 써서 말을 듣도록 해야 하는데 아무 장치 없이 때리면 이유 없이 맞을 사람이 없어서 대들게 된다. 그래서 부리는 쪽의 폭력은 정당하다는 것을 정한 것이 법이다.

카프카의 「법의 문」은 이러한 법의 탄생을 잘 묘사하고 있다. 시골 남자는 법의 문에 서 있는데 법의 문으로 들어가는 사람이 없다. 법은 부림을 당하는 날것 그대로의 생명인 시골 사람을 법의 보호로부터 배제하는 그 목적으로 존재하기 때문이다.

그런데 법은 그렇게 말하면 안 된다. 그래서 시골 사람을 보호하기 위해 존재하는 것으로 존재한다. 시골 사람이 죽음을 맞이하면서 법의 문을 지키던 수문장에게 왜 아무도 법의 문으로 들어가지 않는가라고 묻자 수문장은 그 문은 바로 당신을 위해 열려 있었다고 말하며 이제 당신이 죽으면 그 문은 열어둘 필요가 없으니 닫는 것이라고 한다. 시골 남자가 죽음으로써 이제 법은 왜 지켜야 하는지를 묻는 단계를 지나 당연히 지켜야 하는 양식(良識)이 되었다는 의미다.

프란츠 카프카(1883~1924). 체코 태생의 유대계 소설가. 『실종자』, 『변신』, 『심판』, 『성(城)』 등의 작품을 남겼다.

문화(文化)는 도덕화(道德化)와 법화(法化)에 다름 아니다. 법(法)은 자기 논으로 가도록(去) 물(水)을 흐르게 하는 것이다. 남의 논으로 가는 물을 자기 논으로 가도록 하는 사람은 남보다 힘이 센 사람이다. 도덕은 지켜야 할 것이 있는 지배자가 지킬 것이 없는 몸만 가진 날생명으로부터 자신의 재산을 넘보아서는 안 된다고 선을 긋는 덕목이다.

날것, 구운 것, 끓인 것 그리고 …

문화를 다른 말로 하면 이데올로기이다. '변기문화'에도 이데올로기가 작동한다. 프랑스 변기는 성급한 국민성처럼 물 내리는 배수구가 뒤쪽에 있는데, 이는 가급적 빨리 눈앞에서 사라지기를 바라서이다. 독일의 변기는 신중하고 관념적인 국민성을 대변하듯 대변의 상태로 건강을 확인할 수 있도록 배수구가 앞쪽에 있다. 앵글로색슨(영국이나 미국)의 변기는 배수구가 중간에 있어 얘기인즉 독일과 프랑스의 물 내리는 방식을 절충한다는 것이다.

따라서 요점은 변기문화를 통해 독일의 반성적 철저함과 프랑스의 혁명적 조급성, 그리고 영국의 온건한 실용적 프래그머티즘의 이데올로기를 알 수 있다는 것이다.

정치적인 입장에서는 독일의 보수주의와 프랑스의 혁명적인 급진주의, 그리고 영국의 온건한 자유주의로 읽을 수 있다. 사회생활의 영역에서는 독일의 형이상학과 시, 프랑스의 정치학, 영국의 경제학이 된다. 레비-스트로스는 음식문화를 날것, 구운 것, 끓인 것으로 구분한다.

> 그리고 좀 더 은밀한 영역으로 가보면 우리는 여성 성기의 음모의 세 가지 스타일에서 동일한 기호학적 삼각형을 만나지 않을까? 무성하게 자란 엉클어진 음모는 자연성이라는 히피의 태도를 가리키고, 여피는 프렌취 가든의 훈련절차를 선호한다(양다리 가까운 쪽의 음모를 면도해서 남아 있는 부분이 모두 중간에 좁은 띠가 되도록 하는데 면도자국이 분명해진다). 펑크의 태도에서는 질을 전체적으로 면도해 버리고 고리를 달아놓는다(대개는 음핵에 구멍을 내서 부착시킨다). 이것은 역시 "날것" 같은 무성한 음모와 손질이 잘 된 "구어낸" 음모, 면도한 "끓인" 음모라는 레비-스트로스의 기호학적 삼각형의 다른 변형이 아닐까? 자신의 신체에 대한 가장 은밀한 태도조차도 이데올로기의 진술을 위해 어떻게 사용되는지를 알 수 있다.(『환상의 돌림병』, 슬라보예 지젝 지음, 김종주 옮김, 인간사랑, 2002, 19-20쪽.)

이리저리 흐르는 물을 길들여서 자신의 논으로 흐르게 하는 것이 법이듯이, 남의 것을 빼앗고 죽이는 것을 막아야 하는 지켜야 할 것이 있는 사람들이 그렇지 못한 날생명들이 지켜야 할 것이 있는 사람들의 소유물을 빼앗지 못하게 하는 것은 물론 더 많아지게 하는 자연스런 길들임이 바로 이데올로기이다. 마케팅은 소비자들이 경쟁 상품 중에서 자신의 상품에 길들여지게 하여 소비하도록 하는 의미에서 이데올로기라고 할 수 있다.

SINGULARITY

자기 관리는 마케팅이다

자본주의 초창기에는 공장에서 철을 제련하여 주방기구와 같은 생활 필수품을 몸을 수단으로 해서 생산하던 물질노동이 대부분이었다. 생산하기 위해 육체 노동력을 확보해야 하기 때문에 가족이 중시되었다. 가족은 노동력을 재생산하는 것뿐만 아니라 정시 출근과 같은 시간과 몸 관리 교육도 담당했다.

그러나 후산업 소비사회는 가족이 생산한 노동력을 기업들이 모두 흡수할 수 없으므로 고용 없는 성장 현상이 발생한다. 이로 인해 전통적인 가족은 해체되고 일인 가족인 싱글족이 급증한다. 싱글족이 되고 싶어서 된 것이 아니라, 기업들이 가족노동을 흡수하지 못하기 때문에 가족형태에 변화가 일어난 것이다. 이데올로기적 국가장치들은 가족의 가치를 외칠 뿐이지, 기업이 문제의 원인제공자임을 말하지 않는다. 가족이란 울타리가 사라진다는 것은 기업이 가족이 담당하던 노동의 가치가 더 이상 필요하지 않다는 것이고, 따라서 노동자는 변화된 기업환경에 맞게 적응력을 갖춰 이에 대응하는 것은 당연한 것이다. 이로부터 사회현상의 변화가 일어난다.

이러한 변화된 환경에 적응하기 위해서 기업이 사주지 않는 노동력을 과잉으로 보유한 전통 가족은 그 구성원 수를 감량해서 군살을 뺄 것을 요구받게 된다. 이는 교육을 책임지던 가부장의 역할이 더 이상 필요하지 않다는 것을 의미한다. 따라서 자기가 알아서 스스로 교육하고 관리해야 하는 '자기 관리'의 생존방식이 등장한다. 이로써 삶 전반을 책임져야 하는 짐이 개인에게 부과된다.

자기 관리란 곧 개인('자기')이 자신의 육체와 자질, 능력을 어떤 목적에 맞게 통제·절제·제어함으로써, 즉 관리함으로써 성공을 이뤄냄을 뜻한다. 자기 관리의 정도는 시간이 흐를수록 더 강도가 강해진다. '성공시대'나 '초식남'은 자기 관리의 강도가 전 시대와는 달리 훨씬 강해진 분위기 속에서만 가능한 문화현상이다.

드라마 〈결혼 못하는 남자〉 등을 통해 이슈가 되었던 '초식남' 현상 역시 자기 관리 개념과 연관되어 있다. 일본에서 만들어진 '초식남'이라는 신조어는 사회관계를 중시하고, 여성을 차지하려 하며, 성공을 향한 저돌적인 돌진으로 특징지어지는 전통적인 남성의 '육식성'과는 달리 자기 개성을 중시하고, 여성적인 취향을 가지며, 성적인 적극성보다는 자기만의 시간을 가지는 것을 가장 중요하게 여기는 남성들을 일컫는다. 여성이나 친구보다는 자기에게 쏟는 시간과 노력을 더 중시한다는 점에서 '초식남' 현상은 자기 관리가 극단화되고 있는 시대의 문화적 경향을 드러낸다고 할 수 있다.

건어물녀는 일본의 〈호타루의 빛〉이라는 만화에서 유래하는 존재 방식으로, 직장에서는 매우 세련되고 능력 있는 여성이지만 일이 끝나면 미팅이나 데이트를 하는 것이 아니라, 집에 와서 추리닝을 입고 머리를 대충 묶고 맥주와 오징어 등 건어물을 즐겨 먹는 여성을 지칭한다. 그녀는 일에 지치고 집에서 쉬는 것을 좋아하다 보니 혼자 쉬는 것을 좋아하고 연애를 잊게 되어 어느 새 건어물녀가 된다. 주말에도 피곤해서 잠만 자느라 연애세포가 말라버려 건어물처럼 됐다고 해서 건어물녀라고 불린다. 초식남이나 건어물녀는 모두 가부장제가 해체되고 일인 가족형태의 삶의 방식으로 생겨난 군상이다.

마케팅 없는 마케팅은 후산업 소비사회의 기호읽기를 필요로 한다. 앞에서 후산업 소비사회가 존재품에서 사유품의 시대가 되었음을 살펴보았다. 사과라는 실제 존재하는 것(실재)을 가공해서 사과 주스를 만들고 여기에 oo 사과 주스라고 이름을 붙인 것이 브랜드다. 그런데 사과 주스에서 oo 사과 주스라는 브랜드를 붙인다고 사유품이 되는 것이 아니다. 사유품이 되기 위한 기획작업이 필요한데, 이것이 바로 마케팅이다. 이 마케팅을 메타 언어(전통 마케팅 이후라는 의미)로 통찰하는 것이 마케팅 없는 마케팅이다. 여기서 필자가 말하는 마케팅 없는 마케팅은 기존의 전통적 마케팅을 넘어선 그 이후라는 의미이다.

유대인 치부(致富)의 비밀

마케팅 없는 마케팅 개념을 잘 드러내는 사례 한 가지를 살펴보자. 유대인과 폴란드인이 기차여행을 하고 있었다. 폴란드인은 유대인에게 이렇게 말했다. "너희 유대인들이 사람들의 주머니에서 1원 한 장 남기지 않고 톡톡 터는 비밀이 무엇인지 말해봐." 그러자 유대인은 "공짜로는 안 되고 5달러 주면 알려주지" 하고 말했다. 5달러를 챙긴 유대인은 "죽은 생선 머리를 유리잔에 넣고 그것을 꺼내 공동묘지에 묻어봐" 하고 말한다. 이때 폴란드인은 또 이렇게 물었다. "그렇게 하면 부자가 될 수 있단 말이지." 그러자 유대인은 "아직은 아니고…. 비밀을 알려면 5달러 더 내게" 하고 말했다. 폴란드인은 돈을 건넨다. 이런 과정이 반복된다. 폴란드인은 화를 내며 "내 주머니 돈을 톡톡 털어낼 속셈이었군.

이 사기꾼!"이라고 말한다. 그러자 유대인은 "이제 알겠지. 유대인이 어떻게 부자가 되었는지" 하고 말했다.

폴란드인이 생각한 "비밀"이란 기호와 유대인이 생각하는 "비밀"이란 기호는 그 차원이 다르다. 폴란드인이 생각한 부자가 되는 비밀이 전통 마케팅이라면 유대인의 "비밀"이라는 기호는 마케팅 없는 마케팅이다. 폴란드인과 유대인은 "비밀"이라는 같은 기호를 말하지만 그것이 의미하는 것은 전혀 다르다. 폴란드인이 유대인의 치부(致富)한 비밀을 알아서 돈을 벌겠다는 심산이었다면, 유대인은 폴란드인의 주머니를 톡톡 털어 축재함으로써 폴란드인에게 유대인의 치부 비밀을 알려주고 있는 것이다.

이것은 똑같은 기호라도 탁월한 마케터가 활용할 때와 그렇지 않았을 때 어떤 결과가 벌어지는지 극명하게 보여주는 사례라고 할 수 있다. 폴란드인처럼 되지 않기 위해서 마케팅 없는 마케팅의 필요성이 제기되는 것은 당연한 일이다. 마케팅 없는 마케팅은 알아도 뿌리부터 알 것을 주문한다. 기호를 알아도 외면만 알아서는 안 되고 그 본질을 파고들어야 한다.

홀바인의 〈대사들〉과 마케팅

의자라는 기호와 실제 존재하는(실재) 의자와의 관계는 자의적이다. 최초의 나무 제작품이 의자라는 이름을 갖는 것은 우연이지 반드시 그래야 하는 것은 아니라는 의미다. 그런데 시간이 지나면서 의자라는 기호가 힘을 갖기 시작한다. 의자를 다른 기호로 대체하는 것은 쉽지 않다. 의자 기호를 바꾸려면 사전은 물론 상품, 책 … 등에 사용된 것 모두를 바꾸어야 하는데 의자라는 표기의 기득권을 갖는 사람들이 이를 양보할 리 만무하다. 이처럼 기호는 세상을 표상하기 때문에 기호를 맘대로 다스리는 자는 세상을 다스릴 수도 있다.

알카에다를 '테러리스트'나 '악'이란 기호로 부르는 대통령의 말을 믿는 사람은 '악'과 '테러'를 물리치기 위해 자원해서 전쟁터로 향한다. 이와 같은 기호에 대한 극단적인 믿음의 또 다른 예가 '의무'라는 기호다. 체벌을 하는 교사의 의무는 학생이 나쁜 짓을 하면 매를 드는 것이다. 이때 매는 들기 싫지만 매를 드는 것은 제자의 미래를 위해서 어쩔 수 없는 스승의 의무가 된다. 그러나 체벌이 반복되면 그것 자체가 즐기는 대상이 된다.

마케팅 없는 마케팅은 매를 드는 것이 즐거움 자체가 되듯이 소비자로 하여금 자사의 상품 자체를 즐기는 대상이 되도록 기획하는 것이다. 권력자들은 언제나 이 역학관계를 알고 있기 때문에 기호를 지배하기 위해 노력한다. 마찬가지로 마케팅 없는 마케팅은 자사의 상품을 브랜드 기호라는 특정한 기호로 표상하고 그것이 자연스럽다는 믿음을 심는 것이다. 이러한 과정을 '의미화'라고 한다면 권력은 이런 의미화 과정을 통해 자신의 권력을 공고히 한다. 마찬가지로 마케팅 없는 마케팅은 기호를 맘대로 다스리는 상품이 되기 위한 기획활동이 그 전부라고 할 수 있다. 기호가 소비자로 하여금 자사의 상품에 묶이게 하는 힘 자체이기 때문이다.

명품은 그 브랜드 기호가 고품격의 최고 반열에 오름으로써 이 브랜드 기호가 시장을 좌지우지하는 상품이다. 명품은 베개 속을 누벼 고정시키듯이 이리저리 흩어진 소비자들을 자사 상품의 소비자로 누벼서 이탈하지 못하게 할 만큼 소비자를 기호에 고착시킨다. 명품 기호는 소유하고 싶은 선망의 대상이다.

구찌나 프라다, 루이뷔통과 같은 소품종의 고가상품을 가리키는 이 명품이라는 단어가 가지는 일차적이고 핵심적인 기능은 부르디외가 말하는 '구별짓기'다. 명품 백이나 명품 구두를 과시적으로 착용함으로써 자신의 고품격 안목과 경제력을 일반인들의 그것과 구별짓고, 이를 통해 자신의 계급적 위치를 확인하는 것이다. 명품을 통한 구별짓기의 역사는 사실 길다.

이미 1989년에 경제학자 쏘스타인 베블렌은 『유한계급론』에서 돈과 시간을 넘치도록 소유한 유한계급들이 일반인들과 구별짓기 하는 소비행태에 대해 '과시적 소비(conspicuous consumption)'라고 일컫기도 했다.

마케팅 없는 마케팅은 이런 명품 브랜드를 홀바인의 그림 〈대사들〉 하단에 그려진 왜상처럼 규정한다. 외견상으로 왜상은 일반상품이고 두 명의 인물이 명품처럼 보인다. 이렇게 읽는 것이 전통 마케팅이다. 사람이 유한한 존재이듯 상품도 사라진다. 그러나 여기서 왜상(semblance)은 존재이면서 존재가 아닌 결정 불가능한 사물(Thing)이다. 결정 불가능이란 예를 들어 설명해 보자. 종이 중앙을 접는다. 그러면 종이는 한 장에서 두 장이 된다. 그런데 펴면 다시 한 장이 된다. 따라서 한 장이면서 동시에 두 장이 되어 한 장으로 결정하지 못하고 두 장으로도 결정하지 못한다. 이것을 결정 불가능성이라고 한다. 하이젠베르크가 노벨물리학상을 받은 불확정성의 원리도 이와 유사한 구조를 갖는다.

전통 마케팅은 대사들이라는 인물을 중심으로 기획한다. 반면 마케팅 없는 마케팅은 왜상을 중심으로 기획한다. 인물 중심으로 기획하면 그 상품주기는 짧다. 반면 왜상을 중심으로 기획하면 죽지도 살지도 않은 존재이므로 소비자가 지속적으로 즐기는 대상이기에 명품을 창조하는 기획이라고 할 수 있다. 명품은 브랜드 가치가 길기 때문에 왜상의 결정 불가능성에 속한다.

『무지한 스승』

랑시에르의 『무지한 스승』은 후발 시장 참여자도 선발 시장 참여자와 경쟁할 수 있고 또한 뛰어넘을 수 있다는 교훈을 제공한다.

『무지한 스승』은 조제프 자코토가 네덜란드에 망명해서 프랑스어를 가르칠 때 생긴 일화를 소개한다. 조제프 자코토는 네덜란드어를 모른다. 그리고 네덜란드 학생들도 프랑스어를 모른다. 그렇다면 자코토는 어떻게 학생들에게 프랑스어를 가르쳤을까? 조제프 자코토는 페늘롱이 쓴 『텔레마코스의 모험』이라는 프랑스어로 된 당대의 고전모음집을 프랑스어를 전혀 읽을 줄 모르는 무지한 네덜란드 학생들에게 던져 준 다음 몇몇 단어들을 가르쳐 주고는 무조건 읽게 했다.

학생들은 이 네덜란드어를 모르는 무지한 스승이 가르치는 대로 따라했고, 결국 프랑스어를 체득하게 되었다. 프랑스어에 무지한 학생들은 수없이 텍스트를 읽고 외우며 스스로 프랑스어의 원리를 깨우친 것이다. 만약 조제프 자코토가 네덜란드어를 알고 자신이 가르치는 교수법을 학생들에게 강요했다면 학생들은 프랑스어를 능동적으로 학습하지 못했을 것이다.

이를 통해 랑시에르가 말하고자 하는 것은 인간은 자발적으로 지식을 습득할 수 있고, 그러한 지적 능력은 평등하다는 것이다. 이로부터 우리는 시장에 참여한 선발주자와 후발주자는 차이가 고착되어 뛰어넘을 수 없는 한계로 작용하지 않다는 점을 배우게 된다.

시장 선발주자는 정치와 치안의 수준이라고 할 수 있다. 랑시에르는 『정치적인 것의 가장자리에서』 '정치'와 '정치적인 것'을 구분한다. 정치와 치안은 시장 선발주자이고 정치적인 것은 시장 후발주자로 볼 수 있다. 정치와 치안으로서 선발주자는 언제나 그 틈이 생긴다. 그 틈에서 시장의 공백이 발생하므로 선발주자는 언제나 그 토대가 불안정하다. 이 시장의 원래의 불안정한 공백으로 인해 후발주자의 지적 평등은 위력을 발휘할 수 있는 것이다.

랑시에르는 19세기 공장 노동자들이 허름한 옷을 입고 일하다가 퇴근 후에 독서를 하면서 지적 성취를 이루어냈던 것을 실증적으로 제시한다.

> 감성적 혁명이란 노동자들을 공동체의 상징적 공간 안에(혹은 바깥에) 자리를 배정하고, 그들을 생산과 재생산의 '사적인' 영역에 놓는 전통적인 감각적인 것의 나눔을 뒤집는 것이다. 지배적인 감각적인 것

의 나눔에 따르면, 노동자들은 낮에는 일하고 밤에는 잠을 자며 휴식을 취해야 한다. 반대로 19세기 초 중반 노동자들은 밤에 더 많은 것을 하기 시작하면서 해방의 물꼬를 텄다. 밤에 안 자고 쓰고, 읽고, 생각하고, 토론하는 것, 그럼으로써 자기에게 주어진 자리이자 이름인 노동자에 대해 무관심해지는 것(탈정체화·탈계급화)이야말로 해방의 시작인 것이다. 노동자들은 밤을 새로이 전유함으로써 시간의 짜임을 바꾸었을 뿐 아니라, 더는 사회학적으로 식별되는 계급으로서의 노동자가 아닌 계급의 소멸로서의 계급인 프롤레타리아가 된 것이다.(『정치적인 것의 가장자리에서』, 자크 랑시에르 지음, 양창렬 옮김, 길, 2008, 119쪽.)

일할 때의 노동자와 독서를 하면서 지적 활동을 할 때의 노동자는 전혀 다른 시간과 공간을 분할한다. 따라서 시간과 공간은 감성적으로 분할된다. 이러한 감성적 분할의 이동이 가능하기 때문에 선발주자의 시장 평정 구조는 몫 없는 자, 즉 후발 시장 참여자가 그 시간과 공간의 구조를 다른 시간과 공간에 창조할 수 있는 것이다.

뒤샹은 불쾌한 사물인 변기를 예술품으로 배치해 미의 기준을 바꾸어 놓았다. 즉 변기는 화장실이라는 공간에만 있다는 고정관념을 깨뜨리고 변기를 예술공간에 위치시킴으로써 고정된 사물의 이미지란 없고 그것이 어떤 공간에 배치되느냐에 따라 예술품이 된다는 것을 보여주었다. 감성, 즉 시간과 공간에 변화를 줌으로써 미의 개념을 바꿀 수 있다는 것이 뒤샹의 통찰이다.

생각대로

이런 광고의 예가 '생각대로'를 컨셉으로 하는 이동통신 광고다.

> 결혼 말 나오면 웃으면 되고
>
> 잔주름 늘면 작게 웃으면 되고
>
> 꽃미남 후배 점점 늘어나면 연기로 승부하면 되고
>
> 스타라는 게 외로워질 때면
>
> 옛날 친구 얼굴 보면 되고
>
> 생각대로 하면 되고

이 광고를 이해하려면 라캉의 상징계–상상계–실재계를 이해할 필요가 있다.

상징계란 내가 존재하기 위해서는 이미 아버지나 어머니, 할아버지나 할머니 등이 먼저 존재해야 하는 것이다. 나는 태어나기도 전에 이미 누구의 아들로, 누구의 손자로 정해진다. 따라서 순수한 나는 존재하지 않고 이미 타자가 나에게 개입되어 있다. 따라서 내가 생각한다는 것은 기실 상징계의 조종에 의해서인데 나는 마치 내가 생각하는 능동적 존재인 것처럼 상상한다.

생각대로라는 통신사 광고는 따라서 이 상상을 통신상품을 사용함으로써 현실로 실현할 수 있다고 말한다. 과거에는 꿈에도 꿀 수 없어서 상상으로만 존재했던 것을 현실에서 실현할 수 있다는 것이다. 생각이 곧 현실이 된다는 것이다. 이동통신 상품에 대한 제품의 이점을 소구해야 한다든지 라이프스타일을 강조해야 한다는지 하는 기존의 시간과 공간의 고정성에서 벗어나 새로운 시간과 공간 개념을 창조하고 있다.

쇼를 하라

또 다른 이동통신사의 컨셉은 '쇼를 하라'였다. 쇼는 후기 자본주의 사회를 특징짓는 스펙터클(볼거리)이다. 과거에는 공급자 위주의 시장이어서 소비자가 공급자가 하라는 대로 하는 수동적인 소비자였다면, 후기 자본주의 사회는 경쟁이 치열해서 소비자를 끌어들이기 위해(pull)서는 끊임없이 공급자들이 볼거리를 제공함으로써 소비자의 관심을 붙잡아 두는 것을 말한다. 소비자가 이동통신을 통해 스스로 볼거리를 제공하여 의사소통을 창조하라는 것이다. 기존 휴대폰의 고정관념은 메시지를 주고받는 의사소통의 고정관념에 머물렀다면 이제는 전혀 새로운 시간과 공간의 '쇼를 하라'로 소구하고 있다.

SINGULARITY

아메리카, 이것은 바로 코카!

말보로와 코카콜라의 광고를 예로 들어보자. 말보로 하면 건장하고 정직한 사람들의 땅, 무한한 지평이 펼쳐져 있는 풍경이 떠오른다. 그렇다면 이러한 이미지가 미국 하면 떠오르는 미국 고유의 이미지인가? 이러한 이미지가 미국의 이미지가 된 것은 미국 자체가 원래 그런 이미지를 갖고 있는 것이 아니라, 말보로가 컨셉화해서 만든 말보로의 이미지인 것이다. 소비자들은 미국이 원래 건강하고 정직한 사람들이 사는 나라라는 인식을 가지고 있었는데 말보로가 이와 일체화한 것으로 생각한다는 것이다. 그러나 이것은 말보로가 만든 말보로 광고 이미지일 뿐이다. 그런데도 미국 하면 말보로가 창조한 이미지가 떠오르는 것은 말보로 광고가 성공적이라는 것을 보여준다.

'아메리카, 이것은 바로 코카!'라는 광고를 살펴보자. 톡 쏘는 시원한 맛의 상쾌함이 코카의 제품 속성이다. 이 속성과 아메리카와는 어떤 관계가 있는가?

이것을 이해하기 위해서는 라캉의 실재계를 알아둘 필요가 있다.유대인을 탐욕스럽고 교활하다는 속성으로 규정하는 것은 반유대주의를 완전히 이해하지 못한 것이다. 반유대주의는 "그들은 그런(탐욕적이고 교활하고…) 사람들인데, 왜냐하면 그들은 유대인이니까"로부터 생긴다. 이것은 유대인이 탐욕적이고 교활해서 싫어하는 것이 아니라 유대인 자체라서 싫은 것이다. 이것은 도달 불가능한 X를, '유대인 안에 있는 유대인 이상의 무엇'을 가리킨다.

'아메리카, 이것은 바로 코카!'가 겨냥하는 곳이 정확이 이 지점이다. 코카는 톡 쏘는 시원한 맛의 상쾌함 때문에 마시는 것이 아니다. 유대인을 탐욕스럽고 교활해서 싫어하는 것이 아니듯이 말이다. 코카는 '코카 안에 있는 코카 이상의 것'이라 할 수 있는 '도달 불가능한 무엇', 라캉의 공식에 따르면 갑자기 배설물로, 마실 수 없는 진흙 덩어리로 바뀌어 버릴 수 있는 무엇(미적지근하고 김 빠진 콜라를 생각해 보자)인 차원이다. 코카는 쾌락원칙을 넘어선 향유의 대상이다. 젖빨기의 목적이 아니라 빨기 자체에서 얻는 쾌락이며, 이는 불쾌하다고 해서 멈출 수 없는 쾌락인 향유, 즉 주이상스이다. 김 빠진 콜라는 바로 이런 차원이다. 상쾌한 코카가 젖빨기라면 김 빠진 코카는 코카 자체가 끊을 수 없는 향유의 상태로까지 고양된 대상이 되었음을 의미한다.

또 하나의 가족

삼성 광고는 코카와 같은 차원을 겨냥한다. '또 하나의 가족'은 내 가족보다 더한 가족이다. 가족이 젖빨기의 차원이라면 삼성('또 하나의 가족')은 빨기 자체를 향유하는 가족 안에 있는 가족 이상의 것이다.

이 차원은 새로운 공간과 시간을 창조하는 것을 넘어 공간과 시간 자체가 된 코카와 삼성에서 벗어나면 금단현상이 일어나서 죽음에 이른다는 그 차원을 겨냥한다.

'생각대로'는 의식 차원의 시간과 공간이지만 '아메리카, 이것은 바로 코카!'와 '또 하나의 가족'은 충동의 차원이다.

'생각대로'와 '쇼를 하라'는 틈이 없지만 충동의 차원은 틈이 있다. 틈이 없다는 것은 이동 가능성이 열려 있다는 것이고, 틈이 있다는 것은 이동의 가능성이 상대적으로 적다는 것이다. 여기서 틈이 없다는 것은 시장에서 상품이 소비자로부터 충성심을 확보하지 못하고 소비자가 다른 상품으로 이동할 수 있다는 것이다. 이는 상품의 속성 비교 수준에서 자신의 상품이 위치하고 있다는 것이며, 상품보다 더한 상품으로 자리매김하지 못했다는 것이다. 자신의 상품의 속성으로 소비자에게 쾌를 불러일으키는 차원이 틈이 없는 수준이다. 틈이 있다는 것은 쾌를 넘어서서 불쾌의 충동 차원에서 자신의 상품을 향유하는 것이다. 이는 곧 쾌의 수준에 고착되어 틈이 없는 것이 아니라, 쾌를 넘어서서 불쾌까지도 소비자에게 어필한다는 의미에서 틈이 있다는 것이다. 코카의 예에서처럼 상쾌하고 톡 쏘는 쾌의 욕망을 충족시키면 코카의 음용을 중단하는 것이 아니라, 그것을 넘어선 불쾌의 김 빠진 것조차도 향유하게 되는 차원이다.

SINGULARITY

칸트의 숭고함

이 불쾌의 차원을 쾌로 전환하는 것을 발견한 것이 칸트다. 칸트는 숭고와 미를 구분한다. 미의 대상이 아름다움을 느끼게 하는 쾌를 추구한다면 숭고는 불쾌한 대상으로부터 쾌를 느끼는 것이다. 자연의 거대한 힘은 불쾌에서 쾌를 느끼게 한다. 거대한 폭풍이란 인간 인식의 한계를 넘어선 두려움과 공포를 주는 불쾌의 대상에서 숭고함을 느낀다. 조화를 깨뜨리는 불쾌한 것에서 숭고함을 느끼는 것이다.

> 기발하게 높이 솟아 마치 위협하는 것 같은 암석, 번개와 천둥소리와 함께 몰려오는 하늘 높이 솟아오른 먹구름, 온통 파괴력을 보이는 화산, 폐허를 남기고 가는 태풍, 파도가 치솟는 끝없는 대양, 힘차게 흘

> 러내리는 높은 폭포와 같은 것들은 우리의 저항하는 능력을 그것들의 위력과 비교할 때 보잘것없이 작은 것으로 만든다. 그러나 우리가 안전한 곳에 있기만 하다면, 그런 것들의 광경은 두려우면 두려울수록 더욱 더 우리 마음을 끌 뿐이다. 우리가 이러한 대상들을 기꺼이 숭고하다고 부르는 것은, 그것들이 영혼의 힘을 일상적인 보통 수준 이상으로 높여주고, 우리로 하여금 자연의 외견상의 절대권력에 도전할 수 있는 용기를 주는 전혀 다른 종류의 저항하는 능력을 우리 안에서 들춰내주기 때문이다.(『판단력비판』, 임마누엘 칸트 지음, 백종현 옮김, 아카넷, 2009, 270-271쪽.)

이것은 기분 좋다, 나쁘다와 같은 쾌적과 불쾌적이 작용하는 것이 아니다. 우리가 거대한 폭풍우를 보는 것과 길 위에 오물을 보는 것에서 받는 느낌은 다르다. 오물을 보면서 느끼는 것은 기분이 나쁘다고 하지 숭고하다고 하지 않는다. 기분 좋다, 나쁘다는 오감으로 느끼는 차원인 쾌적과 불쾌적의 수준이고, 칸트는 이를 감관판단이라고 한다. 아름답다와 숭고하다는 쾌와 불쾌의 판단을 미적 판단이라고 하여 감관판단과 구별한다. 프로이트는 이러한 불쾌를 반복하는 것을 정신분석에서 발견했다. 인간이 즐거움을 주는 쾌만을 추구하지 않는다는 것이다.

프로이트는 자신의 손자가 어머니가 외출하면서 하는 놀이에서 이것을 발견한다. 아이는 어머니가 외출한 데서 오는 불쾌한 감정을 포르트-다라는 실패놀이를 통해 그것을 쾌로 바꾼다는 것이다. 실패를 던져서 실패가 사라지는 것은 엄마의 부재의 표시로 포르트!(Fort) 하고 외치고 다시 그 실패를 당겨서 끌어오는 것은 엄마가 외출에서 돌아왔다는 여기의 의미인 다!(Da)로 외치는 동작을 반복하면서 어머니의 부재라는 불쾌를 쾌로 승화한다는 것이다. 이것은 엄마가 외출하기 전 상태로 돌아가려고 반복한다는 것이다. 이것은 프로이트가 심리치료를 위해 꿈을 해석하면 증상이 사라져야 하는데 환자는 그 불쾌한 무의식이 사라지지 않고 계속 남는 것을 밝히기 위해서였다.

프로이트는 쾌락 너머에 있는 불쾌를 반복하는 것을 쾌락원칙의 삶의 충동과 대립시켜 죽음충동이라고 했다. 여기서 죽음충동은 자살과 같은 실제적인 죽음과는 관계가 없다. 정신분석에서 무의식이 억압한 것이 치료되어야 하는데 그것이 치료되지 않는 것을 불쾌를 반복하는 것으로 설명하는 개념이다. 그렇다면 이 불쾌를 반복하는 것은 인간의 심층에는 보다 더 근본적인 차원이 있다는 것을 의미한다. 예를 들어 천재지변이 일어나는 장면을 텔레비전에서 방송하는 것을 반복해서 보려는 것은 이러한 불쾌를 반복하여 이러한 사건이 일어난 순간이나 일어나기 전 상태로 돌아가려는 것이다.

SINGULARITY

아버지, 제가 불타는 것이 안 보이세요?

프로이트의 『꿈의 해석』 끝부분의 에피소드 중에서 〈아버지, 제가 불타는 것이 안 보이세요?("Father, can't you see I am burning?")〉를 살펴보자. 죽은 아들의 영안실(병실?) 옆방에 앉아 있다가 잠이 든 아버지의 꿈에 대한 라캉의 해석을 보기로 하자. 아버지의 꿈속에 아들이 나와서 이렇게 울부짖는다. "아버지, 제가 불타는 것이 안 보이세요?" 아버지는 깜짝 놀라서 잠에서 깨어나는데, 깨어나 보니 정말 촛불이 넘어져서 아들의 시신이 눕혀져 있던 곳에 불이 나 있던 것이다. 라캉은 이 꿈을 해석하면서 그것을 실재에 관련시킨다. 꿈에서 뭔가를 봤고, 꿈에서 깨어나 보니 꿈에서 본 바로 그것이 현실에서 실제로 일어나고 있었다는 점에 착안해 아버지가 꿈속에서 본 것이 바로 '실재'라고 말한다.

여기에 대해서 지젝은 다른 해석을 내놓는다. 지젝은 아버지가 꿈에서 깨어난 것은 그 실재라는 것이 너무 끔찍해서 현실로 돌아올 수밖에 없었기 때문이었다고 본다. 라캉의 해석 요점은 꿈과 현실/실재가 동일하다는 것이고, 지젝의 초점은 실재가 끔찍해서 깨어나게 되고, 그래서 실재와 대립해 있는 현실(상징적인 것에 의해 구성된 허구적 공간)로 도망왔다는 것이다.

라캉이 강조하는 것은 이렇게 꿈에서 본 실재와 꿈에서 깨어난 아버지가 다급하게 불을 끄러 달려가면서 보는 실재는 동일한 실재로서, 단순히 물리적 사건 자체를 지시하는 것이 아니라 아들을 구하고자 하는 아버지의 열망(passion)의 실재, 더 나아가서 죽은 아들을 되살려내고 싶은 아버지의 열망의 실재를 말한다. 라캉은 이러한 열망을 '반복강박(repetition compulsion)'의 본질로 본다.

어떤 끔찍한 일이 일어났고, 이 일을 다시 돌이키고 싶은 간절한 마음이 지속적으로 그 끔찍한 일이 일어났던 때 또는 그 이전으로 돌아가게 만든다는 것이야말로 반복강박이라는 것이다. 살아남은 자의 슬픔은 죽은 아들을 잊지 못해 시간을 그 죽음 이전의 상태로 되돌리려는 열망으로 인해 그 죽음의 불쾌의 시점으로 반복해서 되돌아가는 것이다.

천재지변에 의해 인명이 살상한 장면을 반복해서 보는 것은 라캉식이라면 살상당한 순간이나 혹은 그 이전으로 되돌아가려는 윤리적 결단이라고 보는 반면, 지젝은 살상당해 죽은 이의 처참하게 찢겨지는 그 실재와 대면하는 것을 방어하기 위한 것인 점에서 차이가 난다.

'아버지, 제가 불타는 것이 안 보이세요?'라는 꿈을 꾼 것을 라캉은 아버지가 아들을 죽음 이전의 상태로 되돌리려는 열망으로 해석하고,

지젝은 아들이 불에 타 죽은 그 실재와의 대면을 방어하기 위해 그것을 반복하는 것으로 본다. 해석은 다르지만 모두 기억하기 싫은 사고의 순간을 반복하는 점에서는 일치한다. 정신분석은 사람이 죽어가는 장면을 회피하지 않고 보는 것은 그 심층 충동의 차원이 근원적 존재라고 말한다.

이 불쾌의 반복이야말로 그 심층 충동의 존재와의 직접적인 대면을 방어한다는 것이다. 인간은 살기 위해서 이 불쾌를 반복할 수밖에 없는 존재인 것이다. 정신분석으로 치료되지 않는 인간의 심층인 바로 충동의 영역이 존재하므로 인간은 끊임없이 불쾌를 반복하는 것이라고 한다.

SINGULARITY

젖빨기 그 자체를 즐기는 충동, 이것은 바로 싱글라리티

이 불쾌가 바로 코카의 김 빠진 것을 향유하는 충동의 차원이다. 젖빨기를 충분히 해서 만족하면 젖빨기를 중지해야 하는데 그 쾌를 넘어 젖빨기 그 자체를 즐기는 것이 불쾌를 반복하려는 충동이다. 그렇다면 코카의 '아메리카, 이것은 바로 코카!'는 이 불쾌를 반복하려는 충동의 차원을 마케팅에 활용하고 있다.

반면에 '생각대로'나 '쇼를 하라'는 심리치료에 의해 증상이 해결되어 기분이 좋다, 나쁘다로 환원되는 차원의 마케팅 전략이라고 할 수 있다. 생각대로 하니 기분이 좋다, 쇼를 하면 기분이 좋다는 쾌적과 불쾌적의 오감에 의해 느끼는 제품의 속성 차원이므로 아름답다든지 숭고하다든지 하는 쾌와 불쾌의 차원은 아니다.

따라서 소비자와는 틈이 있지 않다. 틈이 있지 않으므로 언제나 소비자는 이동할 수 있다. 기분이 나쁘면 언제든지 돌아설 수 있는 소비자들이다. 이러한 수준의 새로운 시간과 공간의 창조는 언제나 기분이 나쁘다에서 기분이 좋다는 불쾌적의 시간과 공간에서 기분이 좋다는 쾌적의 시간과 공간의 이동에 불과하다. 그래서 언제나 상황에 따라 브랜드는 흔들리는 바람 앞의 등불이 된다.

소비자가 바람이라면 브랜드는 등불이다 보니 레드오션은 기존의 공간과 시간이고, 이 레드오션에서 이동하여 새로운 공간과 시간을 찾는 블루오션 그림 그리기가 반복된다. 그러나 이런 차원은 쾌와 불쾌의 차원이 아니라 쾌적과 불쾌적의 차원이다. 블루오션 그림 그리기가 반복된다는 것은 불쾌적이 반복되는 것이지 불쾌가 반복되는 것이 아니다. 불쾌적의 반복은 소비자가 기분이 나쁘니 기분이 좋도록 하는 차원이지 불쾌의 충동의 반복 차원이 아니기 때문이다.

이로부터 우리는 전통 마케팅 전략을 전도(顚倒)해야 한다는 결론에 도달한다. 브랜드 속성의 비교 우위는 소비자의 기분 좋다, 나쁘다의 쾌적과 불쾌적에 소구하는 전략이다. 경쟁제품보다 우리 브랜드가 기분을 좋게 하기의 경쟁전략이었다. 이때의 브랜드 속성은 경쟁 브랜드와의 대립을 전제한다. 시장 내의 경쟁 브랜드와 자신의 브랜드와의 차이가 강조된다. 이 차이는 속성의 비교 우위가 차별적인 요소이고 강점이다. 브랜드 속성의 차이는 소비자 니즈와 일체화된다.

그런데 이렇게 찾아진 브랜드 속성과 소비자 니즈와의 일체는 쾌적과 불쾌적의 속성과 니즈라는 사실을 간과하고 있다. 그래서 이와 같은 차원을 전도시켜야 한다. 불쾌의 차원으로. 지금까지의 브랜드 전략이

쾌적, 즉 기분이 좋다를 소비자에게 소구했다면 이제는 그 너머의 불쾌의 충동 차원을 고려해야 한다.

경쟁사의 비교 우위에서는 코카의 상쾌한 맛의 속성이라는 기분 좋다는 쾌적의 브랜딩 전략에 머물렀다면, 불쾌의 충동의 브랜딩 전략은 김 빠진 충동의 젖빨기를 제품의 속성으로 삼아야 한다. 쾌적의 브랜딩이 경쟁의 비교 우위의 차이를 강조한다면, 충동의 브랜딩 전략은 자기의 충동전략인 김 빠진 것이냐 아니냐로 브랜딩 전략의 관점을 변화시키는 것이다. 상쾌한 톡 쏘는 맛은 경쟁사와의 비교에 의해서 나온 속성이다. 그러면 경쟁사는 이와 비교 우위의 속성을 들고 나오게 된다. 이럴 경우 속성의 비교 우위에서 승자와 패자는 전적으로 우연에 의존하게 된다.

따라서 시장의 승패는 주사위 놀이에 좌우된다. 이것은 시장에서 우리 브랜드와 소비자의 조우는 우연적이라는 것을 전제하는 것이다. 이것은 이미 경쟁자의 브랜드와 우리 브랜드의 비교를 구조화한 것이다. 선발 브랜드는 기존 시장을 고수하기 위해 방어전략을 취하고 후발주자는 선두 브랜드에 대한 공격전략을 취한다.

헤겔의 즉자적 · 대타적 · 대자적 개념으로 본다면 대타적 브랜드는 후발주자이고 대자적 브랜드는 선발 브랜드다. 그렇다면 즉자적인 것은 아직 시장에 출현하지 않은 브랜드인가?

대타적 브랜드와 대자적 브랜드는 기분이 좋은 것을 서로 경쟁하는 쾌적의 브랜드 마케팅을 한다면 즉자적은 불쾌의 충동의 마케팅 차원이다. 즉자적 마케팅은 브랜드 비교라는 대립을 전제하지 않는다. 이것은 자신, 즉 불쾌냐 아니냐의 관점이다. 상쾌한 톡 쏘는 맛의 속성은 경쟁 브랜드의 시원하고 화하는 맛의 속성과 대립된다는 점에서 이분적 경쟁을 전제한다. 이때는 우리 브랜드는 기분이 좋고 경쟁 브랜드는 기분이 나쁘다는 것이 기준이다.

SINGULARITY

의식은 시계소리를 패턴으로 지각한다

이 대립적 경쟁의 구도를 고착화해서 마케팅을 하는 것이 규준이 되었다. 그것은 이보다 더 효과적인 마케팅 방법이 없었기 때문이고, 마케터들에게 이 방법이 습관이 되었기 때문이다. 습관이란 반복에 의해 만들어진 것인데, 예를 들자면 괘종 시계 소리를 생각해 보자. 땡, 땡, 땡, 땡으로 지각하는가 아니면 때엥, 때엥으로 지각하는가? 빗방울 소리는 어떻게 지각되는가? 똑, 똑, 똑, 똑인가 또옥, 또옥으로 떨어지는가? 아니면 두두득 두드득 하고 떨어지는가? 우리 의식은 무규정적인 시계 소리를 일정한 패턴으로 지각한다. 우리의 감각기관은 아무 구분 없는 소리를 정리하여 받아들인다. 이것은 무수히 많이 듣다보니 갖게 된 습관에 의해서다. 아무런 규정도 갖지 않는 소리를 이처럼 우리 의식은 패턴으로 지각하는 것이다.

습관과 반복은 이처럼 폭력적이다. 이분적 경쟁의 대립구조가 마케팅 전략의 전범(典範)이 된 것도 이런 습관과 반복에 의해서이다. 이것은 마케팅 없는 마케팅에서 볼 때는 구식이다. 이제 그 형식화된 마케팅 플랜을 폭력적으로 뒤집어야 한다. 경쟁사와의 외부적인 대립의 차이에서 승리하기 위해서는 기분이 좋다와 같은 쾌적의 감관판단인 쾌락원칙의 대립적 차이의 관점에서 그 너머의 불쾌의 반복 충동인 불쾌 자체냐 아니냐의 관점으로 말이다.

소크라테스가 현대에 의미가 있다면 그것은 그의 정신개조론에 있다. 소크라테스는 우리 머릿속에서 발끝까지 모든 것을 앎으로 개조할 것을 주문했던 가히 혁명적인 사상을 주장했다. 앎의 맹아기인 당시에 온갖 종류의 잡설들이 난무했다. 교언영설로 민중들을 혼란에 빠뜨리는 사이비 학자들과 지식인들이 자신의 사상이 믿을 수 있다고 서로 백가쟁명으로 다투는 시기였다.

이때 소크라테스는 이런 모든 대립되는 사상들로 어지럽혀진 머리를 밀어내야 하고, 그 공백의 자리에 지성의 앎인 이성으로 채워야 한다고 주장했다. 이런 정신개조 작업을 제대로 하기 위해서는 정지작업이 필요한데 그것이 바로 논박(엘렌쿠스)이었다.

논박(엘렌쿠스)이란 근본적으로 앎일 수 없는 개인적 판단이나 의견일 뿐인 것을 파기하도록 하는 일종의 정신개조 작업이며 제거작업이다. 그래야만 그 빈 공백의 머리에다 참된 앎을 채울 수 있고, 그 이후에야 제대로 된 마케팅 플랜 수립 작업을 할 수 있었기 때문이었다. 컴퓨터를 밀어내고 새로 프로그램을 깔듯이 정신도 오염된 옛것을 밀어서 기계처럼 깨끗하게 개조해야 한다는 것이 소크라테스 사상의 전모다.

소크라테스가 마케팅 플랜 영역에 주는 교훈은 불쾌의 충동으로 기존의 쾌적의 대립적 차원을 밀어내라는 극단적인 선택을 강요하라는 데 있지 않다. 그것은 마케터들이 불쾌의 충동 차원이 경쟁의 쾌적의 기분이 좋다는 차원의 심층에 존재한다는 것을 볼 것을 주문하는 데 있다. 마케터를 마케터하려는 것이 마케팅 없는 마케팅의 임무다. 그 임무는 기존 마케터의 기획 기반을 선취하는 심층 차원인 마케팅 없는 마케팅의 마케터 영역을 마케터들에게 고려하라는 것이고, 이것이 마케터를 마케터한다는 고유의 의미다.

SINGULARITY

대처보다 더한 대처, 토니 블레어

자기로부터 영양을 공급할 수 없는 아기는 타자인 어머니의 젖빨기를 통해 생존에 필요한 식량을 얻는다. 이것이 첫 번째 부정이다. 그리고 이 배를 채우고 나면 젖빨기를 멈춰야 하는데 그렇지 않고 그것 너머의 빠는 행위 자체를 향유한다. 이것이 어머니로부터 배고픔을 충족하는 부정에서 다시 불쾌를 향유하는 두 번째 부정이다. 이 부정의 부정의 형식이 현대 브랜드 전략적 플래닝의 핵심이다.

헤겔 변증법의 전통적 해석은 정(나)과 반(타자)이 합(통일)을 이룬다는 것인데, 이때의 해석은 우리 브랜드와 경쟁 브랜드가 하나로 통일되는 결과로 도출된다. 그렇다면 우리 브랜드와 경쟁 브랜드의 합병은 일체의 적대적 인수합병이 아니라 상호 공존하는 브랜드의 결합을 의미한다. 그러나 50 대 50의 완전 균형의 결합은 존재하지 않는다. 언제나 비대칭으로 존재한다. 국회의원 수가 299인 것은 완전 대칭일 때 의사결정이 언제나 무한 소급되는 것을 방지하기 위함이다.

헤겔의 변증법이 현대 마케팅에서 유효한 것은 부정의 부정이 언제나 완전한 대칭이 아니라 비대칭이라는 데 있다. 이것을 절대적 부정성, 즉 절대적 비대칭성이라고 한다. 인문학이 마케팅과 창조적으로 결합할 수 있는 부분이 바로 이 부정의 부정이다.

하나의 예를 들어보자. 구소련이 곧 파국으로 치달을 것이라는 소문에 민심이 흉흉하던 시절, 모스크바에 거주하던 유대인 클로소프스키는 이민을 가려고 이민국을 방문했다. 그런데 그가 소련을 떠나겠다는 이유가 파국의 원인을 유대인에서 찾으려 한다는 데 대한 두려움 때문이었을까? 이민국 관리는 한 치의 어긋남이 없이 클로소프스키에게 이렇게 물어왔다. 왜 이민을 가려고 하는가? 만약 그 이유 때문이라면 이민 갈 필요가 없다고 관리는 말한다. 그 이유는 소련은 멸망하지 않으니까라고 답한다. 그래서 반유대주의는 소련에서는 없을 것이라는 것이다. 그 멸망의 원인을 유대인에게 돌리는 일은 진정코 일어나지 않는 이유가 소련은 망하지 않는다는 것이다.

이때 클로소프스키의 대답은 정확히 부정의 부정 그 자체를 예시하는 것이었다. 그는 이렇게 답한다. "이민 가려는 이유는 바로 그것, 소련이 망하지 않는 것 때문이오." 멸망의 원인을 유대인에게 돌리려는 첫 번째 부정이 아니라 그 두 번째 부정, 즉 소련 자체가 망하지 않는다는 것이 이민의 이유였다. 클로소프스키에게 소련이라는 현실사회주의 국가 그 자체에 대한 혐오는 그 어떤 다른 이유보다도 절박한 이유였던 셈이다. 그것은 반유대주의로 인해 자신이 희생양이 되는 것보다 더한 이유였던 것이다.

마케팅 없는 마케팅 플랜이 겨냥하는 지점이 클로소프스키가 부정의 부정으로 대답한 바로 그 지점이다. 바로 그것은 '고향의 맛 바로 그 맛이야'의 바로 그 맛이 겨냥하는 지점이다. 고향의 맛은 경쟁 브랜드와 비교에서 찾은 부정이고, 바로 그 맛은 자기 브랜드 자체가 갖는 잉여의 맛이며, 소비자가 우리 브랜드를 끊을 수 없는 향유의 대상으로 내재화한 그 불쾌조차도 즐겁게 받아들이는 부정, 즉 부정의 부정이다. 브랜드 전략 수립에 있어 부정의 부정의 '그것'을 탐색하는 것은 쉽지 않다. 따라서 브랜드에 대한 통찰이 필요하다.

정치분야에서 부정의 부정 사례를 보자. 보수당인 대처 총리는 신자유주의를 최초로 기획하여 영국에 적용했다. 기존의 복지국가를 부정한 것이다. 그렇다면 이 신자유주의가 뿌리를 내리려면 그것을 충실히 이행해야만 가능하다. 그러나 그것을 계승한 것은 보수당이 아니라 노동당의 토니 블레어였다. 토니 블레어는 복지국가를 지향하는 노동당을 부정하고 대처의 신자유주의를 충실히 이행했던 것이다.

토니 블레어는 대처의 부정을 다시 부정하는 부정의 부정을 통해 신자유주의를 확고하게 뿌리내리게 했던 것이다. 여기에서 요점은 부정의 부정은 바로 그것, 즉 신자유주의가 뿌리내릴 때 보수당이 그것의 정당성을 지원한 것이 아니라, 바로 그 반대자가 그것을 지원했다는 바로 부정의 부정 그것 때문에 성공했다는 점이다.

바로 그것을 찾는 것이 부정의 부정 브랜드 마케팅, 즉 마케팅 없는 마케팅이고, 마케터가 탐색해서 찾아야 할 바로 그것이다. 이 부정의 부정 영역의 발견은 정신분석학으로부터다. "나는 생각한다, 고로 존재한다"라는 데카르트 명제의 핵심은 생각(사유)과 존재(세계)의 일치였다. 정신분석학에서 주목한 점은 데카르트의 명제가 생각이 존재를 부정할 때 존재가 생각에 의해 전부 드러나지 않고 은폐되는 부분, 즉 부정의 부정 영역이 필연적으로 남게 된다는 것이다. 우리가 경험하는 것은 그 자체에 이미 드러나지 않은 부분을 가지고 있다는 것이다. 이 드러나지 않은 부분이 부정의 부정이다. 이것을 그림으로 그려보자.

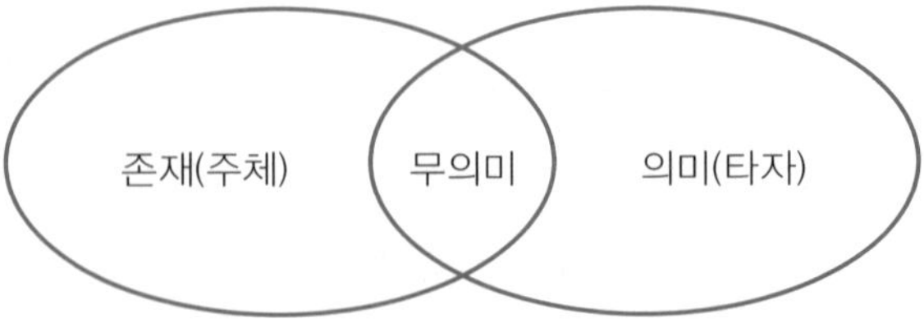

존재(주체)와 의미(타자)가 겹치는 무의미의 부분은 인격적이고 개체적인 차원의 아래에 존재하는 비인격적이고 전개체적인 영역이다. 이 부분은 존재와 의미의 영역과 분리되지 않고 연결되어 있다. 존재(주체), 즉 우리 브랜드는 경쟁 브랜드와 서로 경쟁하는 시장구조, 즉 의미(타자)와 같이 존재하므로 우리 브랜드는 나 홀로 존재하지 않는 부정의 방식으로 존재한다. 우리 브랜드에 대립된 경쟁 브랜드의 구조와 함께 존재한다는 게 부정의 존재방식이다. 전통적인 브랜드 마케팅에서는 이 경쟁에서 우위에 있는 우리 브랜드의 강점을 소구하는 것으로 그쳤다.

그러나 위 그림에서 보듯이 존재(주체)의 존재방식인 우리 브랜드와 의미(타자)인 경쟁 브랜드와의 경쟁구조에서 드러난 부분 외에 존재하는 드러나지 않은 무의미의 영역, 즉 존재(주체)와 의미(타자)에서 배제된 부분인 부정의 부정 영역을 전통적 마케팅에서는 고려하지 않았다. 고려했다고 해도 그것은 우연하게 맞아떨어진 것에 불과했다. 존재(주체)와 의미(타자)에서 배제된 무의미의 영역이 바로 그것(Es)이라는 불쾌의 충동의 부분이다. 이 부분을 좀 더 자세히 설명하는 그림을 보자.

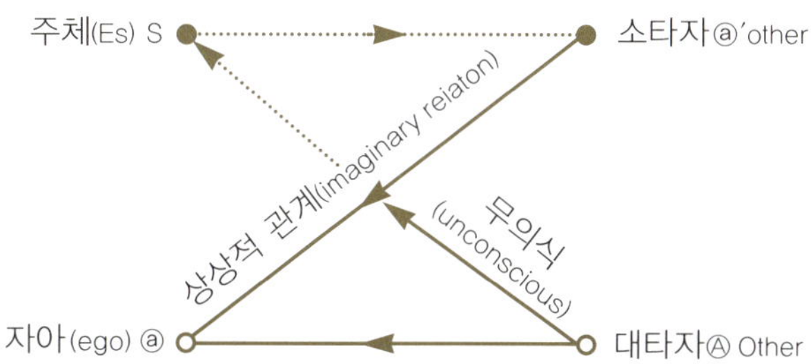

위의 그림에서 상단의 (Es) S와 ⓐ′other가 사유에서 배제되어 드러나지 않은 무의미의 영역인 부정의 부정 영역(나보다 더한 나의 영역인 전개체적이고 비인격적인 차원)이고 (ego) a와 Ⓐ other가 부정의 영역(자아의 인격적 차원)이다. 그런데 이 그림의 핵심은 부정의 부정의 (Es) S를 고려하지 않은 채 전통적 마케팅 전략이 수립되었다는 점이다. 그래서 부정의 영역인 (ego) a가 자신이 마치 부정의 부정인 것처럼 ⓐ′other와 직접적인 관계를 맺는 상상적 관계에 있다는 점이다. 이것은 '생각대로' 나 '쇼를 하라' 의 이동통신의 지점인 부정의 기존의 브랜드 마케팅 전략이다.

코카의 '아메리카, 이것은 바로 코카!'는 부정의 부정 영역인 불쾌의 충동인 (Es) S에 위치한다. '고향의 맛 바로 그 맛이야' 가 겨냥하는 지점 역시 부정의 부정인 (Es) S이다. (Es) S는 젖빨기를 통해 배고픔을 충족했으면서도 젖빨기 자체가 멈출 줄 모르는 향유의 대상이라는 점에서 대상 a라고 한다. 따라서 대상 a로서 젖빨기 자체는 배고픔의 쾌가 충족되어도 멈추지 않고 빨기 자체를 즐기는 불쾌의 과잉의 젖빨기라는 점에서 대상 a이다.

> 라캉에 따르면 '향유'(juissance/enjoyment)란 쾌락(plaisir/pleasure)이 아니다. 향유와 쾌락을 동의어로 쓰곤 했던 프로이트와 달리(가령 『농담과 무의식의 관계』) 라캉은 욕구(besoin/need)와 요구(demande/demand)를 구분하며 각각의 개념에 쾌락과 향유를 대입한다. 가령 어머니의 젖을 빠는 아기의 경우, 배고픔이라는 생체적 욕구가 충족되면 더 이상 '식욕의 빨기'(succion)가 아니라 '쾌감의 빨기'(suçotement)를 한다. 이렇듯 욕구가 충족된 이후에도 추구되는 것이라는 점에서 향유는 쾌락의 초과, 위반, 잉여이다. 또한 과도한 쾌락은 불쾌(고통)로 이어진다는 점에서 쾌락 이상을 추구하는 향유는 도착적이기도 하다.
> 쾌감의 빨기는 아기가 어머니와 일체감을 느끼곤 하는 행위이기도 한데 이 행위는 곧 중단된다. 즉 젖떼기를 하는 것이다. 아기는 잃어버린 일체감을 회복하기 위해 끊임없이 '쾌감의 빨기'를 반복하려고 하지만 그것은 더 이상 허락되지 않고, 이제 어머니의 젖꼭지는 "기다려 보지만 항상 결핍된 것", 즉 충족되지 않은 욕망의 대상이 된다. 라캉은 이를 '대상 a'(objet petit a/object little-a)라고 한다.(구양봉옹, 〈지젝과 지저거리며 함께 머물기〉 인터넷 글.)

Ⓐ other는 자아(ego)를 조종하는 자아 이전에 이미 존재하는 사회의 상징적 구조다. 우리 브랜드가 태어나기 전에 이미 자본주의 체계와 시장이 존재하고 이미 상품이 존재한다. 그 선행하는 구조가 우리 브랜드의 탄생에 이미 관여되어 있다. 아이가 태어나기 전에 이미 그는 누구의 아들이고 누구의 손자로서 호칭체계로서의 구조가 아이에 앞서 존재하는 것이다. 그런데 자아는 이 구조가 자신이 생각하는 것에 앞서 존재한다는 것을 망각하고 자신이 능동적으로 스스로 생각한다는 것이 상상적 관계다.

이것은 열쇠 구멍으로 들여다보고 있을 때 등 뒤에서 응시하고 있는 타자가 있다는 것을 망각하는 것이다. 이 응시하는 타자가 바로 구조다. 자아에 앞서 존재하는 것이 응시의 구조다. 그런데 이 응시를 망각하고 자신이 보는 것만 존재한다고 생각한다. 이것이 상상적 관계다. 이 상상의 존재방식이 존재해야 열쇠 구멍 안의 대상을 끊임없이 추구하는 것이 가능하다. 상상이 끊임없이 새로운 욕망의 대상을 찾는 것은 욕망의 근원적 결핍 때문에 발생하는 것이다.

그렇다면 기존의 마케팅은 이 근원적 결핍의 욕망을 찾는다고 하면서도 그 욕망의 심층까지 고려하지 않은 부정의 수준에 머물렀다고 볼 수 있다. 열쇠 안을 들여다보는 소비자가 욕망하는 것이 우리 브랜드라고 하는 것이 기존의 브랜드 마케팅이었다. 그것은 응시하는 타자의 불쾌 충동의 영역인 부정의 부정을 브랜드 전략에서 배제하고 고려하지 않았다고 할 수 있다.

전통적 컨셉 추출

그렇다면 이제부터 부정의 부정 컨셉 추출까지 도달하지 못한 전통적 컨셉 추출방법이 무엇인지 살펴보기로 하자.

우선 전통적인 컨셉의 개념이 무엇인지를 살펴보자. 컨셉은 개념을 말한다. 개념이란 concept인데 con-은 '하나로 묶다'라는 의미를 갖고 있고 -cept는 '캐내다'라는 의미를 갖는다. 따라서 concept은 '무엇인가를 캐내서 하나로 묶는다'는 의미를 갖는다. 하나로 묶기 위해서는 여럿이 존재해야 한다. 이 여럿이 개별적으로 경험하는 것들이다. 초록 물고기, 초록 잔디, 초록 의자, 초록 가방에서 초록은 개별적으로 경험하는 초록이고, 이 여럿의 초록을 하나로 묶은 개념이 초록색이며, 이 초록색을 개별자 대신에 보편자라고 한다.

예를 들어 우리가 이 잎사귀는 초록색이다라고 할 때는 우리가 보고 있는 초록색 나무 줄기라는 개별적인 초록색만으로 잎사귀가 초록색이라는 것을 아는 것은 아니다. 내 앞에 있어서 내가 지시하는 개별자인 이 잎사귀가 있고, 그것이 초록색임을 알려면 먼저 초록색이라는 보편자를 내가 이미 알고 있어야 한다. 이 보편자를 개별자보다 먼저 알고 있기 때문에 개별적인 초록색을 경험할 수 있는 것이다. 칸트는 우리가 초록색이란 보편자인 개념을 알려면 개별적인 경험을 직관하는 능력인 감성과 선험적으로 존재하는 사유형식인 오성이 결합해야 한다고 했다.

그렇다면 개념이 없을 경우에 어떤 현상이 발생하는지 살펴보자. 의자가 한반도에 없었을 때 의자를 중국에서 처음 접한 한국인은 중국인들이 의자를 이즈라고 발음하는 것을 듣고 한반도로 온다. 그 최초의 한국인은 중국에서 본 의자를 기억해낸다. 이때 기억을 재생하기 위해서는 머릿속에 그림을 그리게 된다. 이것을 표상이라고 한다. 구름 그림 속에 이즈 = 의자 그림을 떠올리는 것을 생각하면 된다.

그 최초의 한국인은 나무를 잘라 다듬은 다음 중국에서 본 것 그대로 의자를 만든다. 이때 의자는 이름이 없는 자연물이다. 이것을 무표(無標)적 자연물이라고 한다. 아직 명명되지 않아 개념이 없는 것이다. 이 한국인은 여기에 이즈와 비슷하게 의자라고 이름을 붙인다. 이때 비로소 의자라는 이름의 유표(有標)의 단계로 넘어와서 의자는 자연물에서 사물로서 존재하게 된다. 사물이란 일에 쓰이는 도구라는 의미이기 때문이다.

의자에 앉아 있는 모습을 본 동네 사람들이 모여들고, 신기하게 의자를 요리조리 만져볼 것이다. 이때 의자 주인은 동네 사람들이 이것이 무엇이냐고 물을 때 의자라고 말할 것이다. 이때 의자는 개별적인 자연물이 아니라 보편적인 사물이 된다. 동네 사람들은 이 최초의 의자를 본떠 여러 형태의 의자를 만들 것이다. 그동안 다리가 피곤할 때 걸터앉는 것들에는 의자라는 개념이 없었는데 이제 인위적으로 만들어서 피곤하면 앉는 도구를 모두 의자라고 부르는 보편적 개념을 갖게 된 것이다. 곧이어 책상도 만들어 그 위에서 밥을 먹을 것이다.

이렇게 생활에 필요한 가구들이 하나하나 만들어질 것이다. 그리고 이를 통칭한 가구란 개념이 생길 것이다. 그리고 남이 만든 물건을 소유하려고 다툼이 벌어질 것이고, 이로 인해 정의나 평화 같은 추상 개념들이 생기게 된다. 개념으로 알지 않는 것은 '그냥 보는' 것이고, 개념으로 아는 것은 '~으로 보는' 것이다. 의자를 처음 접한 사람은 의자가 무엇인지 모르고 '그냥 보는' 것이고, 의자라는 개념을 알고 보는 사람은 의자를 '피로를 푸는 것으로 보는' 것이다.

그렇다면 기존의 마케팅에서 컨셉(개념)을 어떻게 적용하는지 살펴보자. 앞에서 든 의자의 사례에서 최초로 의자를 만든 한국인이 머릿속에다 중국에서 본 것을 기억해 나무를 잘라 다듬어서 의자를 만들었다. 이때 의자라는 제품이 만들어졌다. 이때 머릿속에서 그려진 의자가 제품 컨셉이다. 중국에서는 의자를 이즈라고 했는데 이즈 = 의자로 머릿속에 담는 것은 표상이고, 그것은 이미지 형태로 저장된다. 칸트는 컨셉을 만드는 표상능력에 대해 "개념 없는 감각은 맹목적이고 감각 없는 개념은 공허하다"고 했다.

중국의 이즈(의자)를 보고(시각) 만지고(촉각) 향을 맡아(후각) 입에 대고(미각) 두드려 보고(청각) 그것을 머릿속에 담아 저장하고 이즈를 나름의 표기법으로 적어서 한국에 돌아온다. 그리고 그 기억을 꺼내 중국에서 본 이즈(의자)(개념)에 따라 의자를 만든다. 이때 표기해 온 이즈라는 개념이 없다면 머릿속에는 상이 그려지지 않을 것이다. 감각한 것들이 하나로 통일되지 않고 잡다한 것으로 흩어져 버리기 때문이다. 그래서 개념 없는 감각은 맹목적인 것이다.

또한 중국에서 직접 보고 만지고 두드리고 냄새 맡고 한 이즈에 대한 감각이 없다면 머릿속에서 이즈(의자)를 그리는 것은 불가능하다. 그려야 할 내용이 없는데 그림을 그릴 수 없기 때문이다. 이것을 감각 없는 개념은 공허하다고 하는 것이다. 이 감각과 개념을 종합해서 그림을 그리게 하는 것을 도식작용이라고 하고, 이 도식작용으로 머릿속에 그리는 것이 표상이며, 이 도식작용을 가능하게 하는 것이 바로 상상력이라고 한다. 칸트는 감각적 경험 + 개념 + 이미지(표상)를 통일된 지각이라고 해서 통각이라고 불렀다. 통각은 곧 나(자아)이다. 그런데 칸트는 나(자아) 자체는 알 수 없는 물자체의 영역이므로 인식 영역이 아니라 실천 영역이라고 규정했다. 통각인 나(자아)는 알 수 없기에 X이며, 달리 말해 초월론적 통각 = X라고 하는 것이다.

중국에서 맨 처음 의자를 보고 만지는 것을 감각적 경험이라고 한다. 그리고 이즈가 개념이고, 감각적 경험과 이즈를 머릿속에 담아와서 한국에서 제작할 때 상상력의 도식작용으로 그려낸 것이 이미지(표상)이다. 이 세 가지가 통일되어 지각되었기 때문에 한국에서 의자 제작이 가능했던 것이다. 이 세 가지 중에서 개념 없이 지각된 것이 감각적 지각이다. 중국에서 최초로 의자를 접할 때가 개념이 없는 지각인 감각적 지각이라 할 수 있다.

처음에 의자를 접한 한국인은 그것을 보고서 감각적 지각을 하다가 그 이름이 이즈인 것을 알았다. 이것을 인지라 한다. 그리고 한국에 돌아와서 기억에 저장했던 것을 표상하여 의자를 만들 때 그는 의자의 내용까지 속속들이 알게 된다. 이것을 지각이라고 한다. 그리고 의자가 대중화되었을 때 소비자들이 우리 제품과 경쟁사 제품을 비교하여 우리 제품의 어떤 점이 좋고 어떤 점이 나쁘다고 평가하는 것을 선호라고 한다. 전통적인 마케팅에서 다루는 것은 개념을 아는 인지, 개념의 내용까지 아는 지각, 좋고 나쁘다는 선호까지이다.

마케팅 없는 마케팅은 전통적인 마케팅이 소비자의 컨셉에 대한 이해 수준으로 고려하는 인지, 지각, 선호로는 부족하다는 것이 필자의 생각이다. 그리고 이 세 가지 소비자의 컨셉에 대한 이해 수준으로는 마케터가 경쟁에서 살아남을 수 없다는 것이 필자의 주장이다. 이것은 칸트의 감각적 경험 + 개념 + 이미지(표상)란 통일된 지각(통각)만으로 부족하다는 것이 필자의 통찰이다.

칸트의 통각은 전통적 소비자 컨셉 이해 수준인 인지, 지각, 선호에만 적용되는 원리이기 때문이다. 이러한 감각적 경험 + 개념 + 이미지(표상)의 통각과 소비자 컨셉 이해 수준인 인지, 지각, 선호라는 전통적 마케팅 수준은 다음과 같이 설명할 수 있다.

중국의 이즈(의자)를 상상력으로 그려(도식) 표상하는 감각적 경험의 통일에 의해 의자가 만들어진다. 그러나 이때 의자는 브랜드(이름) 컨셉을 갖기 전이다. 동네 사람들이 의자를 보고 서로 의자를 제작하여 사용한다. 그 중에서 특출나게 의자를 만드는 사람만 의자를 제작하고 나머지 사람들은 농사짓는 데 재능이 있어서 의자 제작을 포기하고, 분업이 이루어지고 난 후에 의자와 곡식의 교환이 이루어진다. 이때 더 좋은 의자와 더 좋은 곡식을 교환하려는 욕구가 발생한다. 의자 제작자들 사이에 경쟁이 일어난다. 이때 내가 만든 의자와 경쟁자가 만든 의자의 어떤 것이 우수한지 제품 비교를 하게 된다. 우리 의자는 나무 재질이 좋다, 편안하다, 오래 쓸 수 있다, 편리하다는 장점을 가지고 있어 이런 사람들에게 안성맞춤이다 등등.

이것이 다른 제품과 차별화되는 장점이므로 우리 제품의 포지셔닝이 된다. 포지셔닝이란 시장에서 우리 제품 하면 소비자가 떠올리는 인식상의 지도이다. 제품 컨셉과 포지셔닝을 한 후에 브랜드 컨셉을 통해 브랜드를 정해 의자에 이름을 붙이는 네이밍 작업을 하게 된다. 이때 중요한 것은 제품 컨셉과 포지셔닝 그리고 브랜드 컨셉은 통합되어 일관성을 유지해야 한다는 점이다. 이러한 수준을 고려해야만 시장에서 성공하는 마케팅 전략을 수립할 수 있다고 전통적 마케팅은 주장한다.

그러나 과연 그런가 묻지 않을 수 없다. 소비자의 컨셉 이해를 인지, 지각, 선호로 설정하는 것은 칸트의 감각적 경험 + 개념+ 이미지(표상)라는 통각을 잘못 이해한 것이다. 감각적 경험과 개념을 종합하여 우리가 인식능력을 갖는 것은 상상력이 매개작용을 하기 때문이다. 이 상상력은 인간의 인식을 인지, 지각, 선호로 제한하지 않는다. 따라서 전통적인 마케팅에서는 이러한 상상력을 고려하지 않다 보니 소비자의 이해 수준을 인지, 지각, 선호로만 알고 있는 것이다. 이것이 패러다임으로 유지되는 것은 계량화해서 수치화하려는 데 용이하기 때문이다.

이러한 마케팅에서는 소비자의 질적 요소는 고려 대상이 아니다. 소비자를 전통 마케팅이 설정한 치수에다 끼워맞춘다. 이것은 상상력을 이해하지 못했기 때문이다. 상상력은 구상력이라고도 하는데, 이는 도식작용을 말한다. 이미지(표상)를 그리는 것이 가능한 것이 바로 이 도식작용이다. 수없이 많은 아이디어가 머릿속에 떠오르는 것이 바로 이 상상력 때문이다. 이 무궁무진한 상상력의 차원을 대표 표상 이미지로서의 표상을 의미하는 왜곡된 의미인 인지, 지각, 선호라는 소비자 컨셉 이해의 틀 속에 가두고 계량화한 것이 전통 마케팅이다. 컨셉을 아는 수준의 인지와 컨셉의 내용을 아는 수준의 지각, 좋고 나쁘고를 평가하는 선호가 잣대가 될 때 창조는 사라진다. 브랜드 이름을 기억하기에 골몰할 것이며, 브랜드 내용을 기억하기에 집중할 것이고, 좋은 평가를 위해 집중할 것이다. 이때 상상력은 제한되고, 이 척도에 순응하는 것이 좋은 마케터이고 좋은 컨셉 플래너로 규정된다.

그러나 전통적 마케팅은 애초에 인식능력을 가능하게 하는 것이 상상력이라는 것을 모르고 있었다. 그러다 보니 소비자의 컨셉 이해를 세 가지로 제한할 수 있었던 것이다. 그리고 이것이 지키지 않으면 안 되는 철칙으로 자리 잡게 된 것이다.

전통적 마케팅이 신화이고 허구임을 더 고찰해 보자. 전통적 마케팅에서 소비자 컨셉 이해를 인지, 지각, 선호로 한정하는 것이 감각적 경험 + 개념 + 이미지(표상)의 통각에서 이미지(표상)인 상상력을 제한한다고 했다. 이때 개념은 범주와 속성으로 구성된다. 논리학에서는 범주는 외연이고 속성은 내포라고 한다. 인간은 정치적 동물이다에서 인간은 외연이고 정치적 동물이 내포다. 정치적 동물은 인간을 설명하는 속성이므로 인간 속에 포함된 개념이므로 내포라고 한다. 외연은 내포를 포함하는 범주를 말하며 인간 개념이 외연이다. 이것이 논리학에서 말하는 외연과 내포의 의미다.

이것이 일상용법에서 쓰일 때는 외연이 범주이고 내포가 속성으로 사용된다. 철수, 영희, 남수 각각은 개별적인 사람들이다. 우리가 누구하며 가리킬 수 있는 것이 개별자이다. 이 개별자들이 속성이고 내포이다. 이 개별자들을 하나로 묶어서 인간이라고 한다. 이때 인간을 보편자라고 한다. 이 보편자가 범주이고 외연이다. 그렇다면 범주와 속성이란 개념을 통해 인간이 알 수 있는 인식능력을 매개하는 것이 무엇인가? 바로 상상력이다. 그런데 이때 상상력은 소비자의 이해 수준을 인지, 지각, 선호로 제한한 상상력이다. 그렇다면 범주와 속성은 인지, 지각, 선호로 제한된 상상력을 말한다.

이것은 앞에서 살펴본 존재(주체)와 의미(타자)의 그림에서 존재(주체)와 의미(타자)가 겹쳐지는 부분에만 상상력이 매개되는 것을 의미한다. 그렇다면 무의미 부분은 상상력의 매개작용에서 배제된다. 이 배제된 무의미 부분과 상상력의 매개작용 부분이 전통 마케팅의 컨셉 추출에서 배제된 부정의 부정 컨셉 영역이다. 이 컨셉 영역은 전통적 소비자 컨셉 이해 수준인 인지, 지각, 선호에서 포착하지 못한 불쾌 소비자 컨셉 이해 수준이다.

따라서 이 불쾌 소비자 컨셉 이해는 범주와 속성의 잉여인 배제된 무의미의 부분인 불쾌가 소비자 컨셉 이해의 핵심이 된다. 이 불쾌는 인지, 지각, 선호와 병렬로 놓이는 한 단계가 아니라, 그것들 모두를 근거짓는 컨셉의 토대로서 작용한다. 존재(주체)와 의미(타자)의 그림에서 보듯이 존재(주체)와 의미(타자)는 분리되어 있는 것이 아니라 존재(주체)와 의미(타자)에서 배제된 무의미의 부분은 존재(주체)와 의미(타자)와 연결되어 있다. 이것은 배제된 무의미의 영역인 불쾌의 부분이 범주와 속성의 소비자 컨셉 이해 수준인 인지, 지각, 선호의 컨셉 부분과 분리될 수 없는 관계에 놓여 있음을 뜻한다.

싱글라리티 (불쾌) 컨셉과 아이폰

그렇다면 불쾌 컨셉을 어떻게 마케팅에 적용할 수 있는지 살펴보자. 전통적인 컨셉 구성은 제품 컨셉과 포지셔닝 서술, 그리고 표현 컨셉으로 이루어진다. 그리고 이 컨셉이 지향하는 소비자 컨셉 이해는 인지, 지각, 선호이다. 인지는 브랜드 이름을 아는 것이고, 지각은 그 내용을 아는 것이며, 선호는 다른 브랜드와 비교해서 자기 브랜드가 어떤 것이 좋고 어떤 것이 나쁜지를 아는 것이다. 불쾌는 좋고 나쁘다는 의미의 불쾌가 아니다. 선호에서 좋고 나쁘다는 쾌적함과 불쾌적함을 말한다. 그것은 범주와 속성의 사유 영역으로 상상력의 매개작용을 제한할 때를 말한다.

불쾌는 범주와 속성의 사유 영역에서 배제된 무의미의 영역이며,

범주와 속성의 잉여이다. 따라서 불쾌는 범주와 속성을 범주와 속성이게끔 하는 범주와 속성보다 더한 범주와 속성이다. 이것을 세심하게 보아야 한다. 전통 소비자 컨셉 이해 선호의 좋다 나쁘다는 쾌적함과 불쾌적함이라는 범주와 속성의 영역인 존재(주체)와 의미(타자)의 영역이고, 불쾌는 범주와 속성을 범주와 속성이게끔 하는 무의미의 영역이다.

김춘수 시인의 〈꽃〉이라는 시에 '내가 이름을 불러주기 전에는 그는 다만 하나의 몸짓에 지나지 않았다. 내가 그의 이름을 불러주었을 때 그는 내게로 와서 꽃이 되었다'는 구절이 있다. 개념(이름)을 부여했을 때 사물이 제대로 인식되는 것을 표현한 것이다. 개념(이름)을 부여했을 때 사물이 제대로 인식되는 컨셉 이해의 수준이 전통 마케팅에서 말하는 인지, 지각, 선호이다.

이름을 불러주기 전의 다만 하나의 몸짓에 지나지 않음이 존재(주체)와 의미(타자)에서 배제된 무의미의 영역인 불쾌다. 이 불쾌의 부분인 이름을 불러주기 전의 영역이야말로 소비자 컨셉 이해의 중추적인 부분이다. 이 부분은 언어 이전인데 어떻게 언어로 표현할 수 있는가?

우리가 앞에서 살펴본 '아메리카, 이것이 바로 코카!'가 그 언어적 표현의 사례다. 이때 코크는 불쾌한 김 빠진 속성까지도 소비자의 컨셉 이해의 영역으로 설정한다. 이때 불쾌는 전통적 컨셉 이해의 수준인 선호의 좋다, 나쁘다는 차원이 아니다. 이 경우는 나쁘게 평가되면 다른 브랜드로 소비자가 이동한다는 의미의 쾌적함과 불쾌적함의 수준이고, 코카의 불쾌는 기존의 범주와 속성의 영역으로 포착되지 않는 존재(주체)와 의미(타자)의 영역에서 배제된 무의미의 영역이다. 이러한 소비자 컨셉 이해 수준의 불쾌는 제품 컨셉과 포지셔닝 서술, 그리고 표현 컨셉이라는 전통적 컨셉 지형도가 다시 그려져야 한다는 것을 의미한다. 왜냐하면 위의 삼항조는 범주와 속성 = 인지, 지각, 선호에 근거한 형식이기 때문이다. 여기에는 배제된 무의미의 영역인 불쾌의 상상력의 부분인 소비자 컨셉 이해를 토대짓는 부분이 상정되지 않고 있기 때문이다.

이것은 좋은 설계도를 가지고 집을 잘 지었다고 생각한 전통적 컨셉 추출의 삼항조(제품 컨셉 = 포지셔닝 서술 · 표현 컨셉 = 인지, 지각, 선호)가 그 집이 실은 불쾌의 영역이 빠진 모래 위에 지었기 때문이다. 불쾌 컨셉 형식이 단지 표현 컨셉의 일부라고 말한다면 이것은 본말을 전도한 무지의 소치라고 할 수 있다.

불쾌는 표현 컨셉의 일부가 아니라 저 삼항조를 근거짓는 것임을 명심하기 바란다. 불쾌 형식은 제품 컨셉, 포지셔닝 서술, 표현 컨셉이라는 컨셉 하우스의 토대다. 저 삼항조는 모래 위에 세워진 허구적 신화이다. 그 집은 아예 존재하지 않는다. 왜냐하면 애시당초에 세울 수 없는 집이었기 때문이다. 그런데도 우리는 그것이 집이었다고 하며 마케팅을 해왔다. 애초에 그 마케팅은 마케팅이 아니다. 없는데 모두가 있었다는 가상에서 브랜드 컨셉을 만들어 왔다.

이것은 임금님이 옷을 입지 않은 것을 임금님만 모르는 것이 아니라 모두가 모르는 것이다. 모두가 입지 않은 것을 입었다고 믿고 마케팅을 해온 것이다. 그래서 모두를 속이는 것인 전통 마케팅의 삼항조는 모두에게 옳은 것이 된 것이고, 그러한 믿음이 마케팅 패러다임으로 작동하게 된 것이다. 따라서 저 삼항조에 기반한 기존의 제품범주와 제품속성, 소비자 니즈 파악, 브랜드 컨셉 등은 모두 허구적 신화이다.

전통 마케팅에서는 니즈를 결핍으로 파악한다. 목이 마를 때 물을 마시고 싶은 것이 니즈다. 배가 고플 때 먹고 싶은 것이 니즈다. 이렇듯 무엇이 결핍되었을 때 그 결핍을 충족시키는 대상이 존재한다. 마케팅에서는 이러한 소비자 니즈를 범주욕구(category need)라고 한다. 생수는 목이 마를 때 그 결핍을 충족시키는 범주욕구를 갖는다면 라면은 배고플 때 그 결핍을 충족시키는 범주욕구를 갖는다.

브랜드 컨셉은 이러한 그 제품범주에 속하는 브랜드의 필요성을 함축하고 있다. 소비자 니즈는 제품범주마다 고유한 결핍을 파악하는 마케팅에서 반드시 필요한 것이다. 따라서 전통 마케팅은 컨셉과 감각적 경험의 결합되어 얻는 제품에 대한 이해를 자신이 갖고 있는 니즈에 비추어서 소비자가 제품에서 얻는 가치를 파악한다. 달리 말해 '가치 = 니즈 + (컨셉 + 감각적 경험)'라고 할 수 있다.

그리고 범주욕구를 그 필요성에 따라 기능적 니즈와 감각적 니즈, 그리고 사회적 니즈로 구분한다. 속옷은 소재의 착용감이라는 기능적 니즈를 소비자가 원했다. 그런데 속옷도 패션성이라는 감각적 니즈를 소비자가 원하는 것으로 변했다. 속옷도 언더웨어라는 전통적 제품범주에서 벗어나 보여주고 자신을 표현하는 사회적 니즈로 변모했다. 이처럼 전통 마케팅은 소비자의 니즈를 기능적 니즈와 감각적 니즈, 그리고 사회적 니즈 등으로 구분한다. 그러나 이러한 분류에는 이 분류에 포함되지 않는 예외가 많다는 문제점이 있다.

예를 들어 애플의 아이폰 4는 수신기능이 떨어지는 치명적 약점에 노출되었다. 기능적 니즈를 충족시키지 못하는데도 아이폰 4는 소비자로부터 스마트폰 제품 군에서 여전히 인기가 가장 높다. 감각적 니즈나 사회적 니즈로도 이 인기는 설명되지 않는다. 이것은 또한 기존의 소비자 컨셉 이해 수준인 인지, 지각, 선호로도 설명이 되지 않는다. 아이폰이 스마트폰의 대명사라서(인지) 그 기능에 치명적인 약점이 노출되었는데도 충성스럽게 고집한다는 설명은 설득력이 없다. 또한 아이폰에 대한 내용을 속속들이 알고(지각) 있어서 고집한다는 것도 궁색한 설명이다. 또한 다른 제품과 비교해서 아이폰이 더 좋다는(선호) 것도 납득할 만한 설명이 아니다.

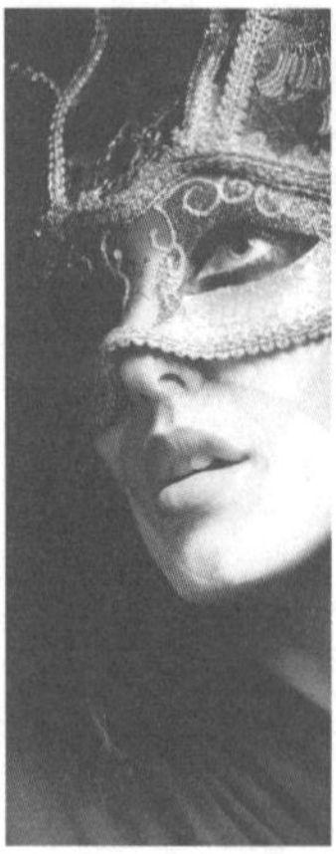

상상적 동일시와 상징적 동일시

이것을 이해하려면 상상적 동일시와 상징적 동일시를 알아야 한다. 상상적 동일시는 이상적 자아이라고 하는데, 유명 배우가 쓰는 화장품을 사용하면서 자신이 유명 배우가 되었다고 상상하는 것을 말한다. 이 경우 유명 배우 외에 다른 배우는 존재하지 않는다. 그리고 화장품도 단 하나만 존재한다. 경쟁제품은 존재하지 않는다.

상징적 동일시는 자아 이상이라고 하는데, 사회에서 지명도가 높은 셀리브리티를 자신의 이상형으로 삼는 것을 말한다. 이 상징적 동일시가 상상적 동일시와 다른 점은 상징적 동일시는 타자가 중심이라면 상상적 동일시는 자아가 중심이라는 점이다. 상상적 동일시는 거울에 비친 자기 모습과 자신을 동일시하는 것이다. 그것은 그 거울에 비친 것이 자신인 줄 모른다는 점에서 나르시스가 우물에 비친 자신의 모습에 반해 식음을 전폐하다 결국 그 자리에서 죽었다는 것을 연상하면 된다. 반면에 상징적 동일시는 자기는 타자와 공존한다는 것을 알고 사회에서 자아 이상을 발견하고 그 이상적 타자와 자신을 동일시하는 것이다.

이러한 상상적 동일시와 상징적 동일시는 언표주체와 언표행위의 주체의 분열로 설명할 수 있다. "나는 내가 죽는다고 생각한다"라는 언표의 주체인 나와 이 언표를 말하는 주체인 언표행위의 나는 일치하지 않는다. 언표행위의 주체와 언표주체의 불일치로 인해 의미생산이 가능하다. 이는 상상적인 나와 상징적인 나가 분리됨으로써 나라는 존재가 가능하게 된다. 나는 내가 죽는다고 생각한다에서 실제로 나가 스스로 죽는다는 행위의 주체로 상상한다. 이는 곧 나는 나다는 자기 의식이 존재한다고 상상하는 것이다.

프로이트의 『농담과 무의식의 관계』에는 두 유대인이 갈리치아 역의 열차에서 만나는 이야기가 나온다. 한 사람이 묻는다.

> "어디 가나?" 친구가 "크라카우"라 대답하자 물어본 사람이 화를 낸다. "이런 거짓말쟁이가 있나. 넌 크라카우에 간다고 말하면서 렘베르크에 간다고 내가 믿기를 원했지. 하지만 난 네가 실제로 크라카우에 간다는 걸 안단 말이야. 그런데 왜 거짓말을 하는 거야?"(『농담과 무의식의 관계』, 지그문트 프로이트 지음, 임인주 옮김, 2004, 열린책들, 148쪽.)

이 이야기의 요점은 "나는 크라카우에 간다"라는 언표의 주체는 일부분의 의미(기의)만을 표현한다는 데 있다. 그래서 "렘베르크에 간다"는 언표행위의 주체의 의미(기의)는 배제되는 것이다. 이것은 존재(주체)와 의미(타자)의 그림에서 사유하는 나가 존재하기 위해서는 존재의 배제된 부분인 무의미의 영역이 있어야 내가 존재하는 것을 말한다. 언표주체의 나는 언표행위의 주체인 무의미의 배제된 나가 있어야 가능한 것이다. 그런데 우리는 이 배제된 무의미의 영역이 존재하는 것을 잊어버리고 나가 나 단독으로 존재하는 것으로 상상한다.

상상적 동일시는 이렇게 설명할 수도 있다. 상징적 동일시는 이런 상상적 동일시의 효과로서 가능한 것이다. 상징적 동일시라는 정상적인 내가 존재하기 위해서는 나는 상상적 동일시를 아무렇지도 않게 수행해야 한다. 상상적 동일시가 사라지고 상징적 동일시가 존재하는 것이 아니라 둘은 같이 존재하는 것이다. 따라서 상상적 동일시는 온전한 사회적 존재로서 상징적 동일시를 수행하는 데 반드시 필요한 방식이다.

또 다른 예로, 밤에 "지금은 밤이다"라고 했는데 낮에는 지금은 낮인데 밤에 언표된 지금은 낮의 지금과 일치하지 않는다. 지금은 이렇게 불일치함 속에서 존재하는 것이다. 이런 불일치가 존재하지 않으면 지금이라는 시점은 존재하지 않는다. 이렇게 우리의 인식은 불일치를 전

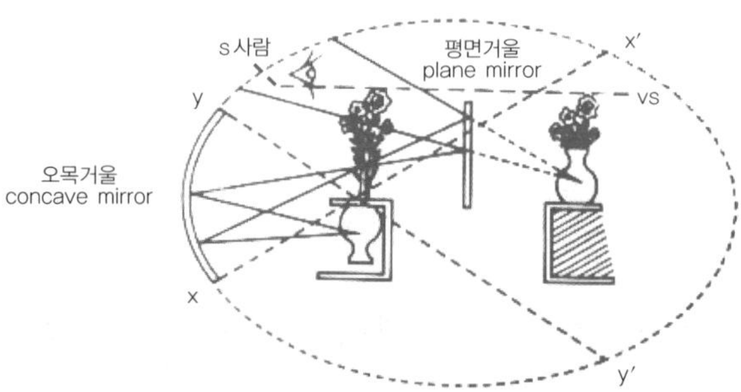

두 거울들의 단순한 틀
Simplified schema of the two mirrors

제하고 이루어진다. 이 점을 놓치지 않는 것이 요점이다. 상상적 동일시와 상징적 동일시를 다음과 같은 그림으로 설명할 수 있다.

'두 거울들의 단순한 틀(Simplified schema of the two mirrors)'로 이름 붙여진 이 그림에는 평면거울(Plane mirror)과 오목거울(Concave mirror)이 있다. 사람(S)이 꽃병을 보고 꽃병이라고 아는 것 자체가 거울에 비친 것인 이미지(가상)라는 것이다. 이것은 존재(주체)와 의미(타자)의 그림에서 존재(주체)는 무의미의 배제된 부분이 있기에 가능한 것을 말한다. 이것은 사물 그대로의 꽃병을 인간은 알 수 없다는 것을 의미한다. 사물 그대로의 꽃병은 무의미의 배제된 부분까지를 아는 것인데 이것은 불가능하다. 이것이 상상적 동일시이다. 그림에서는 평면거울 너머의 VS로 표시되어 있는 부분이다.

예를 들면 내가 샤워하고 컴퓨터 앞에서 작업을 하는 것을 메신저를 하던 상대방이 샤워하고 컴퓨터 앞에서 작업을 하는 것을 마치 나를 보고 있는 듯이 말할 때 상대방은 상상적 동일시를 하고 있는 것이다. 상대방은 자신 속에 있는 평면거울의 틀 속에서 나의 이미지를 떠올려서 그 평면거울과 나를 동일시 작업을 하면서 나에게 말을 했던 것이다. 이것은 굴뚝 청소를 하고 나온 두 사람 중에서 얼굴이 깨끗한 사람이 얼굴이 더러운 사람을 보고 자신의 얼굴이 더러운 줄로 상상하면서 얼굴을 손으로 닦는 것과 같다.

우리는 거울에 비친 상상적인 이미지를 진짜인 것으로 착각한다. 그런데 이 착각이 있어야 인식을 할 수 있는 것이다. 그렇다면 이러한 상상이 작용하기 위해서는 이미 상대방에게 내가 이 시간에 그런 행동을 할 것이라는 사전지식이 있어야 한다. 이것이 바로 상징계이다. 우리는 꽃병을 봐서 꽃병을 잘 알았다고 하지만 이것은 상상에 의해서이다.

그렇다면 오목거울은 무엇인가? 이것이 상징계이다. 꽃병을 안다고 하는 상상적 동일시가 평면거울이라면 꽃병은 단지 개별적으로 존재하지 않는다. 꽃병은 꽃과 병이 결합하여 존재한다. 오목거울에 맺힌 꽃병이 병과 꽃을 분리하는 역 ㄷ자로 구분되는 것은 이 때문이다. 이것은 내가 존재하기 위해서는 태어나기 전에 누구의 아들과 누구의 손자라는 상징적 질서에 내가 편입되었다는 것을 말한다. 마찬가지로 꽃병이 존재하기 위해서는 이미 꽃과 병이 존재해야 한다. 그림에서는 이 상상을 가상공간에 있는 VS로 표시하고 있다. 이것은 현실에 존재하지 않는 것이기에 '상상적'이라고 할 수 있다. 그럼에도 불구하고 이 상상은 사람의 행위에 지대한 영향을 미치는 것이다. 이 상상이란 가상의 이미지 작용이 있어야만 상징계가 정상적으로 작동하는 것이다.

후설의 현상학에서는 의미의 생산이 의식으로부터 기의가 생기고 기의를 나타내기 위해 기표가 존재하는 것인 데 반해 라캉의 구조주의에서는 기표들의 장이 존재하고, 그 기표들의 장에 의해 주체—의식적 주체 이전에 무의식적 주체—가 구성되며, 그로부터 의식이 형성되는 것이다. 언어의 법칙이 먼저 존재하고 각개인의 무의식이 그 언어법칙에 따라 작동하는 것이다.

그러나 전통적 마케팅은 이 부분을 아예 무시한다. 그래서 전통적 마케팅은 소비자 컨셉 이해의 수준을 인지, 지각, 선호가 확고한 일치된 인식에 기반한 불변하는 진리로 간주한다. 이뿐만 아니라 범주와 속성도 불변하는 진리와 일치된 것으로 마케팅에 사용한다. 또한 기능적 니즈와 감각적 니즈, 사회적 니즈도 불변하는 진리로 취급된다. 소비자 니즈가 결여라는 것은 만고불변의 마케팅의 법칙으로 자리 잡았다. 그러나 앞에서 보았듯이 이러한 태도는 인간의 인식은 불일치를 전제한다는 사실을 망각하고 있다.

위에서 예로 든 아이폰은 수신기능이 불량이면 소비자들이 이상적인 제품으로 생각하지 않아야 함에도 불구하고 이상적 제품이라는 점에서 기존의 상징적 동일시로는 설명이 되지 않는다. 또한 상상적 동일시는 아이폰을 자신과 동일시한다면 아이폰 하나로 스마트폰이 독점되어야 하는데 그렇지 않고 경쟁 브랜드들도 꾸준히 판매되는 것을 보면 상상적 동일시로도 설명되지 않는다.

오스트리아 대선에서 유엔 사무총장을 역임한 발트하임은 나치 부역자란 전력이 탄로났지만 국민들의 지지를 얻어 대통령에 당선되었다. 대통령으로서 그 자질이 한참 떨어지는데도 국민들은 그를 선택했다. 이때 국민들이 미치지 않고서야 그런 선택을 할 수 있었냐고 자문할 수 있다. 발트하임을 상상적으로 동일시했다면 발트하임에게 100% 지지했어야 했는데 그렇지 않은 걸 보면 상상적 동일시로 이 현상을 설명할 수는 없다. 그렇다고 상징적 동일시로 국민들이 나치 부역자를 존경해서 그에게 투표했다는 것도 납득할 수 없다.

그렇다면 아이폰과 발트하임의 경우는 전통적인 마케팅 소비자 니즈 분석으로는 설명할 길이 없다는 결론에 도달하게 된다. 소비자와 유권자들은 기능적 니즈와 감각적 니즈, 사회적 니즈로 제품을 소비하지 않는다. 니즈가 아니라 향유로 소비한다. 니즈는 욕구나 욕망의 차원인 결핍을 충족하려는 것이고, 향유는 충족을 했는데도 그것 자체에서 즐기는 것이다. 아이폰은 니즈의 충족을 끝내고도 그것을 중단하는 것이 아니라, 아이폰 자체에서 즐기는 잉여쾌락 때문에 치명적인 기능적 결함에도 불구하고 인기가 있는 것이다.

따라서 기능적 니즈와 감각적 니즈, 사회적 니즈가 충족되어 그것으로 끝나버리면 모든 제품을 소비자는 다시 구매하지 않는다. 완전하게 니즈가 충족되었다면 그 제품은 욕망의 대상이 되지 않는다. 그렇다면 소비자는 그 제품 대신에 다른 제품으로 결핍을 메우기 위해 옮겨갈 것이다.

그렇다면 기존의 마케팅 플랜으로 기획한 삼항조인 제품 컨셉과 포지셔닝 서술, 표현 컨셉은 충성고객을 목표로 했지만 사실은 충성고객이 아니라 중도 탈락시켜서 다른 제품으로 이동하는 것을 목표로 했다는 가히 충격적인 결론에 이르게 된다. 왜냐하면 제품 컨셉과 포지셔닝 서술, 표현 컨셉 그리고 소비자 니즈 분류인 기능적 니즈와 감각적 니즈, 사회적 니즈는 모두 결핍을 전제하기 때문이다.

결핍은 소비자의 니즈이며, 이것이 제품 구매를 촉발시키고 충성고객으로 만드는 것이다. 그런데 소비자들은 니즈 때문에 구매하는 것이 아니라 향유 때문이라면 이것은 결핍이 아니라 즐기기 위해서 구매하는 것이기 때문이다. 즐기는 것과 결핍은 전혀 다른 차원이다. 즐기는 것은 만족해서 끝내야 하는 것을 끝내지 못하고 그것 자체를 과잉적으로 반복함으로써 쾌를 얻는 것이다. 반면에 결핍은 목마름이 충족되면 다시 찾지 않는다. 한번 만족되면 그것으로 끝난다. 이것은 한 제품이 다시 구매되는 것을 설명하지 못한다. 그것은 기존의 소비자 니즈가 잘못되었다는 것이다. 결핍은 한 제품의 반복구매를 설명하지 못한다.

신화적 허구의 전통 마케팅

따라서 결핍을 전제한 기존의 마케팅은 허구적 신화이다. 결핍이 충족되고 다시 결핍이 생겨서 기존의 제품을 다시 사용한다는 전통 마케팅의 소비자 니즈 분석은 틀렸다. 이것은 존재(주체)와 의미(타자)의 그림에서 배제된 부분인 무의미의 영역을 필연적으로 잉태하고 출현하기 때문이다. 이 배제된 부분인 무의미의 영역이 결핍을 낳는다.

그런데 전통 마케팅은 이 배제된 부분인 무의미의 영역을 망각했다. 그렇게 해서 제품 컨셉, 포지셔닝 서술, 표현 컨셉의 삼항조와 기능적 니즈와 감각적 니즈, 사회적 니즈의 삼항조가 소비자 컨셉 이해의 인지, 지각, 선호의 삼항조가 탄생한 것이다. 범주와 속성, 보편 개념과 개별 개념 또한 탄생한 것이다. 배제된 부분, 즉 무의미의 영역인 향유가 마케팅에서 철저히 배제된 결과 한 제품에 대한 반복구매를 결여의 반복으로 설명할 수밖에 없게 되었다. 이것은 결여가 충족되면 그것으로 끝이고 반복구매를 설명할 수 없는데 억지춘향 식으로 반복구매를 임의적으로 전제하는 것에 불과함을 의미한다.

이 견강부회 마케팅이 진실이 되어 현재에도 여전히 맹위를 떨치고 있는 것이다. 전통 마케팅의 속성–편익–가치의 계층구조 삼항조 또한 이와 같은 비판에서 자유롭지 못하다. 의자는 쿠션 기능이 있어 편안하게 휴식을 취할 수 있다에서 쿠션이 속성이고, 편안함이 편익이며, 휴식은 가치에 해당한다. 속성–편익–가치는 소비나 니즈에 따른 것인데 모두 결핍에 근거한다. 쿠션이 없다면 편안하지 않고 휴식을 취할 수 없다. 이 의자는 이러한 결여를 충족시킨다. 그리고 이 결여된 니즈가 만족되고 나면 그것으로 끝이다. 이것은 의자가 반복구매될 것인가는 알 수 없다. 오로지 관심을 갖는 것은 단 한 번의 구매행위이다. 편안하지 않아 휴식을 가져다 주지 않아도 우리 의자를 즐기게 하도록 한다는 불쾌 향유가 빠져 있기 때문이다.

이 불쾌 향유를 전제하지 않는 모든 마케팅 활동의 목표는 시험구매일 뿐임을 마케터는 잊어서는 안 된다. 또한 전통 마케팅의 필요성–차별성–유형성이라는 컨셉 삼각형 삼항조 또한 숲을 보지 못하고 나무만 보는 손으로 하늘을 가린 것에 불과하다. 필요성이란 소비자가 필요하다는 것을 컨셉에 반영해야 하고, 경쟁제품과의 차별성과 소비자가 가치를 오감으로 느끼는 유형성을 컨셉에 포함시켜야 한다는 것인데, 이것만 고려하면 소비자에게 반복구매까지 포괄할 수 있다는 것이다. 그런데 이러한 컨셉 추출은 이미 그 토대가 모래 위에 지은 집임을 고려

할 때 시험구매를 목표로 한 것 자체도 성립될 수 없다. 왜냐하면 컨셉 하우스가 서 있는 것조차 애초에 불가능한 허구적 신화에 전통 마케팅이 기초하기 때문이다. 전통 마케팅에서 그린 컨셉 하우스를 보자. 여기서 컨셉 하우스는 토대가 되는 불쾌의 차원이 없는 모래 위에 세워졌다. 아니 아예 전통 마케팅은 그 모래조차도 고려하지 않고 있다.

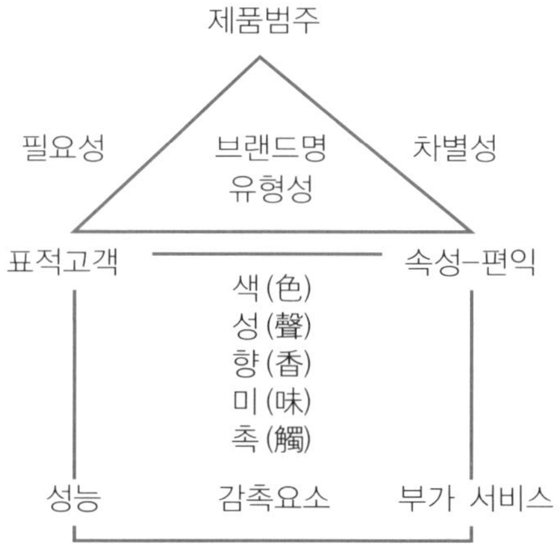

(『컨셉 크리에이터』, 김근배 지음, 책든사자, 2009, 106쪽.)

앞에서 본 '두 거울들의 단순한 틀'은 상상이 인간 인식의 중요한 부분임을 말하고 있다. 그렇다면 이러한 상상이 그동안 왜 인식에서 배제되었을까? 그것은 상상이 하나로 붙들어매는 것이 어렵기 때문이다. 꿈이나 새들의 순간적인 날개짓, 연기가 바람에 날리는 것 등은 기억되지 않고 흔적도 없이 사라져 버린다. 변하는 것은 완전하지 않다는 생각을 하게 된 것이다. 완전한 것이 존재하는 것이 된 것이다. 그래서 변하는 것은 무가치하게 폄하된다.

김근배(1957–). 숭실대학교 경영대학 교수. 『의사결정을 위한 마케팅 조사론』, 『컨셉 크리에이터』 등의 저서가 있다.

칸트의 인식론을 마케팅에 적용하면 시장에서 후발기업이 선도기업이 되는 것은 불가능하다. 칸트의 인식론이 시장에서 변동을 허락하지 않기 때문이다. 또한 불교의 인식론인 유식학도 마찬가지다. 이 인식론들은 경쟁관계를 전제하지 않는다. 시장에서 우월한 지위를 확보한 선발 브랜드만이 그 대상이다. 전통 마케팅은 시장에서의 9회 말 만루 홈런의 역전 드라마 같은 것은 아예 생각조차 하지 않는다. 그런데도 역전이 가능하다고 말한다는 점에서 모순이다.

칸트의 인식론은 1위나 2위가 시장을 대표하는 표상 이론이다. 표상은 1등만 기억하는 더러운 시장에서의 그 1등만 기억하는 것을 말한다. 흔히 '~하면 떠오르는 브랜드는?'에서 가장 먼저 떠오르는 브랜드가 표상이다.

불교의 유식학도 이와 마찬가지다. 유식학에서는 인식을 8단계로 구분한다. 1식에서 5식까지는 인간의 5가지 감각기관이 작용하여 아는 것이다. 시각, 청각, 후각, 미각, 촉각을 5식이라 한다. 그리고 6식은 의식이고 7식은 잠재기억, 8식은 장기기억이다. 5식이 매장에서 접한 물리적 제품에서 느끼는 인식이라면 의식은 광고나 홍보물에서 얻는 인식이다. 7식은 이 6식의 의식을 왜곡되어 저장하는 기억이고 8식은 물리적 제품과 광고와 홍보에서 얻은 인식이 일치하여 장기적으로 저장되는 것을 말한다.

마케팅에 적용된 유식학의 장기기억된 브랜드는 1위 브랜드다. 칸트의 표상인식과 같다고 할 수 있다. 제품범주 군에 경쟁제품이 없고 100%를 1위 기업이 독식하는 이상향을 상정하고 있다. 이러한 것을 유아론(唯我論)이라고 한다.

어두운 곳에서는 모든 소가 검다

칸트와 연장선상에 있는 셸링의 유아론(唯我論)을 헤겔은 어두운 데서 소를 보고 모든 소가 검다는 식이라고 조롱했다. 칸트에게는 시장경쟁이 치열하게 일어나는 낮에 존재하는 검은 소, 얼룩 소, 눈이 큰 소, 꼬리가 짧은 소 등이 아예 존재하지 않는다. 왜냐하면 칸트에게는 어두운 밤에 보는 검은 소만 존재하기 때문이다.

헤겔에 와서야 비로소 시장에서 9회 말 역전 만루 홈런이 가능해진다. 헤겔은 1위 브랜드와 무명 브랜드는 같다고 했다. 이것을 존재와 무가 일치한다고 한다. 영원한 1등도 영원한 꼴등도 없다. 오로지 변화가 있을 뿐이다. 그런데 전통 마케팅에서는 말로는 경쟁이 있지만 그것은 그야말로 어두운 밤에 모든 소가 검다는 의미의 1등 나 홀로만 존재한다. 그러면서 시장의 경쟁을 말한다. 이것은 이미 전통 마케팅이 모순임을 뜻한다. 1등 브랜드만 존재하는데 후발 브랜드도 존재하는 시장을 말하기 때문이다.

시장에는 1등만 존재한다와 시장에는 여러 브랜드가 존재한다는 동시에 성립할 수 없으므로 거짓이다. 그런데도 전통 마케팅의 이런 왜곡된 전제를 마케터들은 그대로 답습한다. 모두가 1위 브랜드가 아닌데도 마치 자신이 1위 브랜드인 것으로 알고 마케팅하는 것이다. 1위 브랜드조차도 자신들이 상정하는 경쟁이 전통 마케팅 기법에서는 성립하지 않는데도 경쟁을 도식화한다.

후발 브랜드는 전통 마케팅에서는 아예 존재하지도 않는데 마치 존재하는 것처럼 브랜딩한다. 모두가 어두운 밤에 소를 보고 모든 소는 검다고 하는 전통 마케팅의 허구적 신화에 놀아나고 있다고밖에 할 수 없다. 이것은 앞에서 본 컨셉 하우스의 토대가 모래임을 의미한다. 애초에 컨셉 하우스는 세울 수 없는데도 버젓이 집을 세운다. 이것은 어두운 밤에 소를 보고 모든 소는 검다고 하는 전통 마케팅의 허구적 신화 위에 집을 세운 것이기 때문이다. 그 집은 애초에 존재하지 않는다. 아니 존재할 수가 없다.

불쾌 마케팅(마케팅 없는 마케팅 : 싱글라리티 마케팅)

그것이 존재하려면 토대가 모래가 아닌 불쾌가 되어야 한다. 불쾌 마케팅(마케팅 없는 마케팅 : 싱글라리티 마케팅)은 1위가 존재하지 않는다는 것을 의미하지 않는다. 이 말이 무슨 말인고 하면, 헤겔이 1등과 꼴등은 동일하다는 것은 1등이 꼴등이고 꼴등이 1등이라는 무차별적인 것이 아니라는 비판을 받는다. 꼴등은 1등에 먹힐 것이고, 따라서 존재하지 않는다는 것이다. 이것은 차이만이 존재한다는 생각이다. 1등은 존재하지도 않는다. 모두가 각기 존재의미를 갖는 차이 나는 존재다.

불쾌 마케팅(마케팅 없는 마케팅 : 싱글라리티 마케팅)은 이런 생각에 반대한다. 아니 차이만 공존한다면 지금까지의 질서는 모두 무너질 것이다. 타자와 자기를 아무리 동등한 차이의 존재라 한다고 해도 자기 쪽으로 무게중심이 쏠리는 것은 어쩔 수 없다. 자기가 1등이고 타자가 2등이라는 이 자기 중심은 인간 존재의 고유한 성향이다. 이것은 부정할 수 없다. 따라서 불쾌 마케팅은 모두가 1등이고 모두가 평등한 그런 마케팅을 주장하는 것이 아니다.

불쾌 마케팅은 전통 마케팅이 1등 브랜드만 존재하는 것을 상정하고도 마치 2등 이하의 브랜드가 존재한다는 전통 마케팅의 전제가 임의적이므로 허구적 신화임을 밝히는 것이며, 밤에 소를 보고 모든 소는 검다고 거짓말하지 않고 낮에 소를 보고 모든 소는 다르다는 진실을 마케터들이 알아야 한다는 것이다.

칸트의 표상인식론에 기반한 전통 마케팅은 1등만을 존재하는 것으로 상정한다. 그렇다고 불쾌 마케팅이 1등을 존재하지 않는 것으로 여기는 차이만을 주장하는 것이 아니다. 헤겔이 말한 존재와 무, 즉 1등이 꼴등이 될 수 있고 꼴등이 1등이 될 수 있다는 시장의 변화를 보지 못하는 전통 마케팅의 칸트에 경도된 인식론을 비판하는 것이다. 후발기업 마케터들이 자신들을 상정조차 하지 않는 전통 마케팅을 마치 후발기업의 전략인 양 답습하는 것은 플라톤의 동굴의 비유를 생각하게 한다. 벽에 비친 그림자를 보고 그것이 진실인 줄만 알고 살아가는 동굴 속 사람들을 향해 그 벽에 비친 그림자는 빛에 의한 그림자일 뿐이고, 진실은 밖에 있는 빛이라고 말하는 사람을 믿지 않고 오히려 그가 거짓을 말한다고 죽인다는 내용이 플라톤의 동굴의 비유이기 때문이다.

그렇다면 후발기업이나 신규 시장 참여자의 마케팅 전략은 전통의 마케팅을 따라해서는 안 된다. 그것은 백이면 백 실패하고 만다. 그렇다면 어떻게 마케팅해야 하는가?

답은 앞에서 이미 말했다. 칸트의 표상인식론은 1등을 위한 마케팅이다. 그것은 오로지 선도기업만을 대상으로 한다. 그런데 이러한 선도기업을 위한 마케팅을 후발기업이나 신규 시장 참여자도 무차별적으로 사용하고 있다. 또한 전통 마케팅이 그 토대부터 이미 모순을 안고 있는 것은 선도기업에 맞지 않는데도 불구하고 말이다.

필자의 관심은 신규 시장 참여나 후발기업의 마케터가 1순위고 선도기업의 마케터는 2순위다. 시장 신규 참여자는 기존의 시장과 비교하지 말고 아예 백지에서 출발해야 한다. 전통 마케팅에서 말하는 필요성, 차별성, 유형성은 모두 1등을 위한 상차림임을 잊지 말아야 한다.

필요성은 소비자가 필요로 하는데 그 필요를 1등 제품이 채우는 것이 필요성이고, 경쟁제품과 우위에 있어서 소비자로부터 가장 먼저 선택받는 것이 차별성이며, 물리적 제품에서 소비자가 가장 먼저 보고 느끼는 브랜드는 1등이기 때문이다.

이러한 브랜드 컨셉 전략을 따라하면 백이면 백 실패하고 만다. 왜냐하면 이것은 선도기업이 자신을 적으로 삼으라고 하며 후발기업을 자신의 범주 안에 끌어들여 묶어두려는 전략이기 때문이다.

따라서 후발기업들은 선도기업의 제품범주로 묶으려는 전통 마케팅의 전략에 속아 넘어가서는 안 된다. 전통 마케팅은 이미 승자의 전략이고 우월한 시장 지배력을 대변하는 보수적 마케팅 전략이기 때문이다. 이 전통적 마케팅은 겉으로는 시장의 역전이 가능하다고 하지만 실은 기존의 시장 순위를 고착화시키려는 것이다. 전통 마케팅을 답습해서는 시장 신규 참여자나 후발기업의 9회 말 역전 만루 홈런은 불가능하다.

SINGULARITY

차이와 반복 마케팅

그렇다면 시장 신규 참여자와 후발기업의 마케터는 어떤 마케팅 전략을 구사해야 하는가? 시장을 차이와 반복의 관점에서 보는 것이다. 차이와 반복이란 위에서 말한 헤겔의 존재와 무를 비판하는 관점이다.

헤겔은 칸트의 표상인식론이 1등만을 위한 마케팅 전략이라고 비판했다. 칸트에게는 한번 1등이면 영원한 1등이다. 헤겔은 1등이 꼴등이 될 수 있음을 들어 칸트를 비판했다. 그런데 헤겔에게서는 1등이 없는 것이 아니라 언제나 1등이 존재한다. 다만 그것이 영구히 고착화되지 않는다는 것이다.

차이와 반복은 이런 1등이 존재하지 않고 모든 것은 차이라는 점에서 시장 신규 참여자나 후발주자는 1등이 존재하지 않는다고 전제하는 이 차이를 마케팅 전략으로 삼아야 한다. 전통 마케팅은 후발주자에게 1등을 직접적인 경쟁 상대로 보지 말고 틈새 시장을 찾을 것을 주문한다. 그러나 이것은 1등의 입장에서 바라본 것이지 후발주자의 관점에서 본 것이 아니다. 후발주자는 1등을 전제하는 한 이미 1등에 매여서 1등의 포로가 되고 만다. 후발주자에게 1등을 전제하라고 강요하는 것이 전통 마케팅이고 칸트의 인식론이다.

차이와 반복의 관점(마케팅 없는 마케팅의 관점 : 싱귤라리티 마케팅의 관점)을 갖는 것은 쉽지 않다. 마이크로소프트의 빌 게이츠나 애플의 스티브 잡스 등이 이런 차이와 반복(마케팅 없는 마케팅 : 싱귤라리티 마케팅)의 관점으로 시작했다. 기존의 시장질서에서 1위는 그들에게 의미가 없었다. 그것은 거추장스러울 뿐이다. 차이와 반복(마케팅 없는 마케팅 : 싱귤라리티 마케팅)은 창조 그 자체이기 때문이다.

전통 마케팅은 1등과 1등이 아닌 것을 나눈다. 이것이 경쟁이다. 경쟁의 구도는 대립을 전제한다. 그러나 대립에서 중심은 언제나 1등에 있다. 그래서 1등이 아닌 것은 1등에 수렴될 뿐이다. 전통 마케팅은 경쟁자인 1등 아닌 것을 동등하게 보는 것이 아니라 1등에 딸린 부수적인 존재로 본다. 이러한 전통 마케팅을 답습해서는 빌 게이츠나 스티브 잡스와 같은 차이와 반복의 창조적 마케터(마케팅 없는 마케팅의 마케터 : 싱귤라리티 마케터)는 나올 수 없다.

전통 마케팅에서 창조는 1등에 복속되어 사냥감으로 먹혀 그 씨가 마르기 때문이다. 시장 신규 참여자나 후발주자는 틈새 시장을 노려서는 안 된다. 1등을 머리에서 지워야 한다. 그리고 차이만이 존재한다고 생각하고 마케팅(마케팅 없는 마케팅)을 해야 한다.

차이 마케팅(마케팅 없는 마케팅 : 싱글라리티 마케팅)은 1등이란 중심을 전제하지 않는 마케팅이다. 이것이 시장 신규 참여자나 후발기업 마케터에게 필요한 마케팅 전략이다. 이때 차이 마케팅(마케팅 없는 마케팅 : 싱글라리티 마케팅)은 기존의 차별화와는 아무 관계가 없다. 기존의 차별화는 경쟁제품과의 차이를 말하는데, 이것은 이미 경쟁제품에 자신의 제품이 종속됨을 말한다.

차이 마케팅(마케팅 없는 마케팅 : 싱글라라티 마케팅)에서 말하는 차이는 이런 경쟁 차별화와는 아무 상관이 없다. 상관이 있다면 이 경쟁 차별화를 생각하지 않는 것이 차이이다. 경쟁 차별화가 상대에 의한 자신의 장점이라는 점에서 수동적인 차이라면, 차이 마케팅의 차이는 경쟁 차별화 없는 차이인 자기 자신의 차이라는 점에서 능동적인 차이이다.

경쟁 상대에 의해 자신의 차이를 찾는 것이 아니라 경쟁 상대가 없는 자기 자신과의 차이가 차이 마케팅(마케팅 없는 마케팅 : 싱글라리티 마케팅)이다. 경쟁 차별화에서 차이는 경쟁하는 브랜드와 나를 상정하여 그것을 대립으로 보고 소비자의 선택을 우리냐 경쟁제품이냐의 대립적 차이로 하는 전통적 마케팅의 차이다. 이때 이 차이는 경쟁 우위에 있는 선발 브랜드가 중심이고 후발 브랜드는 주변인 차이다. 이것은 경쟁이 아니라 1등에 종속되는 노예에 불과하다.

전통 마케팅의 경쟁 차별화의 차이의 마케팅은 이런 보수적 마케팅이다. 여기에서는 기득권을 가진 1위 브랜드만 이익을 보는 것이지 주변부의 후발주자나 시장 신규 참여 브랜드는 영원히 주변부에 위치한다. 그래서 경쟁 차별화의 차이는 후발주자나 시장 신규 참여자에게는 1등에 질질 끌려다니는 수동적인 차이라고 하는 것이다. 능동적 차이(싱글라리티)는 1등이라는 중심을 애초부터 생각하지 않는 것이다. 1등이라는 중심을 갖는 차이를 외연적 차이라고 한다.

예를 들어보자. 온도계의 눈금은 0도에서 눈금이 표시된다. 이런 눈금 숫자에서 15도와 30도는 2배의 차이를 나타낸다. 그런데 15도를 느끼는 것과 30도를 느끼는 차이가 2배인 것은 아니다. 이것은 느끼는 것은 외연량의 차이가 아니라 강도량의 차이이기 때문이다. 외연량의 차이는 0도라는 기준이 있지만 강도량의 차이는 측정할 수 있는 중심이 없다. 느낌의 강도는 양적인 차이가 아니라 질적인 차이이기 때문이다.

외연량은 중심에 의해 측정당하는 수동적인 차이지만 강도량은 스스로가 느끼는 능동적인 차이(싱글라리티)다. 차이 마케팅(마케팅 없는 마케팅 : 싱글라리티 마케팅)이 강도량이라면 전통 마케팅은 외연량이다. 외연량에 기초한 기존 마케팅은 모든 것을 양적으로만 평가한다. 양화한다는 것은 수치화하는 것이고, 수치화는 1등을 중심으로 서열을 매기는 것이다. 따라서 기존의 마케팅에서 서열에서 밀리는 후발주자나 시장 신규 참여자는 평가의 대상이 아니다.

그런데도 후발주자 마케터나 시장 신규 참여 마케터도 아무런 반성 없이 기존의 마케팅을 답습한다. 그 기존의 마케팅에 후발주자나 시장 신규 참여자의 자리는 없다. 따라서 후발주자나 시장 신규 참여자는 외연량을 전제하는 기존의 마케팅을 버려야 한다. 그리고 강도량에 입각한 차이의 마케팅(마케팅 없는 마케팅 : 싱글라리티 마케팅)으로 변화해야 한다. 차이의 마케팅(마케팅 없는 마케팅 : 싱글라리티 마케팅)은 존 로크의 인간은 백지상태로 태어난다는 타블로 라사를 생각하면 된다. 이 백지상태에서 출발하는 것이 시장 신규 참여자나 후발주자가 마케팅 전략으로 삼아야 하는 차이의 마케팅(마케팅 없는 마케팅 : 싱글라리티 마케팅)이다. 따라서 차이의 마케팅(마케팅 없는 마케팅 : 싱글라리티 마케팅)의 기준은 후발주자냐 아니냐, 시장 신규 참여자냐 아니냐의 차이이지 1등과 기존 시장 참여자나 후발주자냐, 1등과 기존 시장 참여자냐 시장 신규 참여자냐의 차이가 아니다.

이것은 중요한 차이이다. 우리는 1등 브랜드의 마케팅 전략이 1등이냐 1등이 아니냐는 것을 기준으로 하는 것으로 아는데, 이것은 전통 마케팅이 후발주자에게 심어놓은 자기 한계 전략이다. 후발주자는 스스로 한계를 설정하여 애초부터 1등과 경쟁 상대가 되지 않음을 전제하는 후발주자 포기 마케팅이기 때문이다.

차이 마케팅(마케팅 없는 마케팅 : 싱글라리티 마케팅)은 후발주자가 자기 한계를 가지지 않고 무한한 역량을 발휘하는 능동적인 마케팅이다. 이것은 단지 듣기 좋은 명목적인 마케팅 전략이 아니다. 기존의 전통 마케팅 전략인 이분적 경쟁차별의 차이를 원래의 차이로 되돌리는 것이 후발주자나 시장 신규 참여자의 차이 마케팅(마케팅 없는 마케팅 : 싱글라리티 마케팅)이고, 이것은 실질적인 마케팅에 적용될 수 있는 것이지 명목적인 것이 아니다.

우리는 이 차이 마케팅(마케팅 없는 마케팅 : 싱글라리티 마케팅)의 훌륭한 사례를 마이크로소프트나 구글에서 보지 않았는가! 이들의 최초 시장 참여 시기는 자신의 잠재적 역량을 무한히 펼치는 것에 모든 힘을 쏟아부었다. 이것은 자신의 역량이 어디로 튈지 모르고 그 역량이 어떤 결과를 낳을지 아무도 알지 못한다는 점에서 차이 마케팅(마케팅 없는 마케팅 : 싱글라리티 마케팅)은 즉자적 마케팅이라 할 수 있다.

차이 마케팅(마케팅 없는 마케팅 : 싱글라리티 마케팅)을 통해 성공적으로 시장에 진입하고 난 후 다음 단계에 구사하는 것이 헤겔의 존재와 무의 마케팅 전략이다. 이때는 1등이 꼴등이 될 수 있고 꼴등이 1등이 될 수 있는 경쟁상태를 말한다. 이것은 즉자적 차이에서 경쟁 상대를 상정하는 대타적 차이의 마케팅을 말한다.

전통 마케팅은 이 대타적인 경쟁 상대를 명목적으로 상정하여 1등이 경쟁에서 무조건 이기는 것으로 갈음한다. 전통 마케팅에서는 결코 1등이 꼴등이 되는 상황은 일어나지 않는다. 차이의 마케팅(마케팅 없는 마케팅 : 싱귤라리티 마케팅)을 통해 시장에 성공적으로 진입한 후발주자나 시장 신규 참여자를 고려하지 않기 때문이다.

차이의 마케팅(마케팅 없는 마케팅 : 싱귤라리티 마케팅)은 진정한 경쟁인 1등이 꼴등이 되고 꼴등이 1등이 되는 변화가 가능하다. 그래서 대타적 마케팅이 그 본래성을 회복할 수 있게 된다. 이 대타적 마케팅 단계의 변화를 거쳐야 비로소 전통 마케팅의 장(場)인 악명 높은 1등 마케팅 전략이 존재하는 것이다.

기존의 마케팅은 전 단계인 즉자적인 차이의 마케팅과 대타적인 경쟁 대립의 마케팅 단계를 건너뛰고 대자적 마케팅인 1등 마케팅 전략만을 고려한다. 이러한 기존의 마케팅에서 1등은 불변한다. 말로는 경쟁상황을 떠들지만 그 경쟁은 그야말로 명목에 불과하다. 그래서 시장은 죽어 있다. 그 역동성은 단지 말뿐이다.

그래서 기존의 마케팅은 아이폰 4가 그 기능에서 치명적인 약점에도 불구하고 선두 브랜드 자리를 확고하게 지키는 것을 설명하지 못한다. 역동적인 변화를 기존 마케팅은 이해하지 못한다. 시장은 죽어도 한번 1등은 영원히 1등이기 때문이다. 그러면서 제품은 라이프 사이클을 갖는다고 한다. 출시하고 성장하고 성숙하고 쇠퇴한다는 제품 수명주기를 갖는다고 말한다. 이것은 명백히 모순이다. 전통 마케팅이 칸트의 인식론에 근거하는데 칸트의 인식론은 애초에 변화가 불가능한 표상 인식론이기 때문이다.

여기가 로두스다, 여기서 뛰어라

전통 마케팅은 "여기가 로두스다, 여기서 뛰어라; 여기에 장미가 있다, 여기서 춤추어라"라는 헤겔의 유명한 말을 연상시킨다. 이 말장난을 통해 헤겔이 말하려는 건 일종의 리얼리즘이다. 이상사회가 올 때까지 기다리지 말고 철학은 현실에서 "합리적 이유"를 발견함으로써 기쁨을 찾아야 한다는 메시지를 담고 있다.

이솝우화에 나오는 허풍선이 이야기를 헤겔이 패러디한 것인데, 로두스 섬에서는 높이 뛸 수 있었다고 자랑하는 사람에게 여기가 로두스 섬이라고 생각하고 뛰어보라고 한 말이다. 원래 그리스어로 '로두스 섬'을 뜻하는 말은 '장미'라는 뜻도 내포하고 있다. 마찬가지로 뛰어넘다(jump)는 의미를 가진 saltus를 salta로 바꾸면 '춤추어라'는 명령어가 된다.

헤겔은 여기에서 로두스를 로즈로 바꿔 [장미 = 기쁨]이라는 도상학적 의미를 상기시키면서, 로두스를 뛰어넘을 수 없다고 아무것도 하지 말아야 한다고 생각하지 말고 이 세상을 장미로 여기고 즐겁게 그 이유를 찾으라는 입장을 피력하고 있다.

전통 마케팅은 1등이 100% 독점하는 유토피아를 전제한다. 이것은 칸트의 인식론이 1등 유토피아로 시장을 규정한다는 것이다. 그래서 한번 1등은 영원히 1등이 되고 시장에서 변화는 존재하지 않는 절대적 1등을 상정한다. 그런데도 현실적 변화를 주장하는 전통 마케팅은 모순임을 헤겔의 저 유명한 "여기가 로두스다, 여기서 뛰어라; 여기에 장미가 있다, 여기서 춤추어라"라는 말에서 알 수 있다. 헤겔은 현실을 직시하지 못하고 한번 1등은 영원한 1등이라는 전통 마케팅이 2등이 1등이 될 수 있다고 말할 수 없는데도 말하는 칸트의 유토피아적 인식론을 로두스 섬과 관련한 이솝우화를 들어 신랄하게 비판하고 있다.

정신은 뼈다

전통 마케팅은 "정신은 뼈다"라는 식이다. 이 말은 헤겔이 『정신현상학』에서 정신현상을 탐구하면서 사람들이 정신작용이 추상적이라 그것을 골상의 생김새에서 찾으려고 하는 것을 비판한 것이다. 관상을 통해 인간의 운명을 예측하는 것은 잘못되었다는 것이다. 정신과 골상(관상)은 아무 상관이 없는데도 사람들은 관상에서 인간의 운명을 알 수 있다고 믿고 있다는 것이다.

이것은 전통 마케팅이 칸트의 인식론인 한번 1등이면 영원한 1등이라는 인식론을 아무 비판 없이 믿고 추종하는 것을 말한다. 전통 마케팅은 "정신은 뼈다"라는 미신을 마케터들로 하여금 진리로 믿게 한다. 이런 "정신은 뼈다"라는 인식론에 기반한 전통 마케팅이 제품이 변한다고 하는 것은 전제와 상충된다. 전통 마케팅은 자신이 거짓을 말하면서 그것이 거짓인 줄 모르고 진실인 줄 아는 격이다.

그러면서 전통 마케팅은 기업 수명을 말한다. 기업은 수명이 없는 불사의 존재를 전제하는 칸트의 인식론에 근거하면서도 수명을 갖는다고 한다. 이것은 표리부동이고 모순이다. 보통 기업의 수명은 30년이라고 전통 마케팅은 얘기할 수 없다. 좀 더 구체적으로 유럽에서의 기업 평균수명은 13년이고, 우리나라에서 1965년 기준 매출액 100대 기업 중 지금까지 살아남은 기업은 고작 12%, 미국의 경우 1955년 포춘 500대 기업에 포함됐던 기업들 중 40년 이상 생존한 기업은 32%라고 말할 수 없다. 왜냐하면 기업은 변화하지 않고, 한번 존재하면 영원히 존재해야 하기 때문이다. 그런데도 기업의 생존율을 얘기한다.

전통 마케팅은 세계적 자동차 회사인 도요타가 원래 섬유기계 제조 회사에서 출발했고, 휴대폰의 대명사 노키아는 지난 1991년까지만 해도 고무와 펄프를 생산하는 회사가 된 변화를 설명하지 못하는데도 기업의 성장을 얘기한다. 세계적 반도체 기업으로 성장한 삼성도 설탕과 옷감을 만드는 회사에서 출발한 것을 전통 마케팅에서는 설명할 수 없다.

그런데도 현재 이들 회사의 명성은 변신에 변신을 거듭한 결과 이룩된 것이라고 전통 마케팅은 당연한 듯이 말한다. 과거 업(業)의 개념에 집착한다면 기업은 변화하는 기업환경에 뒤처지게 될 것이라는 말은 전통 마케팅의 입에서 나올 수 없는데도 말이다. 기업이 환경변화에 맞추어 끊임없이 업의 개념을 재정의하고 수정해야만 성장할 수 있다고 말할 수 없는데도 전통 마케팅은 이를 설명하려고 한다.

기업이 수명을 갖고 있으며 제품에 수명주기가 있다고 설명할 수 있는 것은 전통 마케팅이 아니라 차이의 마케팅(마케팅 없는 마케팅 : 싱글라리티 마케팅)과 대타적 마케팅을 통해서다. 왜냐하면 차이의 마케팅(마케팅 없는 마케팅 : 싱글라리티 마케팅)과 대타적 마케팅은 변화를 전제하기 때문이다. 이 마케팅에서 비로소 1등이 꼴등이 되고 꼴등이 1등이 되는 변화가 존재하기 때문이다.

따라서 필자는 전통 마케팅에서는 전혀 고찰하지 못하는 후발주자나 신규 시장 참여자 마케팅을 중심으로 설명한다. 기존의 마케팅에 익숙한 마케터들은 생소하게 여겨질 수도 있다. 그러나 기존 마케팅이 1등만을 위한 것임을 알았다면 그 방법을 그대로 답습하는 것은 어리석은 짓이다. 필자는 후발주자나 시장 신규 참여자를 핵심인 린치핀[‘린치핀(linchpin)’은 자동차의 바퀴를 고정시키는 핀으로 ‘조직, 계획 등의 핵심이 되는 것’을 뜻한다.]으로 삼는다. 더 이상 기존의 마케팅에서처럼 1등의 액세서리 용도로 다루지 않는다.

악무한과 시간점유율

악무한이란 헤겔의 개념을 마케팅에 적용해 설명해 보자. 악무한은 원인을 제약하면 결과는 모순이 무한하게 발생하는 것을 말한다. 초동수사가 잘못되면 미제사건이 된다. 사건 현장에 사건 해결의 실마리가 있다는 것은 사건 현장에서 사건의 원인을 찾을 수 있기 때문이다. 그래서 사건 현장의 보존이 중요한 것이다.

원인은 제약되어서는 안 되는 것인데 원인을 제한함으로써 결과가 엉뚱한 방향으로 나타나는 것이다. 마케팅에서도 이런 악무한은 피해야 한다. 경쟁자를 동종 업종으로 제한할 때 악무한이 발생한다. 왜냐하면 생각지도 못한 곳에서 경쟁자가 불쑥 튀어나오기 때문이다. 현대 마케팅(마케팅 없는 마케팅 : 싱글라리티 마케팅)은 악무한적 사고에서 벗어나야 한다. 악무한적 사고에서는 '시장점유율(Market Share)'을 원인으로 삼는다. 이런 원인에서는 '시간점유율(Time Share)'을 원인에서 배제한다.

이것은 칸트가 판단(사과는 빨갛다와 같은 판단)을 원인으로 제한하고 추리를 가상으로 배제한 것과 같다. 판단이라는 현상을 오성으로 파악하는 것을 말한다. 오성만이 현실에 관여하고 이성은 현실이 아닌 가상(假象)의 존재인 신이나 영혼과 같은 경험하지 못하는 것에 제한해서 사용된다.

칸트의 이런 날카로운 구분이 악무한으로 귀결되는 것은 판단을 원인으로 제한함으로써 이 제한된 유한자로 인해 추리에서의 이율배반이 영속화되기 때문이다. 추리의 이율배반은 해결되지 않고 악무한에 빠지기 때문이다. 이러한 것은 원인에 판단과 추리를 포함하지 않고 판단이라는 유한자가 무한자인 것처럼 원인이 되었기 때문이다.

원인이 제약되면 악무한이 발생한다. 제약된 원인이 근거로서 작용하면 악무한으로 귀결된다. 원인이 시장점유율로 제약되면 시간점유율은 배제되고 경쟁에서 뒤지게 되는 악무한이 발생하는 것이다.

시간점유율이란 경쟁사 제품 간에 소비자가 투여하는 시간의 많고 적음에 따라 우위가 판가름 나는 원인이다.

나이키는 자타가 공인하는 세계 1위 스포츠 용품 업체다. 그러던 나이키가 1994년부터 1999년 동안 3배 이상의 경이적인 성장률을 보인 뒤 서서히 침체 기미를 보이기 시작했다. 침체의 원인은 시장점유율을 원인으로 제한했기 때문이다. 즉 나이키의 경쟁 상대를 리복, 푸마, 아디다스와 같은 신발업체로 보았기 때문이다.

시장조사를 통해 나이키는 침체의 원인을 시간점유율로 파악했다.

따라서 이젠 경쟁자는 소니, 닌텐도, 애플 같은 IT업체라는 결론이 나왔다. 나이키의 주요 고객인 청소년들은 부모로부터 용돈을 받으면 그 돈의 60%를 신발이나 스포츠 용품 구입에 썼다. 하지만 이들이 닌텐도 게임을 접하면서 운동에 쓰는 시간이 줄어들게 돼 운동화 구입 비중이 30%로 줄었다. 나머지는 게임기나 게임용 소프트웨어 구매로 트렌드가 바뀌었다.

매출 확대를 위해 나이키가 선택한 파트너가 바로 애플이었다. 나이키는 사람들이 조깅을 할 때 지루함을 달래기 위해 MP3를 듣는 것에 착안했다. 나이키 운동화 밑창에 센서를 달고 이를 아이팟에 연결시키면 아이팟 LCD창에 운동량이 기록되는 '나이키 + 아이팟 스포츠 키트'를 시장에 내놓았다. 나이키 신발 밑창에 500원짜리 동전 크기의 만보기를 부착해 만보기의 정보를 무선 수신한 다음 아이팟에 알려주는 제품이다. 조깅 데이터를 아이팟에 기록하고 인터넷에서 관리할 수 있도록 해준다.

스타벅스는 커피숍을 커피 마시는 곳에서 문화를 마시는 곳으로 재정의했다. 제품이 아닌 문화를 재단장하면서 사람들은 비싼 가격에 늦은 서비스도 참고 어려운 주문표에도 짜증을 내지 않는다.

에비앙은 흔해빠진 물도 고급스럽다고 재정의했다. 에비앙은 물병을 갖고 다니는 풍속을 만들었다. 닌텐도는 게임을 부모 몰래 하는 게 아니라 부모와 함께하는 것으로 재정의했다. 게임기를 당당히 거실로 나오게 만들었다.

원인을 제한함으로써 야기되는 악무한의 문제점은 경제학의 한계효용 체감의 법칙에서도 볼 수 있다. 한계효용이란 욕구를 충족하면 효용이 한계에 이른다는 것인데, 경쟁제품에 비해 욕구충족의 쾌가 없는데도 불쾌를 추구하는 것을 한계효용은 설명하지 못한다. 아이폰 4는 수신불량이란 제품의 결함(불쾌)에도 불구하고 쾌의 효용을 충족시킨다는 점에서 경제학에서 말하는 한계효용의 법칙으로는 설명이 되지 않는다. 한계효용에서 말하는 효용이란 쾌의 욕구를 충족하는 차원이다. 따라서 불쾌의 충동 추구에 대해서는 맹점을 드러낸다는 점에서 한계효용 개념은 그 근거를 임의적으로 전제한다는 점이다.

아이폰을 사기 위해 애플 스토어 앞에 수백 명이 진을 치고 있다. 오전 7시 애플스토어가 문을 열기 전 새벽부터 줄을 선 이들도 적지 않다.

시장 원인의 악무한의 제한에서 탈피하는 것은 기존 제품과 소비자를 다시 확인해 보는 마케팅 없는 마케팅, 곧 싱글라리티 마케팅 전략이다. 시장 원인에서 악무한을 고려하는 마케팅 없는 마케팅, 달리 말해 싱글라라티 마케팅은 결국 소비자의 삶을 더욱 풍요롭게 만들어 준다.

『디퍼런트』

『**디퍼런트 :** 넘버원을 넘어 온리원으로』에서는 기존 경쟁시장의 동일성에서 벗어난 차별화 브랜드를 아이디어 브랜드라고 정의한다. 이러한 아이디어 브랜드는 역 브랜드, 일탈 브랜드, 적대 브랜드로 구성된다.

역 브랜드란 부수적인 가치들을 제거하고 핵심 가치들을 창조적인 방식으로 조합함으로써 차별화를 실현하는 브랜드다. 일탈 브랜드는 제품 자체가 아니라 제품에 대한 소비자들의 인식을, 달리 말해 소비자들의 태도를 변형한 브랜드다. 적대 브랜드들은 소비자 계층을 양분함으로써 시장에서 고유한 자리를 차지하는 브랜드다.

그러나 필자가 보기에 『디퍼런트』는 아이디어 브랜드, 달리 말해 역 브랜드, 일탈 브랜드, 적대 브랜드를 차별화 브랜드로 규정하면서 기존의 경쟁시장에 참여하는 브랜드와 구별한다.

기존의 경쟁시장에 참여하는 브랜드들은 추가적 확장과 증식적 확장전략을 구사하는데, 이러한 '확장'은 평준화를 심화시켜 기업이 피비린내 나는 경쟁상황으로 참여 기업들을 내몬다고 규정한다.

이러한 『디퍼런트』의 구분은 '보는 것이 믿는 것이다(To see is to believe)'의 차원이라는 것이 필자의 생각이다. '보는 것이 믿는 것이다'는 욕망의 차원이다. 이때 『디퍼런트』가 구분하는 경쟁 참여 브랜드와 아이디어 브랜드는 욕망충족의 대상으로 규정된다. 달리 말해 차별화 브랜드와 평준화 브랜드의 구분을 시도했지만 그 구분이 사실은 동일한 범주인 욕망의 차원에 속한다는 것이다.

필자가 보기에 평준화 브랜드와 차별화 브랜드 사이에는 차이가 없다. 따라서 평준화 브랜드와 차별화 브랜드를 구별은 임의적이다.

따라서 『디퍼런트』에서 말하는 아이디어 브랜드, 곧 역(逆) 브랜드, 일탈 브랜드, 적대 브랜드는 '불쾌까지도 즐기는' 브랜드로 규정해야 평준화 브랜드와 구별할 수 있다. 달리 말해 평준화 브랜드가 욕망의 차원이라면 아이디어 브랜드는 충동의 차원이라는 것이다. 평준화 브랜드 중에도 충동의 브랜드 전략이 가능하다는 것이다.

이는 곧 『디퍼런트』에서 평준화 브랜드와 아이디어 브랜드를 날카롭게 이분함으로써 두 영역 간의 경계는 넘을 수 없는 금단의 선이었다면, 필자는 평준화 브랜드와 아이디어 브랜드 사이의 구분을 없앨 것을 제안한다. 왜냐하면 평준화 브랜드에서도 충동의 '불쾌까지도 즐기는' 마케팅 전략을 구사할 수 있기 때문이다. 또한 아이디어 브랜드 중에서도 '욕망을 충족시키는' 마케팅에 치중하는 브랜드가 있기 때문이다.

바로 일탈 브랜드가 이 경우에 해당한다.

『디퍼런트』에서는 일탈 브랜드를 기존 카테고리 가치의 외부에 새로운 가치를 설정하여 소비자에게 어필하는 브랜드로 규정하고 있다. 하기스 팬티 기저귀는 기저귀라는 기존 카테고리 가치의 외부에 팬티라는 새로운 가치를 설정함으로써 기저귀에 대한 고정관념을 바꿨다. 이는 달리 말해 기존에 소비자들이 기저귀에서 충족시키던 욕망을 넘어서 팬티 기저귀에 대한 새로운 욕망을 창출했다는 의미다. 따라서 일탈 브랜드는 브랜드가 소비자의 욕망충족 대상의 차원에 속한다. 역 브랜드와 적대 브랜드와는 그 성격이 다르다. 역 브랜드와 적대 브랜드는 '불쾌까지도 즐기는' 충동 차원에 포함되기 때문이다.

역 브랜드란 소비자들에게 가치를 확장하는 대신 '제거'하여 불쾌까지도 소비자들로 하여금 수용하도록 하는 브랜드다. 『디퍼런트』에서 드는 예는 이케아라는 스웨덴 가구 브랜드다. 이케아는 제품구성과 배송 서비스를 제거한 브랜드란 점에서 소비자의 무한한 욕망을 충족시키는 긍정성에 기대는 것이 아니라, 기존의 평준화 브랜드들이 '확장' 시킨 욕망을 제거하여 소비자에게 불쾌의 충동으로 접근한다. 이런 점에서 욕망의 확장이 아니라 '불쾌까지도 즐기는' 충동의 차원에 소구하는 브랜드다.

적대 브랜드는 브랜드 소비자를 한정하여 배제시키는 마케팅 전략을 구사한다. 따라서 배제된 소비자에게 불쾌을 느끼게 할 뿐만 아니라 포함된 소비자 또한 브랜드 접근 자체를 어렵게 한다는 점에서 '불쾌까지도 즐기는' 충동 차원의 브랜드다.

'불쾌까지도 즐기는' 충동의 차원을 다른 사례에서 찾아보자.

〈어 퓨 굿맨〉이란 영화에서 톰 크루즈는 변호사로 등장한다. 해병대에서 발생한 살인사건의 담당 변호사인 톰은 이 사건의 배후에 해병 장군인 잭 니콜슨이 있다는 점을 밝힌다. 병사는 이른바 '코드 레드'에 의해 살해당했다는 것이 요점인데, '코드 레드'란 군대 내부에 존재하는 불문율로서 상징적으로 작동하는 법보다도 더욱 구성원들을 옥죄는 외설적인 충동 차원의 폭력이다. 그래서 '코드 레드'는 당하는 구성원에게 집요하게 가해진다.

문영미. 하버드 경영대학원 종신교수. 재미교포 2세인 문 교수는 예일 대학에서 정치학을 전공했고, 스탠포드 대학에서 커뮤니케이션 박사학위를 받았다.

상징적 법은 사회적 안녕이라는 쾌를 제공하기 위한 용도로서 폭력의 사용을 제한하지만 '코드 레드'는 폭력 자체를 즐긴다는 점에서 불쾌라는 '과잉'을 즐기는 외설적인 폭력이다.

〈어 퓨 굿맨〉. 감독/로브 라이너(Rob Reiner), 출연/톰 크루즈, 잭 니콜슨, 데미 무어, 케빈 베이컨/1992(미국) 잭 니콜슨은 코드 레드의 외설적 폭력이 탄로나자 총으로 자살한다. 드러나서는 안 될 것인 코드 레드(code red)가 드러나면서 피할 수 없는 선택을 한 셈이다.

홀리스터(Hollister)라는 청소년 의류 브랜드는 '코드 레드' 마케팅을 구사한다. 홀리스터는 소비자를 차별화하고 배제하여 구성원들의 내부 결속을 꾀하기 위해 마른 체형용 사이즈 옷만을 생산한다. 뚱뚱한 체형의 소비자들을 배제하는 적대적 마케팅을 전개하는 것이다. 홀리스터 브랜드는 '코드 레드'를 끌어들이는데, 예를 들면 바닷가 오두막집처럼 생긴 어두침침하고 낮은 천장의 매장, 고막을 찢을 듯한 90데시빌 음량의 음악, 선정적인 광고와 같은 불쾌라는 과잉을 소비자들이 즐기도록 강요한다.

그런데 요점은 홀리스터가 강요하는 불쾌를 수동적으로 받아들이는 차원을 넘어 불쾌를 홀리스터 소비자들은 스스로 즐긴다는 것이다. 이렇게 해서 홀리스터 브랜드 마니아 층이 형성된다. 할리 데이비슨 오토바이 마니아는 전형적인 '코드 레드' 마케팅에 의해 만들어졌다.

'코드 레드'의 불쾌가 브랜드 마니아를 형성한다는 점을 더 자세히 검토해 보자. 활을 쏘는 목적이 화살을 과녁에 명중시키는 데 있다면 그것은 욕망을 충족시키는 명확한 대상이 존재하는 차원이다. 반면에 화살은 언제나 과녁을 빗나가고 화살이 지나가는 과정 그 자체를 즐기는 것이 충동의 차원이다. 이 충동의 차원은 과녁이라는 욕망의 대상을 추구하는 쾌가 아니라 욕망의 대상이란 쾌를 넘어 불쾌까지도 즐기는 차원이다.

프로이트는 아이가 엄마의 젖을 물리면 빠는 행위를 멈춰야 하는데 계속 빠는 것에서 아이는 빠는 것 자체에서 즐거움을 얻으려는 것을 발견했다. 더 이상 젖이 맛이란 쾌를 제공하지 않는데도 빠는 것은 불쾌라는 과잉을 즐긴다는 점에서 젖은 쾌라는 욕망충족의 대상이 아니다.

따라서 우리는 욕망과 충동을 구분해야 한다. 욕망은 쾌를 목적으로 하지만 충동은 불쾌를 목적으로 한다. 반복강박은 무의식에 있는 불쾌한 충동이 사라지지 않고 반복적으로 의식을 괴롭히는 증상이다. 칸트는 자연의 숭고한 대상들인 거친 파도와 거대한 바위를 볼 때 아찔한 불쾌에서 쾌의 숭고를 느끼는 것을 숭고미라고 한다.

마르셀 뒤샹은 〈샘〉이라는 작품에서 현대 미술의 미를 불쾌에서 찾는다. 쇤베르크의 무조음악은 지루하게 반복되는 불쾌를 예술로 승화시킨다. 자크 랑시에르는 『무지한 스승』에서 조지 자코토라는 프랑스 선생이 네덜란드 학생들에게 불어를 가르칠 때 선생은 네덜란드 말을 몰랐고 학생들 또한 프랑스어를 몰랐던 불쾌를 극복하고 프랑스어 정복이라는 쾌에 도달하는 과정을 밝히고 있다. 이들은 모두 불쾌라는 충동의 사례들이라는 공통점을 갖는다. "아메리카, 이것은 바로 코카!"에서 코카콜라는 불쾌의 충동까지도 즐기는 코카콜라를 말하고 있다.

따라서 우리는 이렇게 말할 수 있다. 욕망의 수준에 있는 마케팅은 브랜드가 소비자의 욕망충족의 대상이 되게끔 소구한다면 '불쾌까지도 즐기는' 마케팅은 브랜드가 소비자를 대신해서 즐긴다고 말이다. 미리 녹음된 웃음소리가 시청자를 대신해서 웃는 것은 프로그램이란 브랜드 자체가 즐기는 것이다. 티벳에 있는 기도하는 기계는 기도자를 대신해서 기도하는 기계 자체가 기도를 즐긴다.

따라서 우리는 브랜드를 경쟁 시장에서 무한한 가치 차별화가 평준화라는 기업 간 출혈을 양산한다는 한 축과, 이와는 달리 경쟁 외부에서 새로운 가치를 제시한다는 아이디어 브랜드를 한 축으로 양분하는 『디퍼런트』의 주장이 불쾌의 충동 차원을 배제하고 있음을 알 수 있다. 따라서 필자는 평준화 브랜드와 아이디어 브랜드를 구분하는 대신에 쾌의 욕망의 브랜드와 불쾌의 충동의 브랜드로 구분할 것을 제안한다.

『디퍼런트』에서 말하는 역 브랜드와 적대 브랜드가 불쾌 아니냐고 반문할 수도 있다. 그러나 이때의 불쾌는 욕망의 차원의 불쾌이다. 이는 곧 불쾌의 충동을 불쾌의 욕망으로 규정하는 것이다.

그러므로 『디퍼런트』는 진리를 말하는 것 같지만 그 자체로 모순에 빠져 있다. 불쾌의 충동의 차원을 간과하고도 욕망으로 불쾌의 진리를 밝히려 한다는 점에서 그렇다. 우리는 위에서 제욱시스와 파라사오스를 분석하면서 제욱시스의 포도 그림이 새를 속인 반면 파라시오스의 베일 그림은 사람을 속였다는 점에서 파라시오스가 승리했다고 말했다.

베일 뒤에 욕망을 충족시켜 주는 대상은 존재하지 않는다. 식욕이라는 욕구를 충족시켜 주는 쾌락의 대상은 존재하지만 요구를 만족시키는 향유의 대상은 존재하지 않는다. 그런데도 우리는 그러한 향유충족의 대상을 찾으려고 한다. 향유의 대상은 존재하지 않는 이유가 충동의 차원이 존재하기 때문이다. 충동의 차원이 불쾌의 대상을 통해서라도 욕망을 충족시키려는 이유를 해명해 준다. 불쾌의 충동의 차원이 쾌를 넘어선 불쾌를 추구하는 모순적 소비자의 행동의 원인을 밝혀준다.

SINGULARITY

진리는 허구의 구조를 갖는다

브랜드를 통해 소비자의 욕망충족을 실현한다는 전통적 마케팅의 진리는 허물어졌다. 소비자의 쾌의 욕망을 충족시키는 브랜드는 존재하지 않는데도 그동안 충족시킬 수 있다고 믿었다. 그러나 불쾌의 충동 차원의 발견으로 욕망충족이 허구임이 밝혀졌다. 따라서 브랜드가 할 수 있는 것이라고는 소비자들로 하여금 마케팅을 통해 욕망충족이라는 가상의 허구를 갖게 하는 것이다.

파라시오스가 그린 베일 그림은 베일이라는 브랜드가 제안하는 욕망충족 약속이 허구이며, 소비자들로 이 허구를 하여금 믿게 하는가를 보여주고 있다. 라캉은 "진리는 허구의 구조를 갖는다(The truth has the structure of a fiction)"라고 통찰했다.

예를 들어 보겠다. 2001년 부에노스아이레스에서 사람들이 전 경제부장관 카발로에게 항의하기 위해 그가 있는 건물 안으로 난입하려 할 때, 카발로는 가게에서 파는 자신의 가면을 쓰고 성난 군중들 틈을 들키지 않고 빠져나갈 수 있었다.

군중들은 카발로 자신이 자신의 가면을 뒤집어쓰고 있다는 것을 꿈에도 상상하지 못했다. 카발로는 군중들의 이러한 심리를 꿰뚫고 유유히 탈출할 수 있었던 것이다. 카발로가 쓴 자기 가면은 진실(진짜 카발로)을 가림막하는 것으로 작용했다. 그러나 진짜 카발로는 존재하지 않는다. 존재하는 것은 진짜 카발로를 가림막하는 가면뿐이다.

가면 뒤에 진짜 카발로는 없다. 가짜 얼굴(가면)을 벗기자 진짜 얼굴(카발로)이 드러났으나 그 얼굴은 가짜 얼굴과 다르지 않았다. 이처럼 현상(가면)과 본질(가면 뒤 카발로), 가상(가면)과 진실(가면 뒤 카발로)은 동일한 현실의 두 얼굴이다. 지젝은 이를 "사물은 제 자신의 최상의 가면"이라는 말로 요약하는데, 이 말은 "진리는 허구의 구조를 갖는다"라는 라캉의 명제와 "본질은 외양의 외양이다"라는 헤겔의 개념의 변주다.

다른 예를 들어보자. 디즈니랜드는 미국이 유토피아라는 진리의 가림막이라는 점이다. 세상 어디에도 유토피아라는 진리는 존재하지 않는데 디즈니랜드(미국이 유토피아다)라는 가면이 유토피아가 현실적으로 존재한다는 진리의 가림막 역할을 담당한다는 것이다. 그래서 디즈니랜드는 구 동구권 국민들이 미국이 유토피아라는 환상을 갖도록 만드는데 일조했다. 판타지(환상)는 거짓을 진실로 믿도록 하는 것이 아니라 언어라는 허구적 상징으로 존재하는 인간의 존재방식이기 때문이다.

따라서 전통 마케팅이 신화적 허구인 점과 "진리는 허구의 구조를 갖는다"에서 말하는 허구는 전혀 다른 의미를 갖는다. 왜냐하면 전통 마케팅의 신화적 허구성은 거짓을 진실로 믿도록 하는 것인 반면에, "진리는 허구의 구조를 갖는다"에서 허구는 진실 그 자체이기 때문이다. 가상 인터넷의 허구적 익명성은 숨겨진 욕망을 배출하는 진리인 점에서 "진리는 허구의 구조를 갖는다"에서 말하는 허구의 구조이다. 그러므로 "진리는 허구의 구조를 갖는다"에서 말하는 허구는 거짓을 진실로 믿도록 하는 전통 마케팅의 허구와는 아무 상관이 없다. 이제 우리는 카발로의 가면(허구)이 진리(카발로 자신)라는 것이 왜 "진리는 허구의 구조를 갖는다"는 것을 의미하는 것인지 확실하게 이해할 수 있다.

우리는 긴 우회로를 거쳐 다시 처음으로 돌아왔다. "진리는 허구의 구조를 갖는다"라는 마지막 꼭지는 바로 이 책의 시작부분에서 살펴본 성황당 귀신 이야기를 말하기 때문이다. 성황당 귀신 이야기는 허구(환상)를 믿는 것이고, 이러한 허구(환상)에 의해 마을 공동체의 결속이라는 진실이 유지되기 때문이다. 따라서 『싱글라리티』는 뱀이 자신의 꼬리를 물고 있는 원환(圓環)구조 바로 그것이다. 그래서 『싱글라리티』는 우리가 프롤로그에서 살펴본 창조하면서 허물기, 즉 "창조였던 것이 될 것이다"라는 전미래 시제인 것이다. 이것은 시인 황동규가 묘사한, 사마귀가 성교 도중 잡아먹히면서 느끼는 '죽음'으로 수렴되는 쾌감, "머리가 세상에서 사라지는 이 쾌감"(〈풍장 30〉에서) 바로 그것이다.

마케팅 활동이 브랜드 광고 자체로 인식되는 현대에서 이러한 통찰은 대단히 중요한 의미를 갖는다. 광고활동은 언어라는 허구의 상징을 소비자에게 믿게 하려는 설득 커뮤니케이션이다. 브랜드 가치를 약속하는 상징으로서의 언어는 다양한 의미를 갖는다. 한 가지 의미만을 갖는 사인(sign)과 달리 상징(symbol)으로서의 언어는 셀 수 없는 의미를 내포한다. 교통신호라는 사인체계에서 빨간 신호등은 금지라는 하나의 의미만을 지시한다. 그러나 상징의 언어로서의 빨강은 수많은 의미를 함축한다. 정열, 레드 오션, 피, 빨갱이, 장미, 유혹 … 등등으로 그 의미를 무한하게 확장시킬 수 있다.

언어적 존재로서 인간은 말을 떠나서는 존재할 수 없다. 따라서 언어라는 상징은 하나의 의미로 고정되지 않고 수많은 의미로 확산되는 허구를 존재조건으로 한다. 달리 말해 언어의 의미에 무엇이든 가져다 붙여 의미를 창출할 수 있으므로 허구를 존재기반으로 한다. 니체는 다음과 같이 썼다.

> 모든 철학은 또한 하나의 철학을 숨기고 있다. 모든 생각도 하나의 은신처이고, 모든 말도 또한 하나의 가면이다.(니체전집 14 『선악의 저편, 도덕의 계보』, 김정현 옮김, 책세상, 2002, 307쪽.)

따라서 언어는 텅 빈 기표라고 할 수 있다. 빨강이라는 기표가 하나의 의미를 갖는 것이 아니라 정열, 피, 빨갱이 등등의 의미를 갖는 것은 빨강이라는 기표가 텅 비어 있기 때문에 그것을 끊임없이 메우는 것이 가능하다. 이 텅 빈 허구의 구조가 의미라는 진리를 만들어내는 것이다.

브랜드의 허구적 구조가 욕망충족이라는 의미의 진리를 만들어내는 것이다. 기업들이 광고 캠페인의 슬로건이라는 허구의 구조를 선점하기 위해 기업의 운명을 걸고 치열하게 경쟁하는 것은 바로 이 때문이다. 빨강의 허구적 구조에서 경쟁하는 기업들이 있다면 수많은 빨강의 허구적 구조에서 대표적 의미인 브랜드 이미지를 선점해야 한다. 빨강이란 색의 허구적 구조의 선점만 해도 머리가 어지러울 지경인데 기업 경쟁상황은 동종을 넘어 이종의 영역까지 고려해야 한다. 이렇게 수많은 허구적 구조의 다양한 의미를 고정해서 만들어낸 것이 기업의 광고 슬로건이다.

따라서 기업의 광고 슬로건은 그 자체가 이미 허구라고 할 수 있다. 세상의 어떤 대단한 브랜드 슬로건도 이러한 허구적 지평을 넘어서지 못한다. 허구 그 자체가 진리다. 인간은 허구를 통해 진리의 가치를 얻는다는 점에서 모순적 존재이다.

이는 달리 말해 브랜드 슬로건이란 허구를 통해 소비자의 텅 빈 욕망을 채울 수 있다는 믿음의 진리를 제공하려 한다는 점에서 모순적이다. 전통 마케팅은 이 점을 간과한다. 대신에 전통 마케팅은 브랜드가 소비자의 욕망을 진실로 충족시키는 것으로 믿고 있다.

싱글라리티 마케팅은 브랜드가 허구적 구조임을 드러낸다. 허구가 진리이므로 시장과 소비자의 역동적 변화를 꿰뚫는다. 변화는 싱글라리티 마케팅의 핵심이다. 허구는 변화를 생명으로 한다. 이는 달리 말리 1등 브랜드인 주인기표의 자리가 변화가 불가능한 고정불변의 자리가 아니라 그 자리가 텅 비어 있음을 말한다. 그렇기 때문에 텅 빈 주인기표라고 하는 것이다. 1등의 자리가 텅 비어 있기 때문에 누구에게는 1등의 기회가 열려 있는 것이다. 싱글라리티 마케팅이 광고 슬로건 한 방으로 뒤집을 수 있다고 자신 있게 말하는 것은 이러한 통찰로부터이다.

에필로그

우리는 위에서 『싱글라리티』가 인문학과 정신분석학으로 어떻게 기존 광고·마케팅을 도발하는지 살펴보았다. 또한 『싱글라리티』의 기존 광고·마케팅 분야에 대한 도발이 어째서 다른 분야의 창조적 시장 창출과 맞닿아 있는 뫼비우스 띠의 구조인지도 다뤘다.

『싱글라리티』에서 다룬 핵심적인 내용을 간략하게 요약해 보면 다음과 같다.

첫째, 마케팅 불변의 법칙의 불변성(절대성)이 무엇 때문에 취약한 토대를 갖는지 소크라테스의 유명한 논증을 통해 살펴보았다. 요점은 자신만이 절대적 불변성으로 존재하고 이를 통해 다른 것을 상대적으로 규정하여 해체하게 되면 자신의 절대적 불변성 또한 상대성으로 해체된다는 것이다. 자신의 절대성은 모순적인데, 왜냐하면 자신만은 상대성에서 벗어나서 절대성을 갖는다는 주장이 임의적이 되기 때문이다.

또한 블루오션 전략이 시장을 레드오션과 블루오션으로 구분하고 블루오션이 시장경쟁이 없는 유토피아를 창출하려는 것을 레비-스트로스의 영(Zero)-제도를 통해 비판했다. 적대와 대립의 개념조차 없는 줄 알았던 영(Zero) 차원에서도 윗마을과 아랫마을은 서로를 구분하고 대립·경쟁한다는 점을 통해 블루오션의 비경쟁을 비판했다.

둘째, 눈(目)과 시선(視線)의 컨셉 플래닝을 다룬 대목에서 우리는 눈이 기존의 광고·마케팅이고 시선이 싱귤라리티임을 살펴보았다. 눈의 차원은 인격적이고 개체적인 차원이고 시선은 비인격적이고 전개체적인 차원이다. 눈으로 나를 하나의 인격과 개체적으로 확인해 보는 자아의 차원은 쾌의 욕구와 욕망의 차원이다. 반면 시선은 볼 수 있는 자아 이전의 볼 수 없는 불쾌의 충동의 차원이다. 눈이 쾌를 추구한다면 시선은 쾌를 넘어서 불쾌를 향유한다는 점에서 잉여쾌락을 추구한다.

잉여쾌락에서 잉여란 필요없는데도(無) 추구하는 쾌락이다. TV에서 시청자를 대신해서 웃어주는 사전에 녹음된 웃음소리처럼 웃음조차 대신 웃는다. 이것은 웃음 없는(無) 시청자의 웃음마저도 대신 웃어준다는 점에서 잉여쾌락이 무엇인지 잘 보여준다. 이러한 잉여쾌락은 브랜드가 소비자와는 상관없이(無) 무의식적으로 자신 스스로 즐기는 것에서도 알 수 있다.

또한 『싱귤라리티』는 타인의 시선 즐기기 광고·마케팅을 제안했다. 타인의 시선 즐기기는 기존의 눈 광고·마케팅의 쾌의 차원이 왜 허구적 신화인지 명쾌하게 밝혀주는 독특한 광고·마케팅임을 실증적으로 제시했다. 『싱귤라리티』는 기존 광고·마케팅의 쾌락의 차원에서 보지 못하는 바로 이 잉여쾌락의 불쾌의 차원을 광고·마케팅에 포함한다.

셋째, 『싱글라리티』는 포지셔닝 전략의 포지셔닝 맵 그리기를 버릴 것을 요구한다. 그 이유를 기억 이론을 통해 밝힌다. 포지셔닝 전략이 기대는 기억 이론은 관념연합론이다. 관념연합론의 기억 이론은 기억이 사진처럼 저장되어 있어서 언제든지 불러낼 수 있다고 본다. 그런데 기억이 사진처럼 저장된다면 나와는 하등 관계도 없는 죽은 사물에 불과하다. 이때 기억은 불러내어질 수도 없는데도 마치 살아 있는 기억이기라도 한 것인 양 전제한다.

『싱글라리티』는 관념연합론에 기대는 포지셔닝 맵의 폐기되어야 할 기억 이론이 버젓이 광고·마케팅 분야에서 활개치는 것을 비판한다. 대신에 프루스트의 『잃어버린 시간을 찾아서』의 마들렌 과자(기호)의 기억을 싱글라리티라는 개념으로 명명하고 새로운 광고 표현기법을 제시했다.

따라서 『싱글라리티』는 사물(기호)의 비자발적인 촉발에 의해 기억이 폭발적으로 펼쳐진다는 기억 이론을 광고·마케팅이 수용해야 한다고 강력하게 문제 제기한다. 이것은 본말이 전도된 사태를 바로 잡는 중대한 문제이기 때문이다.

넷째, 『싱글라리티』는 인문학과 정신분석학의 외부 개념을 통해 기존 광고·마케팅의 아성을 허물면서 새로움을 창조하는 광고·마케팅인지 살펴보았다. 고흐의 〈구두〉는 일상인적인 구두가 아니라 은폐되었던 고흐의 삶을 밝힌다. 우리는 이러한 은폐된 것을 밝히는 것이 알레테이아(진리)임을 살펴보았다. 일상의 내부의 눈으로 볼 때 고흐의 구두는 평범한 촌부의 구두다. 그런데 외부의 시선으로 보이지 않는 부분을 밝힐 때 고흐의 구두는 고흐라는 존재 자체가 드러난다. 싱글라리티가 인문학의 외부 개념(알레테이아)을 광고·마케팅에 적용하려는 목적은 시장의 내부 아성을 균열내고 신규 시장이란 외부를 창출하는 데 도움이 되기 때문이다. 『싱글라리티』에서 살펴보는 인문학과 정신분석학의 모든 개념들은 모두 창조적 시장 창출을 위한 광고·마케팅에 의미 있는 것들이다. 독자들은 이 점을 놓쳐서는 안 된다.

다섯째, 『싱글라리티』는 차이와 반복의 마케팅이다. 이때 차이와 반복이란 기존 광고·마케팅인 포지셔닝 맵 그리기와 블루오션의 비경쟁 창출 캔버스 그리기를 과감하게 버리라는 의미다. 포지셔닝 맵과 캔버스 그리기는 눈 컨셉 플래닝의 차원이다. 그래서 쾌의 차원에 머문다. 경제학의 한계효용 체감의 법칙의 수준이다. 한계효용은 쾌의 차원이다. 즉 쾌락을 넘어설 때 불쾌하므로 효용이 체감한다는 것이다. 이런 쾌의 차원에서는 아이폰 4가 치명적인 수신불량으로 불쾌한데도 소비자들이 아이폰 4를 구매하는지를 설명하지 못한다. 포지셔닝 맵과 캔버스 그리기, 한계효용의 법칙은 쾌의 차원이다. 반면 싱글라리티에서 말하는 차이와 반복의 마케팅은 아이폰 4가 왜 불쾌한데도 구매하는지에 주목하는 마케팅이다. 따라서 『싱글라리티』는 기존 광고·마케팅이 불구(不具)이면서 온전한 척하는지를 폭로한다.

『싱글라리티』는 기존 광고·마케팅의 아성을 허물고 '싱글라리티'라는 창조적 개념을 통해 새로운 패러다임을 창출하려고 한다. 그런데 독자들에게 『싱글라리티』가 인문학과 정신분석학 분야를 광고·마케팅에 접목하다 보니 낯설고 다소 어렵게 느껴질 수 있다. 불편을 드렸다면 그것은 전적으로 저자의 몫이다.

그러나 현대를 통섭(統攝)의 시대라 하지 않는가! 학문과 학문이 서로 소통함으로써 새로움을 창조한다는 것이 통섭의 온전한 의미라면 인문학과 정신분석학을 광고·마케팅 분야와 접목하려는 시도 또한 창조적 통섭이지 않을까?

미답(未踏)의 영역을 개척하려는 노력을 넓은 마음으로 혜량(惠諒)해 준다면 감사할 따름이다.

2012년 5월

저자

싱글라리티 광고·마케팅, 인문학과 정신분석학으로 도발하기

발행일 1쇄 2012년 5월 20일

지은이 홍정

펴낸이 여국동

펴낸곳 도서출판 인간사랑

출판등록 1983. 1. 26. 제일-3호

주소 경기도 고양시 일산동구 백석동 1178-1번지 2층

전화 031)901-8144(대표) | 977-3073(영업부) | 031)907-2003(편집부)

팩스 031)905-5815

전자우편 igsr@naver.com | igsr@yahoo.co.kr

블로그 http://blog.naver.com/igsr

인쇄 인성인쇄 **출력** 현대미디어 **종이** 세원지업사

값 20,000원

ISBN 978-89-7418-058-4 93320